总主编 方剑乔

浙江中医临床名家

宣丽华

虞彬艳 主编

科学出版社
北京

内 容 简 介

本书是"浙江中医临床名家"丛书之一，介绍了浙江省名中医宣丽华。宣丽华教授是浙江省中医院针灸科主任，主任医师，浙江中医药大学教授，博士生导师，第六批全国老中医药专家学术经验继承工作指导老师，浙江省名中医，全国优秀中医临床人才，国家中医药管理局"十二五"中医药重点学科中医外治学学科带头人。全书共分六章，分别为中医萌芽、名师指引、声名鹊起、高超医术、学术成就、桃李天下，重点介绍了宣丽华教授在针灸临床中的学术成就、学术思想及临床经验，全书涉及全身多个系统的疾病，结合具体病例展现了针灸及针药结合在疾病治疗中的特色和优势。

本书可供中医临床、科研人员及在校学生阅读使用，也可供中医爱好者参考。

图书在版编目（CIP）数据

浙江中医临床名家·宣丽华 / 方剑乔总主编；虞彬艳主编. —北京：科学出版社，2019.8

ISBN 978-7-03-062124-5

Ⅰ.①浙… Ⅱ.①方… ②虞… Ⅲ.①宣丽华-生平事迹 ②针灸疗法-中医临床-经验-中国-现代 Ⅳ.①K826.2 ②R246

中国版本图书馆CIP数据核字（2019）第179761号

责任编辑：郭海燕 刘 亚 凌 玮 /责任校对：王晓茜
责任印制：徐晓晨 /封面设计：黄华斌

科学出版社 出版
北京东黄城根北街16号
邮政编码：100717
http://www.sciencep.com
北京捷迅佳彩印刷有限公司 印刷
科学出版社发行 各地新华书店经销
*
2019年8月第 一 版 开本：720×1000 B5
2019年8月第一次印刷 印张：12 插页：2
字数：197 000

定价：68.00 元

（如有印装质量问题，我社负责调换）

宣丽华教授工作照

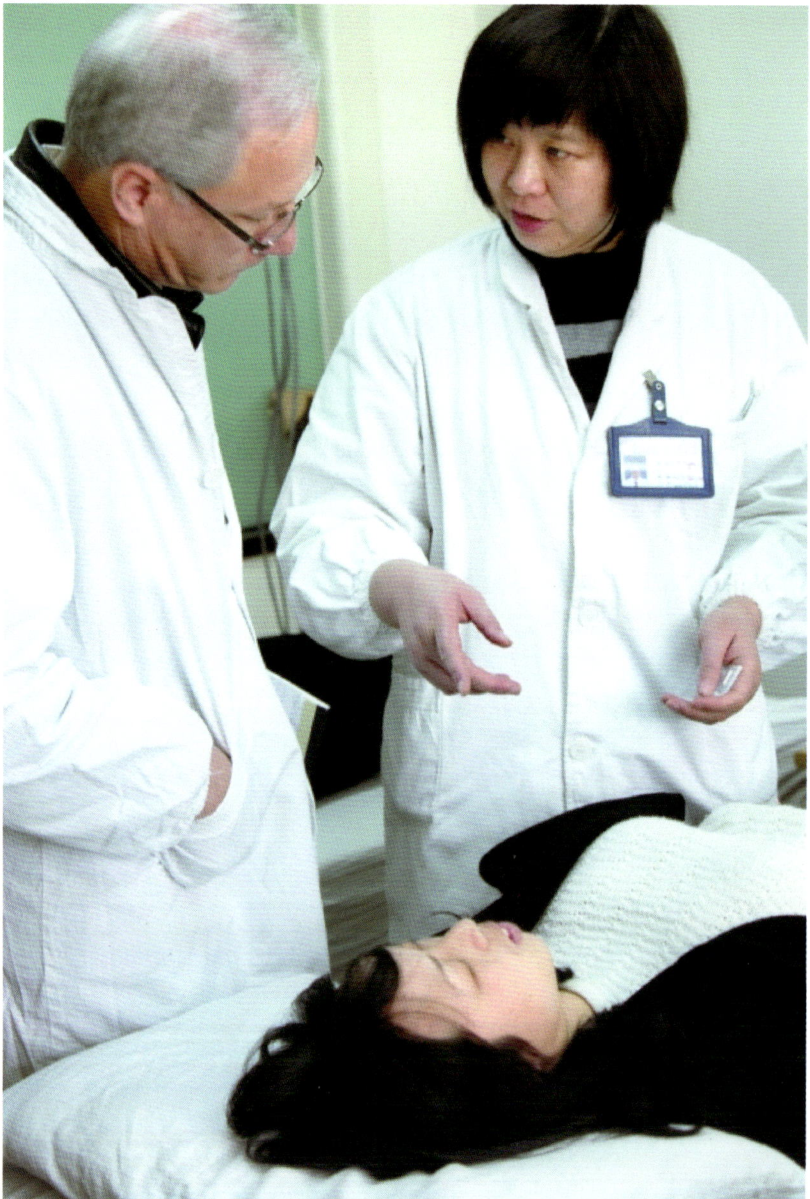

宣丽华教授带教留学生

浙江中医临床名家

丛书编委会

浙江中医临床名家·宣丽华

编 委 会

主　审　宣丽华

主　编　虞彬艳

副主编　胡海宇　　孙敏燕

编　委（按姓氏笔画排序）

毕　颖　　孙敏燕　　吴　翔

胡海宇　　虞彬艳

总　序

中华医药，博大精深，源远流长。灵兰秘典，阴阳应象，穷万物造化之妙；《金匮》真言，药石施用，极疴疾辨治之方。诚夷夏百姓之瑰宝，中华文明之荣光。

浙派中医，守正出新，名家纷扬。丹溪景岳，《格致》《类经》，释阴阳虚实之论；桐山葛岭，《采药》《肘后》，载吴越岐黄之央。固钟灵毓秀之胜地，至道徽音之华章。

浙中医大，创业惟艰，持志以亢。忆保俶山下，庠序进修，克艰启幔；贴沙河干，省立学府，历难扬帆；钱塘江畔，名更大学，梦圆宇响。望滨文南北，富春秋冬，三区鼎足，一校华光；惟天惟时，其命维新，一德以持，六艺互襄；部省共建，重校启航，黾勉奋发，踵武增华。

甲子校庆，名医辈出，几代芳华。值此浙江中医药大学建校六十周年之际，特辑撰“浙江中医临床名家”丛书，以五十二位浙江中医药大学及直属附属医院名医为体，以中医萌芽、名师指引、声名鹊起、高超医术、学术成就、桃李天下为纲，叙名家成长成才之历程，探名家学术经验之幽微，期有益于同仁之鉴法、德艺之精进。

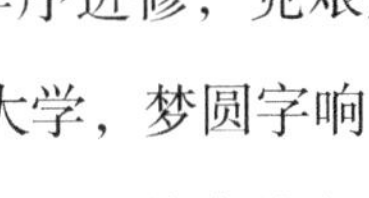

时己亥初夏

目录

第一章 中医萌芽

第一节　少年苦读奠根基

宣丽华教授出生于浙江省杭州市一个普通的军人家庭，幼年跟随父亲随军生活，从南到北，上山下地，见识到了20世纪60～70年代艰苦的农村生活。当时农村大部分人还是依靠传统农耕生活，少部分人进入工厂做工人。农民的收入很低，同时每家每户孩子众多，生活异常艰苦，常在温饱线上挣扎，家庭大多无法负担孩子的教育费用，导致农村人文化知识水平普遍低下。教育资源的来之不易在当时年幼的她心里埋下了一定要努力学习的种子。她希望长大以后能够成为对社会对国家有用的人，也能为祖国的发展献上自己的力量。

20世纪60～70年代的中国是一个社会变革和人生变化巨大的历史时期，其间国家的政治、经济、文化及个人人生经历都发生过天翻地覆的变化。那个年代物质条件贫乏，但宣丽华积极上进、努力学习的精神始终不变，当时电力发展正在逐渐完善过程中，一旦负载过大就会断电，夜间时不时地断电已经让宣丽华习以为常，那段时间她常常挑灯夜读，在微弱的烛光中，吸收书中的养分，在学习上力争上游。当时农村环境恶劣，夏天酷暑难当，蚊虫众多，冬季彻骨寒冷，读书条件极其艰苦，而正是她这种专注和自强不息的精神，使她的成绩始终名列前茅。经历过那个年代的人都知道书籍的宝贵，当时缺乏公共图书资源，课外书籍的主要来源通常是同学朋友相互借书阅读与传阅，而这样的形式养成了她快速阅读的能力，也让她充分体会到学习的不容易和机会的宝贵。

因为父亲工作的需要，年少时期的宣丽华跟随父亲辗转到过很多地方，每到一个新地方，就要重新开始融入当地的学习与生活。她印象最深的一次，是在初中一年级时，他们全家跟随父亲从农村回到了杭州市区。刚入学，学校马上要进入期末考试阶段。而由于农村和城市授课内容的差异，比如，英语是在农村中学所没有教授过的，这给了她很大的挑战，在一个月时间内如何能补上这一学期所落下的内容。在老师和同学们的帮助下，她利用一切时间学习英语，经过一个月的努力，在期末考试中她的英语取得了高分，这也对她产生了深远的激励作用，使她相信一切努力都会有回报，同时她也认为想要取得成绩，必须坚持不懈地努力。

第二节 笃定此生学中医

20世纪60～70年代的农村医疗环境落后，基本没有大医院，就医一般是去卫生站或者靠赤脚医生。一方面医疗条件差，另一方面确实农村经济贫困，很多小疾病农民很少就医，很多问题都靠流传的土方子解决。在农村生活期间，宣丽华见识到很多草药的神奇作用。

农村蚊蝇众多，夏天小孩子们在田野间光腿奔跑，经常被毒蚊子叮咬，腿上包块破溃以后便形成疮疡，在缺医少药的年代，大人们在田地间采新鲜的车前草，捣碎后敷在孩子疮疡处，溃烂处的红肿就能够很快地消退。夏季天气闷热，极容易中暑、上火。夏季农民们有摘蒲公英用来泡水喝的习惯，蒲公英清热解毒，喝蒲公英水的人们就很少上火，也减少了身上的疮疡。蒲公英在农村遍地都是，随便采一些晒干了可以放很长时间。小孩子身上起痱子、湿疹等，农村人就会拿金银花、蒲公英泡水给他们清洗，有些人还会用车前草外敷，效果也很好。当时农村一般家里有人患风寒感冒，喝点生姜红糖水就能好，将生姜切片，加入红糖煮水，趁热喝，对于感冒流清涕效果很显著。农村里还有很多土办法来治疗疾病，比如说，小孩咽部疼痛，大多是因为扁桃体发炎，导致扁桃体肿大，家里人对着白炽灯看进口腔里，能够看到肿大的扁桃体，严重时会影响小孩吃饭和说话，家长就会让生病的孩子张大嘴，用一根筷子头蘸上盐面，然后伸进嘴里，把盐涂在扁桃体上，一天数次，轻的就会好，如果不好，家长就会再去卫生站要上半根火柴梗长的黄连让孩子含在嘴里，用于清热、泻火、解毒。小孩子刚开始发热，大人就很有经验地煮上金银花水，小孩子喝了后，过一晚上基本上就不发热了。凤尾草是一种生长在农村老房子墙角、井边和一些阴暗背阳之地的植物，大人们常用它来治疗感冒发热、咽喉肿痛等，对于外伤出血，将采集的凤尾草捣烂之后，敷于伤口处，有极好的止血消炎作用，此方法也可用于烧烫伤。农村这些草药的神奇疗效极大地引起了宣丽华的兴趣。

农村里不但有这些简易的草药治疗，还有很多土办法，简、便、验、廉。对一些高热不退、食欲差的患者，农村婆婆就会直接徒手刮痧，在颈部、背部，一条条红色的痧带十分明显，出痧后症状马上就能得到改善。有时候还会碰到中暑的农民，家里人就会拿个陶罐，点着纸团扔进去，立马扣在背部，就地取材，十分便捷，这就是我们现代的火罐。如果找不到陶罐子，便去取一陶瓷勺子，顺着光滑的一面就着温水刮痧，也有相同的效果。虽然农村里的生活艰苦，但是在生活中宣丽华还是见到了很多传统中医药的妙用。

20世纪70年代以前，医药资源匮乏，传统的中医药在当时占着非常大的比重。老中医受传统医学熏陶，修身养性，都具备良好的职业道德。他们把医术当成是仁术，望、闻、问、切四诊一丝不苟，辨证施治反复斟酌，并且把中药的煎服法、服药禁忌嘱咐患者好几遍。当时几乎所有的中医诊所都会给患者免费提供砂锅、药壶。有的中医大夫怕患者煎煮失当，还会亲自帮患者煎煮中药，甚至还会守在患者身旁观察他服药后的反应，根据药效情况及时做出药味及用量调整。那个年代对一个老中医的评价，除了口口相传，最能服人的便是坐堂诊所里患者赠送的一面面锦旗、一块块牌匾上面写着“华佗再世”“妙手回春”等赞语，绝对是患者的有感而发，老中医们也当之无愧。宣丽华亲身经历了这个年代，因此，在很小的时候她就励志要成为一名德才兼备的医生，以缓解患者的苦痛为己任。

在“文化大革命”期间，中医药卫生事业遭受了空前的浩劫，其中的一个严重后果是当时的中医药人才的青黄不接。看到中医药界如此的现状，当时的党和国家领导人心急如焚，国家宝贵的传统文化遗产不能失传，宣丽华感受到了国家对复兴中医的需求，也为着自己的中医梦，她坚定了走上从事中医之路的信念。

第三节　业精于勤学岐黄

在恢复高考政策以后，宣丽华通过认真地备考，以优异的成绩顺利地考上了大学。在选择学习专业时，由于为中医药疗效的魅力所吸引，她坚定地选择了中医药院校，即当时的浙江中医学院（现浙江中医药大学）。中医学博大精深，宣丽华发现自己原先积累的一点点中医学的知识简直就是沧海一粟。到了浙江中医学院，教授们不但授课生动，深入浅出，而且临证经验丰富，很多难懂的知识点通过他们理论联系临床，讲解得非常通透。图书馆里一应俱全的中医典籍，学校里浓郁的学习氛围，都让她如获至宝。

在浙江中医学院，当时何任老先生的名气非常大，他不仅医术精湛，更是年轻医师学医行医的楷模。何老对学习中医的年轻医师提出的五点要求，一直是宣丽华学习道路上的座右铭。何老认为要成为一名优秀的临床医生，一宜坚实基础，就是要对中医重要的文献著作（先是《灵枢》《素问》《难经》《伤寒论》《金匮要略》，再及各家）有较深刻的理解。二宜博采精思，这既是治学方法，又是治学态度。例如，张仲景“勤求古训，博采众方”而撰成的《伤寒论》，是中医最早的理论联系实际的临床诊疗专书，系统地分析了疾病的原因、症状、进程、转归和处理方法，确立了伤寒六经分类的辨证施治原则。它的治法方剂，至今还为人们所采用。可见广博地采集资料、精细地分析思考而取得学术成果是何等巨大。三宜熟背诵，朱熹说：“读书有三到，心到、眼到、口到。”“心到”当然是第一重要，“眼到”是直接观察，而“口到”即达到熟读背诵的程度，十分有益于领会。这是学医的传统好方法。在熟读背诵了较多医书后，遇到临诊、写作、讲学时，很自然地就能唤起记忆，引出联想，理、法、方、药也能涌现于脑海。熟读背诵得越多，应用时受益也越多。四宜兼及他学，何老认为，对一个中医学术问题，往往要从中医理论、临床实践，甚至从古代的文、集、经、史或其他自然科学、哲学等方面去搜集资料，加以深透研讨，才能说明问题。我们中医工作者，除了懂中医药外，广泛学一些与中医直接或间接有关的其他知识，则更有助于钻研中医，如熟悉版本正讹的辨别方法对研讨中医古籍是有益的。五宜珍惜寸阴，时间等于生命，“韶光易逝，青春不再”“似水流年”等都是痛惜浪费时间之可悲。做学问要珍惜时间，除了必要的休息外，应该利用一切可以利用的时间。何老的“五宜”道出了学习中医的基本方法，宣丽华也认识到，学习没有捷径，只有勤能补拙，知识长城的积累都是日复一日、年复一年持之以恒才能完成的。

在当时的浙江中医学院，不仅仅有国医大师何老，还有徐荣斋教授、蒋文照教授、吴颂康教授、潘国贤教授、詹起荪教授以及学验俱丰的针灸专家高镇五教授等在校任教。名师云集，各位老师对经典理论的讲解也是鞭辟入里，课堂上常常座无虚席。通过“学习—跟诊—再学习”的形式，中医学理论体系在宣丽华的脑海里逐步丰满起来。但是初学中医典籍，她发现文中多是晦涩难懂的文言文，加上深奥的中医学理论知识，着实需要花大量的时间和精力去反复咀嚼和体会。每日清晨，五点的操场已是书声琅琅；夜间自习大家都是看到最后一分钟才离开，学生们都十分珍惜这来之不易的求学机会。那时，大学晚上定点断电熄灯，时常可以看到有人在走廊上，或躲在公用厕所里，借着灯光继续看书。冬天的早晨太阳出来得晚，大家都自发地聚集在路灯下面看书，寒冷也无法阻止大家的学习热情，这中间也不乏宣丽华的身影。在学校5年的本科学习生涯中，她常常挑灯夜读，反复品味中医经典的内涵。正如《荀子·劝学》里面说的“不积跬步，无以至千里；不积小流，无以成江海。骐骥一跃，不能十步；驽马十驾，功在不舍。锲而舍之，朽木不折；锲而不舍，金石可镂”。她深深体会到，学好中医不仅需要广泛阅读古籍，更需要的是自己的恒心和毅力，只有坚持才能在中医这条道路上走得更远。她从《药性赋》《濒湖脉学》《医学入门》等基础书籍，再慢慢地接触四大经典《黄帝内经》《难经》《伤寒杂病论》《神农本草经》。这些中医学的著作都是中医学的根基，她听从老教授们的教诲，反复细细研读原文，背诵经典条目。

正是这样的学习精神，让宣丽华在大学里打下了坚实的中医学基础。她常说：“很多读书时候背诵的条文一辈子都难忘。”她常常建议学生或青年医生在年轻时一定要反复阅读和背诵经典原文，只要记住了，很多时候原来不理解的片段，在临证时，突然就悟出来了，有些东西会潜移默化地成为你身体的一部分。她自身的成长经历告诉我们，反复研读中医学的经典著作于一名中医大夫完整地把握中医学理论体系的关键之处，亦是培养中医思维的根基。这些经典之所以成为经典，是因为它是这一学科的源头，很多问题我们需要从根源上进行理解，能带给我们很多方面的指导和启迪。学习中医学经典，最重要的是学习和领悟经典中的中医学思维方式。中医学的思维方法是中医学区别于西医学的根本，它是中医学理论体系与临床诊疗的核心，它可以帮助中医医师学习到中医学理论的精髓，它也是决定一名中医医师能否融会贯通地理解众多临床问题的关键。所以学习中医学经典医著是系统、全面掌握中医学理论的必然要求，亦是掌握中医学理论体系最直接、最有效的方法。

在学习中医学理论的同时，她发现中医院校同样十分重视西医基础知识的教学，学校开设了解剖学、生理学、微生物学、化学、诊断学等西医基础课程。这样的课程设置，让学生初始十分痛苦。两套完全不同的医学理论体系同时学习，常使学生有混淆感。但随着学习的深入，宣丽华也逐渐发现了其中的优点。两种理论体系都有其优缺点，取长补短，相互结合，才能造福更多的患者，也才能使古老的中医学重新焕发年轻的魅力。她也相信，随着时代的进步，社会可能更加需要这种中西并重的医生，只有同样学好西医知识，才能成为一名合格的现代中医师。

1971年7月，《纽约时报》专栏作家詹姆斯·赖斯顿在访华时，患了急性阑尾炎，术后第二天，腹部胀痛难忍，中国医生为他做了针灸治疗，以缓解腹部胀痛，疗效显著。随后，赖斯顿在《纽约时报》头版发表了亲身经历针灸的文章，这篇文章成为针灸传入美国的历史性标志。1972年8月美国《新闻周刊》封面是一个满脸扎满银针的女郎，内文是一组关于针灸的文章，题目为《神话还是神奇》，同年美国总统尼克松访华，其随从和代表团医生在北京医科大学第三附属医院（现北京大学附属第三医院）观摩了针灸麻醉手术，掀起了美国的针灸热潮。在特定的国际背景下，针灸这种非药物治疗，以其神奇的疗效引起了国际人士极大的关注，同时也带动了全世界范围内的针灸热。

在医院临床实习期间，由于宣丽华扎实的英语基础，被院领导指定到针灸科进行对外接待和交流工作。这样的学习机会让她对针灸学有了全新的认识，神奇的临床疗效引起了她极大的兴趣。在针灸科实习期间，她曾经接待过一位美国的儿科医生，他的儿子患有哮喘病，通过西药治疗效果并不理想，几年前在美国听闻中医药的神奇疗效，他带儿子在美国当地的华人中医诊所进行了中药加针灸治疗，哮喘症状明显好转。当时这位儿科医生一家正跟随旅行团来中国旅游，时值春季，西湖边柳絮飞扬，引起了孩子哮喘的急性发作。他就近到了浙江省中医院的针灸科，经过针灸治疗后，他儿子的哮喘症状明显得到了缓解，接诊医生又开了中药作为后续调理，在杭州旅游期间小朋友的症状一直很稳定。这个临床病例让宣丽华体会到了针灸的速效，以及针药结合的魅力。

在针灸科实习期间，另一个让她印象深刻的病例是：三伏天冬病夏治期间，一位患者有20多年的哮喘病史，经过各种中西药治疗，一直反复发作，控制不佳，到了冬季哮喘症状加重，痛苦不堪。偶然的机会了解到冬病夏治针灸疗法可以治疗支气管哮喘，他就想来试一试。由于当时贴敷药物的药性较烈，在经过2小时的敷贴后，这位患者背部起了水疱，第二天水疱更是增多加大，宣丽华负责帮他抽出水疱渗液。由于皮肤恢复缓慢，这位患者在那年三伏天期间只接受了一次治疗。然而到了次年的夏天，这位患者又来到了针灸科，告诉主诊医师自从那次治疗后次年哮喘都没有再发作，这令他十分欣喜，再次来针灸科进行冬病夏治。这样的经历让宣丽华对冬病夏治这种外治疗法亦产生了极大的兴趣。同时在针灸科，她总是能够看到腰腿、颈肩部疼痛不能动弹的患者在接受了一两次治疗后，神奇地恢复了正常。这些书本中原有的知识一下子如此生动地展现在了她的眼前，让她对针灸学这门学科着了迷。

毕业后，宣丽华凭借优异的成绩，扎实的基本功，认真的工作态度，留在了浙江省中医院针灸科工作。她常结合自身的成长过程，告诉学生学习经典、重视临床、经典与临床相结合的方式是让年轻医师迅速成长的关键。同时她认为一名合格的医师，需要的不仅仅是精湛的临床技艺，更需要有对患者的耐心和责任心。行医道路上她一直践行着孙真人《大医精诚》中经典名言，“学者必须博极医源，精勤不倦，不得道听途说，而言医道已了，深自误哉”“凡大医治病，必当安神定志，无欲无求，先发大慈恻隐之心，誓愿普救含灵之苦。若有疾厄来求救者，不得问其贵贱贫富，长幼妍媸，怨亲善友，华夷愚智，普同一等，皆如至亲之想。亦不得瞻前顾后，自虑吉凶，护惜身命。见彼苦恼，若己有之，深心凄怆”。在行医的道路上，她时刻不忘学医的初心。

第二章

名师指引

第一节　金氏针灸引入门

1984年，宣老师从浙江中医学院中医系毕业，来到浙江省中医院针灸科工作，跟从当时针灸科主任严定梁老先生、张淑华老先生、许文波老先生和赵本传老先生学习针灸的临床实践。浙江省中医院有十大赫赫有名的中医流派，其中针灸科传承了金文华老先生的金氏针灸。金氏针灸以其取穴精简、针感明显、疗效显著享誉杭城。张老和赵老均是金文华老先生的嫡传弟子，是金氏针灸的第二代传人。同时当时的科室主任严定梁出生于中医世家，其父严肃容名闻江、浙、沪地区。严老自幼受家庭的熏陶及父亲的言传身教，后又求学于上海中医专科学校，是第一批全国老中医药专家学术经验继承工作指导老师。同时许老也是严定梁父亲严肃容老先生的学生。在几位老师的共同努力下，浙江省中医院的金氏针灸得到了传承，并有了新的发展。宣老师在多年跟随几位老师临证中，逐步对金氏针灸的内涵有了深入的理解，金氏针灸也成为她进入针灸临床的领路人。

金氏针灸起源于金文华老先生，1906年他出生于浙江绍兴。1925年师从浙江著名针灸医家孙济纲，入师门五载，勤奋好学，得其真传，遂定居杭城设诊所行医。新中国成立初期，金老曾牵头创建杭州市针灸门诊部，后成为杭州市红十字会医院特邀医师。1954年，他响应政府号召，放弃私人开业，作为杭州名医应聘入杭州市中医门诊部工作，任针灸科负责人。1956年，该门诊部并入浙江省中医院，金老从此担任医院的针灸科主任，和名老中医黄学龙、董振亚一起，建立医院的针灸科。1956年金老进入医院，1975年退休，1979年作为科室顾问受聘于浙江省中医院针灸科。金老在医院期间不但悬壶济世，而且热衷于传道授业，培养了一批优秀的传人，为金氏针灸的传承奠定了坚实的基础。

金老喜好博览群书，其学术思想来源于《黄帝内经》《难经》《金匮要略》《伤寒论》等经典著作，并从《针灸大成》《金针赋》《标幽赋》等著作中吸取精髓，兼收并蓄，尤其对徐凤《金针赋》中针刺法颇有研究，他认为《金针赋》是汲取何若愚《流注指微赋》和窦汉卿《标幽赋》两家之长，行针手法如候气、调气、行气及各种补泻手法的精义尽在其中。同时，金老一直主张针灸医师平时要修炼一定的气功，才能够指力过人，破皮迅速，减少患者疼痛，行针时得气快而速效。

宣老师一直秉承着金老传下来的教诲，无论平日工作多忙，一有空便反复研读经典，将经典理论应用于临床实践，不断完善自己的临证思维；平时她无论是在家中还是出差在外，每晚练功是必修课，长此以往便形成和完善了自身的针灸指导思想，同时练就了不凡的指力。她说这些基本功都是日积月累的，并非短时能速成，针灸医师一定要能沉得下心，在学术和临床上才能有所提高。

临证时，金氏针灸注重神、形、气三者相合，其取穴精简、手法独特、疗效显著，形成了独特的金氏针灸体系，通过几代人的传承，不断完善，日益丰满。

在针刺过程中金氏针灸始终秉持《黄帝内经》的主旨，要神、形、气三者相合。《素问·宝命全形论》云："凡刺之真，必先治神。"《灵枢·官能》谓："用针之要，无忘其神。"所谓"神"是指术者、患者均能"必一其神，令志在针"，因此，务求诊疗环境安静，并且应消除患者的恐惧、紧张心理，医者应目不外视，手如握虎，心无旁骛。切忌针刺时心神分散，一边进针一边与人谈笑。"形"是指患者的体位要舒适放松，衣带宽松；术者应凝神定志，站立施术要桩步稳健，气沉丹田，针刺时眼神集中，拇指按压穴位，快速捻转进针，常令患者无痛感，不知不觉中针已入穴，形于手指则方能气与力合，而针下之气可调。"气"者，乃指针下之气，针刺之效，得气为要。金氏针灸在临床中，强调术者要治神，运用捻转提插导气，同时更重视在针刺之中患者的针刺得气感，要求术者细心体会指下针感，非常重视"轻、滑、慢而未来，沉、涩、紧而已至"的古训。施术者有沉、涩、紧之感觉，必须借提插手法导气、引气，使患者得气。重视针感得气，强调气至有效是金氏针灸临证治病所遵循的重要原则之一。

在取穴上，金氏针灸则非常重视经络理论对临床的指导，在临证时讲求取穴要少而精，用穴如点兵，贵精不在多，提倡“毋刺无辜，刺必有凭”，善取五输穴，巧用原穴，并将奇经论治法应用于临床。金老承袭《流注指微赋》《标幽赋》的学术思想，在临床上常用五输穴子母补泻法和子午流注法治疗疾病，并在应用五输穴时有创新之见。他认为，针刺迎随补泻之意，一是从内外、出入、浅深、先后以调营卫，此即《难经》中“当补之时，从卫取气；当泻之时，从荣置气”的方法；二是经脉上下往来的顺经逆经刺法，除了针刺时的操作术式有所不同，子午流注取穴法、五输穴子母补泻取穴法同属于从经脉往来顺逆的用穴方法。但实际应用中应根据患者的体质、所患之病症的不同，特别是施术时的需要，加以变通，如皮薄肉少的穴位，往往难以施用凉热等补泻，但可取原穴、合穴代之。在取定某一穴位后，还可以根据病情的阴阳虚实以定进退，如取委中、曲泽等合穴时，可在穴点下0.5～1寸灵活增减。同时金氏针灸还十分重视对原穴的运用，原穴是脏腑原气（元气）经过和留止的部位，原气来源于肾间动气，是人体生命之原动力。因此脏腑发生病变时，就会相应地反映到原穴上来，故金氏针灸在临床上治疗哮喘、咳嗽时，常选用肺经原穴太渊；治疗失眠、心悸时，选用心经原穴神门、心包经原穴大陵；治疗胃痛、慢性泄泻等脾胃疾病时，多用脾经原穴太白；治疗慢性支气管炎、耳聋、耳鸣及遗精、阳痿时，则加用肾经原穴太溪等。在针刺过程中，金氏针灸还非常注重调补先天之元气和后天水谷精微之气，认为元气禀受于父母先天精气而产生，是经络运行气血、治疗百病的根本；后天水谷精微之气是营养脏腑、强壮身体的物质基础，两者在生理上是相辅相成的，元气必须依靠后天脾胃所化生的水谷精微之气的滋养，而脾胃亦必须依靠元气的作用，方能不断化生水谷精微，因此元气和后天水谷精微之气是人体不可分割的部分，故治疗时常针灸关元穴以培补元气，注重调节多气多血之阳明经气，补气益血，加强后天之本。

同时金氏针灸的特殊用针手法也一直被广为流传，金文华老先生自制马衔铁和金、银质针具，行针手法以转针、摇针为主，入针浅而针感强，手法独特，自成一家。金老认为临床上应以《黄帝内经》的刺法为基础，《灵枢·官能》云：“泻必用圆，切而转之，其气乃行，疾而徐出，邪气乃出，伸而迎之，摇大其穴，气出乃疾。补必用方，外引其皮，令当其门，左引其枢，右推其肤，微旋而徐推之，必端以正，安以静，坚心无解，欲微以留，气下而疾出之，推其皮，盖其外门，真气乃存。”文中所说的“泻必用圆”“补必用方”，即是行针手法，其中以搓、捻等转针法，结合疾徐、摇针手法，十分切合临床实际。但要真正掌握转针、摇针手法，左手的切、按、推等法同样需要娴熟，如左手爪切之法，一般人只知其具有宣散气血、减轻进针疼痛的作用，殊不知切按之轻重即有补泻之分，重切寓泻，稍轻而反复切按则有助于得气，故《难经·七十八难》中“知为针者，信其左；不知为针者，信其右”之论，实是针刺之心法。

金氏针灸认为腧穴部位各异，针刺浅深应据穴而定，穴浅者若针刺过深反而无益，若已得气而过多提插反致气逸；补泻之法可从捻、搓等转针和摇针之法中求之，并擅长应用摇针来达到补虚泻实之目的。在针刺过程中，起效的关键是手法，同一穴位，不同的手法可能达到不同的治疗效果。金氏针灸十分注重手法的运用，如金文华老先生常用的飞经走气手法，采用28～30号不锈钢针，在取准穴位、常规消毒后，先以左手拇指反复切按其穴，进针先入皮下，针尖斜向病所，微捻入分肉之间，待针下得气后，施补法应略扳倒针柄，左右轻慢摇动；泻法可不必扳倒针柄，左右摇动针柄时宜快宜重。同时配合医者呼吸，吸气时摇动针柄，呼气时用振颤手法，如此反复施行，持针勿释，使酸胀感或凉热感渐渐达于病所，向远处放射。如感应迟缓者，可再在针刺浅深中调节，或退1～2分，或进1～2分，重复操作。金氏针灸的这些行针要点始终贯穿在针灸临床实践中，通过一代代传承对后世产生了深远的影响，将经典古籍的针灸精髓灵活运用于临床。

当时各种灸法也是针灸科的一大治疗特色，尤其是以严定梁主任为主所采用的化脓灸治疗。化脓灸源于唐代，主要用于治疗哮喘、慢性泄泻、阳痿、遗精、癥瘕积聚、癫痫、儿童发育不良等慢性疑难杂症，经过严氏家族的传承和改进，疗效卓著，独树一帜。其在取穴上精而少，壮数以九壮为度，艾炷以铜模压制，施灸季节在每年小暑至白露，贴灸用太乙薄贴膏药，发灸、养灸均有严格要求。其在化脓灸的取穴上也别具特色，严老认为，取穴的准确与否，可以直接影响疗效。因施灸的穴位不同于针刺，灸治一穴，终生一次（直接灸），既不可复灸，亦不再受针，故取穴应反复斟酌切不可草率从事。再者，取穴必先审察患者之形体，因每个患者的形体骨骼、肌肉丰厚程度均不相同，所以取穴时在结合骨度分寸的同时要根据患者的形体差异仔细斟酌穴位所在。最后，严老认为“穴者，穴也”，人身要穴大多在两骨之间，两筋之间，两肋之间，两肌之间的凹陷之处，用指循按可找到敏感点。如用骨度分寸法等所得穴位与附近的凹陷敏感点略有出入，宁舍度量所得。循此法取穴定位，方得“真穴”也。同时严老非常重视扶正的原则，《素问·刺法论》云：“正气存内，邪不可干。”所以严老认为治病的根本还是要改善患者的体质，增强机体抗邪能力。这在化脓灸的选穴上也得到了充分的体现，关元，系一源三歧之源，所谓肾间动气所在，可培肾固本、温阳调气；天枢为天气与地气交错枢要之意，可疏调肠腑、理气消滞；大椎、膏肓均为强身健体之要穴，能治诸虚劳损；背俞穴则能调理各脏腑生理功能，也可强身健体。

宣老师在中医成长的道路上深受金氏针灸学术思想的影响。她反复研读经典，勤练基本功，临证注重治神、强调辨证、关注整体、取穴精简、手法独特，这些都为她的名医成长之路奠定了坚实的基础。而像化脓灸，随着时代的变迁，人们生活水平和医疗水平的提高，已甚少有患者愿意接受这种会留下瘢痕的治疗。但其治疗的核心精髓却始终指导着宣老师的临床，后期她通过灸法的改良，在直接灸的基础上形成一套自己的非瘢痕灸法，以及大力发展天灸疗法，均是在前人针灸理论的传承下发展而来。多年来宣老师一直将金氏针灸的内涵授予一批又一批的海内外学生，使中医针灸有更深远的影响力，造福于海内外。

第二节 名师指点再提高

宣老师不但注重经典和临床，同时她也十分重视中医药的现代化研究和针灸学科的发展，在成长的道路上不断受到名师指点，使她得到迅速提高和发展。方剑乔、朱江两位老师均是在针灸领域有瞩目成就的学者，他们长期投身于针灸学的研究与应用工作，并致力于针灸事业的推广和发展。两位对科研严谨执着的态度和对中医药事业发展的责任感都使宣老师深受启发和鼓舞。

一、临床科研相促进

方剑乔老师是宣老师的硕士研究生导师，也是她入选第二批全国优秀中医临床研修项目的指导老师。他现任浙江中医药大学校长，享受国务院特殊津贴专家，国家卫生健康委员会和浙江省有突出贡献中青年专家，第六批全国老中医药专家学术经验继承工作指导老师，第二批浙江省国医名师，浙江省名中医，全国优秀科技工作者，并兼任中国针灸学会副会长、浙江省针灸学会会长等。方老师不但熟读古籍，深谙针法，在中医经典临证上有较深的造诣，同时他对中医针灸的现代化研究具有非常强的探索和创新精神，几十年如一日坚守在针灸临床和科研的一线。

20世纪90年代末期，方老师到日本昭和大学医学部攻读医学博士学位，他发现中医药虽起源于我国，但日本医学界对中医药的研究也极为重视。他深感作为新一代中医人发展中医药事业的责任之重。宣老师从硕士研究生期间开始跟从方老师学习中医药的临床和科研。在学习过程中，她看到了传统的针灸学科在现代研究领域中有着不一样的生命力。同时在方老师身上她看到了新时代中医人的责任和使命。方老师常提出，作为中医人身上肩负着不同的责任，我们除了要把中医传承好，同时也要将其机制搞明白，让更多人理解接受，这需要理论和实践的不断创新，只有这样中医药事业才能走得更好更远。同时，他认为中医药的科研一定要源于临床，其研究成果能够再指导并应用于临床，不能仅为科研而科研。一线的医务人员最了解临床的困境，也最能够提出临床的问题，这样将临床与基础的研究结合起来，才能切实解决很多问题。

方老师在临证中发现了很多针刺镇痛的问题，因此他几十年如一日全身心地投入针刺镇痛领域的临床与基础研究，通过研究获得了许多可喜的成果。如他结合多年的研究成果，总结了一系列电针相关参数对镇痛影响的实用性规律。他将临床常见的疼痛分为几种类型，如急性和慢性疼痛；炎性痛、病理性痛等，针对不同的疼痛类型选择最优化的电针治疗方案。他认为这是基于电针现代研究成果在针灸临床的合理应用。在中医现代化的进程中，只有这种因人而异并基于事实依据的治疗，才是中医思想的进一步延续。他的这些临床及基础研究成果，为电针在镇痛领域的应用提供了翔实的依据，并使电针的应用更加具体化和标准化，为后人的学习和研究打下了坚实的基础。在方老师身上，宣老师感受到了一个学者在学术上的执着和百折不挠的精神。

同时，方老师在临床和科研上的创新思维也给了宣老师很大的启发。他在研究电针镇痛的过程中，观察到电针虽有很好的镇痛效应，但临床上有不少患者因对针刺有很强的恐惧感而拒绝治疗，错失了良好的治疗时机。为进一步适应现代人的治疗需求，通过临床和实验室的长期观察与研究，他在国内首创了经皮穴位电刺激疗法治疗各种痛证。通过基础的研究发现，经皮穴位电刺激与电针有相似的镇痛效应，且比电针有更长的镇痛后效应，有无创伤、避免感染、患者易接受、易操作等优点。这样的疗法既解决了患者的需求，同时又使中医针灸以更容易接受的方式继续发挥优势，这就是创新的魅力。在多年跟随方老师学习的过程中，宣老师更加深刻地认识到中医现代化的必要性和紧迫性。通过系统严谨的临床及实验室研究，可以更加有效地揭示人体上下、内外的联系，发现其中规律，从不同的角度更加深入地理解传统中医药的奥秘，使其更有效地服务于临床。

方老师对中医药事业的责任感不但体现在科研和创新上，他还长期致力于推动针灸学科的发展，其着眼点之高，令宣老师深深敬佩。他在承担繁重的临床、科研工作的同时，还担任着浙江中医药大学校长、中国针灸学会副会长及浙江省针灸学会会长等职务，从“中医针灸人才的培养、针灸学科团队的建设、中医针灸知识的科普”等多方面入手，推动整个针灸学科的发展，从而达到良好的社会效应。他常常工作至凌晨，全年无休，将一切的时间奉献给他热爱的事业。其培养的优秀中医针灸人才不胜枚举，为学科添加了一大批中坚力量，形成了优秀的人才梯队。他领导的针灸科学创新团队，是国家临床重点专科、国家中医药管理局重点学科，2014年被浙江省委员会列为“浙江省重点科技创新团队”。在方老师和众多与他一样辛勤的针灸人的共同努力下，浙江的针灸学科已越来越具有影响力，学术氛围也越来越浓郁，并逐步被广大老百姓所接受和喜爱。在方老师的指导和影响下，宣老师也积极参与学会工作、发展学科。因为宣老师认识到，一个人的发展可能使部分患者获益，但其力量有限，只有整个学科发展了，才能造福更多人。

二、针灸发展指明路

朱江老师是宣老师入选第二批全国优秀中医临床研修项目的指导老师。而早在2003年，当时朱江老师是国家中医药管理局针法灸法重点学科带头人，响应国家中医药管理局重点学科“一带五”的号召，遴选全国五家医院的针灸科作为国家中医药管理局针法灸法重点学科的合作单位，浙江省中医院针灸科有幸被选为其中之一。宣老师作为针灸科主任，便开始跟随朱江老师学习和交流学科发展的经验，通过与朱老师多年的学习交流，宣老师已将朱老师视为良师益友，两人经常就中医临床、科研及学科发展上的问题进行深入探讨。朱老师是北京中医药大学针灸推拿学院教授、博士研究生导师，针灸特色疗法工作重点研究室主任，享受国务院特殊津贴专家，同时她又参与很多针灸学会及针灸重点刊物的编委工作。朱老师长期处于国内针灸推广、发展和现代化研究领域的前沿位置，深切体会到其中任务的艰辛，在学习交流过程中，她常建议宣老师要迎难而上，为针灸学的发展贡献一份力量。

朱老师认为近半个世纪以来，随着世界范围内的“针灸热潮”的掀起，针灸学面临着前所未有的机遇与挑战。全球日益增长的医疗费用，使针灸这种安全、经济、有效的自然疗法被越来越多的国家所重视。以针灸镇痛为例，在美国及世界范围内的“阿片类药物滥用”一直是医疗界严重的药物危机，针灸以明确的镇痛疗效，已被大部分国家所认可。这些认可都是来之不易的，是这么多年来我国众多科学研究者长期的临床及基础研究的成果。而针灸的作用远不仅限于镇痛，其丰富的内涵正有待于我们去发掘、研究及推广，这是新一代中医人的使命。同时，随着现代医学、计算机、互联网技术的飞速发展，世界范围的交流学习已不再如此遥远，针灸学通过与其他学科的交叉研究，迎来了更多的机遇。这样的结合研究形式使针灸的研究范围可以更加宽广，研究层次更加深入。朱老师常建议宣老师一定要抓住这种机遇，多关注学科前沿的研究进展，多学科交叉地做针灸的学习和研究。

但同时朱老师认为目前针灸学的发展面临着重大的挑战，中医针灸学作为祖国的瑰宝，有别于现代医学，其有自己的一套理论体系。但想要使更多的人了解和接受针灸，必须将其内涵转化为大众能明白的语言，探寻两者的桥接点。但这种转换和桥接是非常艰难的，研究者应充分理解针灸学的内涵，抓住实质，才能做深入研究，否则都是徒劳无功的。她通过长期的临床和科研实践发现，针灸本身是多维度的，其中影响其取效的因素众多，如治疗对象、载体、方法和时机都对其有影响。她总结了四个观点，“针因病而效、穴因人而异、刺因证而定、效因时而变”。

朱老师认为针灸与西医的治疗原理不同，它并未对人体实施任何外源物质的直接干预，而是通过调动人体自身的修复、拮抗机制矫偏调衡，达到治疗目的。正是针灸这样的作用机制，使得针灸具有无副作用的优势，但同时这也限定了针灸的疗效，即针灸效应不可能达到机体自身生物功能达不到的调节水平。她提出了“针因病而效”的观点，认为针灸对不同的病症有不同的治疗效果，应根据经脉-脏腑相关理论，重视针灸对于脏腑疾病的治疗作用，理性扩大针灸的临床应用，但同时不能忽略针灸作用的局限性。与历代众多医家一样，她认为“穴因人而异”，同一个穴位在不同的患者身上位置是有差异的；同时穴位在机体生理和病理条件下会表现出不同状态。她认为临床上要根据实际情况，在标准取穴的基础上，根据机体结构及患者反应加以矫正，这样才能准确定位腧穴，提高疗效。并可利用穴位对病症的特异性反应辅助诊断。她认为根据中医辨证及疾病的病位、病程、病性选择适当的刺法亦是取得理想疗效的关键，即“刺因证而定”。很多医师和学生都困惑于辨证取穴和专家无异，却收不到预期疗效。她认为出现这种现象，关键在于未能选择最优的刺法。因而提出“针因刺而效”的观点，其中的“刺”包含了刺激方法和刺激时间。最后她认为针灸的疗效还与针刺时序及治疗的介入时机有关，即“效因时而变”。她在临床及研究中发现针灸的疗效不仅取决于选穴是否合理、取穴是否准确、操作是否得当，还与时间因素关系密切，影响针灸疗效的两个关键时间因素即针刺时序及治疗的介入时机。“效因时而变”说明疗效因下针时序及介入时间的不同而存在差异。通过长期的研究结合针灸的特性，朱江老师认为针灸应该在疾病的早期介入，在机体亚健康状态时针灸的调理能力最佳。诸多实践证明，西医尚未能做出明确诊断的疾病，中医根据辨证就可施治，并能取得良好疗效，且对于未发疾病的疗效优于已发疾病。

同时，朱老师认为合理地借鉴现代医学的研究方法也非常关键。从20世纪90年代开始，循证医学作为指导临床实践、制订科研计划、分析结果和临床决策的极其重要的方法学，推动了全球医学从经验医学模式向循证医学模式的转变。近年来通过借助循证医学的方法，充分考虑针灸自身的特性，将两者结合起来应用于针灸的临床研究是一条研究和发展针灸的途径。在基础研究上，实验针灸学既保持了传统中医理论和针灸学的固有特色，又借鉴了现代医学发展的模式和方法，从器官、组织、细胞、分子水平、基因水平深入地研究针灸作用机制及规律。在研究过程中，朱老师认为临床研究和基础研究不可分割，两者相辅相成，都能为临床的推广应用做坚实的后盾。借鉴现代医学的研究方法研究针灸学，也是一种中西医结合的方式，二者在应用中相互不断渗透，吸收对方优势理论，找到共同发展的结合点。

通过与朱江老师长期的学习和交流，宣老师开阔了视野，她清晰认识到中医针灸现代化研究的重要性和必要性。同时她也了解到一个学科的发展，仅做好临床是远远不够的，必须是临床、科研、教学等一起发展，这需要大家共同的努力。她在学习中看到的高水平的临床及基础性研究，既能清楚地阐释一些原本秘不可参的理论，同时又可推动中医针灸走向世界。

经过两位老师的指导，她开始从自身临床主攻方向入手，从临床研究到基础研究，从小到大，深入挖掘其中的内涵，不断总结其中规律，做到从临床到科研再到临床，真正让科研为临床服务，为患者服务。她也相信通过一代一代中医人的努力，中医药的明天会更加明朗。

第三节 跟师临证研方药

宣老师工作以后，虽然以针灸为主业，但仍不忘遣方用药。她一直十分推崇孙思邈、杨继洲等医家针药结合的主张。孙真人在《千金翼方》中言："若针而不灸，非良医也，针灸而不药，药而不灸，亦非良医也，知针知药，固是良医。"杨继洲在《针灸大成》中指出"针灸药者，医家之不可缺一者也"。宣老师认为针、灸、药各有所长，也各有所短，可以取长补短。《素问·汤液醪醴论》云："必齐毒药攻其中，镵石针艾治其外也。"针和灸善于疏通经络、调和气血，药物内服长于协调脏腑、扶正祛邪，三者相互协作，可收良效。在宣老师的中医成长道路上，徐志瑛、裘昌林、连建伟三位老师对她的辨证用方有着深远的影响。三位老师都是潜心治学，在中医内科领域有重大建树的学者，跟随他们临证，宣老师学到了很多他们对疾病、药物及处方的独到认识，同时也见证了老一辈学者严谨的治学、行医态度。

一、内科杂病悟新知

2005年，宣老师因优异的临床表现和扎实的中医学功底，入选浙江省中青年临床名中医培养对象，从此有幸跟从徐志瑛老师学习临床的遣方用药十余载。在跟随徐志瑛老师临证的过程中，无论平时工作有多么繁忙，她都会风雨无阻地跟从徐老学习，不懂之处便勤查古籍，自己反复斟酌，时常将临床的疑难问题与徐老进行深入的探讨。在跟从徐老学习的学生中，她已是年长者，但这并不阻碍她的学习热情，很多青年医师常受到她学习精神的感染。宣老师深知学习最有效的方法便是不断总结，所以她常在完成自身繁忙工作后，于夜深人静时开始整理徐老的临证要点和学术思想。她时常告诉自己的学生，学无止境，要活到老学到老，只有不断地学习，才能前进。

徐老是主任医师、教授，浙江省名中医，第二批浙江省国医名师，第三批、第五批、第六批全国老中医药专家学术经验继承工作指导老师，从事中医临床50余年，对内科危重急症、疑难杂症治验丰富，尤擅长诊治呼吸系统疾病。徐老在临床辨证施治的基础上，部分参用西医学的分类方法，提出了“古为今用，结合现代，验证经典”的论点。在跟从徐老学习的过程中，宣老师对呼吸系统疾病的诊疗思路有了进一步的认识和提高，中药内服、膏方调理结合原先的针灸及穴位贴敷，使难治性呼吸系统疾病的临床疗效得到了极大的提高。因为跟随徐老学习，她也和呼吸系统疾病的治疗结下了不解之缘。

徐老在临证中尤为强调辨证论治，她认为辨证才是中医的灵魂，在临证时要始终牢记于心。在辨证时应善于从纷繁复杂的征象中找出病变的本质与疾病的根由，并予以辨证用药。如常见的急性支气管炎、慢性支气管炎急性发作或支气管哮喘急性发作等疾病，外邪犯肺是其主要病因。外邪可分为风热、风寒之不同，临床常表现为咳嗽，咳痰不爽，痰色白或黄，咽痒咽痛，胸闷气急，便干，舌质红，苔白或黄，脉滑，以热证为主。从整体观并结合我国南方的气候特点来看，即便患者初感是风寒之邪，也易从阳化热，故在治疗时要特别重视清热法的运用，可用金荞麦、黄芩、鱼腥草、金银花等，用量可在30g以上。再则南方气候多潮湿，故感邪之中常夹湿，治疗时可加大豆卷、川厚朴等。支气管炎和哮喘等呼吸系统疾病在诊治的不同阶段，症候也是在发生动态变化的，急性期应以痰热为主，迁延期应以痰热伤阴为主，慢性期以肺气虚或肺、脾、肾俱虚为主，故在不同的阶段应采用不同的治法，这体现了辨证的恒动观。只有正确地辨证，才能取得较好的临床疗效。

同时，徐老认为治病必求其本，通过审证求因，辨明疾病的阴阳、寒热、虚实，即所谓的“证”。每种疾病都有其特有的临床表现，治疗要点亦异，只有抓住疾病的本质，方能达到事半功倍的效果。由于疾病表现的多样性、复杂性和易变性，临床中往往会出现真假交错、虚实夹杂的情况，干扰医师的诊断和治疗。面对复杂的症候群，要透过现象看本质，抓住辨证的纲领和关键的症候，准确地辨别病症的属性，制订相应的治疗方案，这样方能取得满意的临床疗效。

徐老还时常教导学生，作为中医师不要排斥西医，要做到西为中用。随着科学的不断发展及人们健康意识的提高，许多疾病虽然得到早期诊断但临床往往无症状，如高血压、高血脂、高血糖、镜下血尿、蛋白尿等，现代医学技术揭示了肉眼看不见的微观变化，尤其是对局部的病变观察得更加直接，是对中医四诊很好的补充，使中医辨证更准确，为中医对某些疾病的早期诊断和治疗提供了依据。如在肺系疾病的诊治过程中，通过纤维支气管镜观察到气管壁的充血水肿，大量的痰黏附在气管壁的表面，或从炎症的气管分叉口中看到大量的痰液随呼吸不断向外排出，甚则堵塞气道口，加重了病情的发展，进一步从电子显微镜中可观察到，慢性支气管炎患者的支气管上皮细胞重度破坏，纤毛脱落、倒伏，从而确立祛痰豁痰的治则。

在临证治疗时，徐老十分重视人体的正气盛衰。所谓“正气存内，邪不可干”“邪之所凑，其气必虚”，说明正气不足是疾病发生的内在原因，故治疗上需要注重扶正祛邪。药物仅仅是一种外力，是被动的、消极的，自身摄养才是最重要的。徐老十分重视“冬病夏治”和“冬令调治”，她认为这些方法是从整体观出发，扶植体内的“正气”，改善内环境，使患者重新达到“天人相应”的状态，从而避免和减少疾病的发生，延缓病情的发展。“冬病夏治”是指冬天发生的疾病，在夏季得到暂时缓解后，取三伏天或夏至到秋分阶段，运用中医的各种治疗方法（中药、针灸、气功等），进行扶正固本，从而使疾病在冬季减少发作频率和减轻症状，或达到临床缓解的一种治疗方法。

宣老师作为针灸科的主任，“冬病夏治”正是科室开展最火爆的一个项目，但治疗上主要以穴位贴敷及针灸治疗为主。徐老的这些学术观点对宣老师有着重大的影响。她考虑在“冬病夏治”期间，就诊的患者在贴敷的基础上，还可以运用中药内调的方法。除了夏季中药内服外，还可以采用“冬令调治”的方法。“冬令调治”是“冬病夏治”的延续，是在疾病得到缓解，或刚从急性期缓解后，利用冬至经三九寒冬到春分的这个阶段，进行预防性调摄的另一种有效的方法。徐老认为“冬令调治”最好的剂型是膏滋。冬季是万物收藏之季，在冬令之时，采用“秋冬养阴”之法是极其必要的，这也是“春夏养阳”的继续。如果冬季不能把阴血藏养好，一到春天，随阳气外泄，会使旧病复发或加剧。“阴”者，包括营和血，乃肝、肾二脏主宰，肝主藏血，肾主藏精，两者同源互生。故在冬季补阴非常必要，代表药物应属胶类，如阿胶、龟版胶、鹿角胶等。这些药物都是血肉有情之品，补血益精，配以益气、健脾活血之药，在冬藏之时，调理阴阳、气血，可使次年阴阳平衡，五脏六腑协调，气血和顺，祛邪扶正，百病不生。宣老师将两种方法联合使用，夏季患者通过穴位贴敷，针灸治疗配合中药内服进行“冬病夏治”，冬季再进行膏滋的“冬令调治”，收获了非常好的临床疗效。很多有二三十年呼吸系统疾病病程的患者，通过这样的治疗，症状日趋稳定。为了更深入理解和掌握徐老“冬令调治”的膏方经验，也为徐老在膏滋上的经验能更多地为广大医生所用，宣老师利用一切休息时间，整理徐老的膏滋处方、查阅古籍分析内涵，历时三年，终于出版了《徐志瑛膏方经验》一书。宣老师的这种锲而不舍的学习精神真是令很多年轻学者折服。

二、神经顽疾有新见

临床上针灸科的诊治病种除各类杂病外，最多见的是与神经内科相关的疾病。为了进一步提高神经系统疾病的中西医诊疗水平，宣老师在浙江省中青年临床名中医培养期间跟从了浙江省著名的中西医神经内科专家裘昌林老师。裘老是主任医师、教授，浙江省名中医，第四批、第五批全国名老中医药专家学术经验继承工作指导老师，40余年来专攻对于神经系统疾病的治疗，尤为擅长治疗肌肉疾病（重症肌无力）、帕金森病和偏头痛等疾病。他在辨证施治、选方用药上形成了自己系统的思路和鲜明的特色。通过跟随裘老学习，宣老师对这些疾病的病机和治疗有了新的认识，在临床运用上，通过针药结合的方式更加有利于疗效的提高。

以帕金森病为例，裘老在其治疗上有自己丰富的经验和独到的见解。帕金森病又名震颤麻痹，临床上以静止性震颤、运动迟缓、肌强直和姿势步态障碍为主要特征。帕金森病是一个西医病名，中医学经典文献中没有对应的独立称谓。明代孙一奎《赤水玄珠》曰：“颤振者，人病手足摇动，如抖擞之状，筋脉约束不住，而莫能任持，风之象也。”与帕金森病的震颤相吻合。因此，裘老认为在病名上，“颤证”与帕金森病最为相似。《素问·至真要大论》曰：“诸风掉眩，皆属于肝”“诸暴强直，皆属于风。”裘老认为，这两句经典高度概括了帕金森病的发病机制，在脏属肝，病理因素属风，肝风内动、筋脉失养乃颤证的最基本病机。

裘老认为，中医的精髓在于辨证论治，重点在辨证，临证时，最重要的是分清证型，辨明标本虚实。“证同治亦同，证异治亦异”，证是决定治法方药最可靠的依据，但同时裘老又非常重视病证相结合。他把颤证分为风阳上扰、痰热动风、肝肾不足、气血亏虚、阴阳两虚五种证型，各种证型出现的时期有所不同。早期颤证以风阳上扰、肝肾不足、痰热动风多见；晚期则以气血亏虚、阴阳两虚为多，与病程长、脏气亏损及长期使用西药造成的副作用有关。

和徐老一样，裘老也十分推崇中西医结合的思维方式，将中医辨证与西医的辨病相结合，微观辨证和宏观辨证相结合。既要充分利用中医的理论体系和知识，又要了解该疾病的西医病理基础，只有在辨证的基础上加以辨病，才能起到更好的疗效。具体结合于帕金森病的治疗上，西药有着起效快、疗效明显、作用机制明确等优点，但同时经典的左旋多巴替代治疗随着“蜜月期”的结束而疗效减退并出现症状波动、异动症、精神症状等副作用。而中药的优势在于它能从整体上对人体进行调理，调整阴阳平衡，尤其对非运动症状如便秘、出汗、流涎、抑郁、失眠等的疗效卓越。经过不断的探索治疗，裘老对各个时期的帕金森病有了系统的治疗理念。

在疾病早期，裘老认为患者虽已发病，但尚未显著影响其日常生活和工作能力，尤其是年龄小于65岁的患者，一般主张尽量推迟使用左旋多巴类药。此时中医药的介入甚至单纯中药治疗为很好的切入点，体现中医学“既病防变”的观念。中药对于延缓疾病的进展，多靶点作用保护神经，推迟左旋多巴的使用时间上取得良好的成效。此期本虚现象不明显，治疗当以清热熄风化痰为主，多选用天麻、钩藤、石菖蒲、远志、胆南星等药物。

帕金森病中期患者症状已明显，单用中药起效慢，且力量单薄。此时，中药常常在使用多巴丝肼（或信尼麦控释片）、金刚烷胺、苯海索、吡贝地尔、司来吉兰、恩他卡朋等西药基础上辨证施治，可以有效减少西药的恶心、便秘、症状波动等副作用，以巩固疗效。此期西药治标、中药固本，中西合璧，相辅相成。裘老认为，在使用西药后，患者的中医证型常会有所改变。因此，处方时多加用健脾化湿之品，既是顾护后天之本，同时也可以减轻西药的胃肠道反应，一举两得。

而在疾病的晚期，中西药物表现均不尽如人意。本期患者气血亏虚、肝肾阴虚的症状已极度突出，甚至肾阴阳两虚，治疗当重视补益肝肾，治病求本。遣方时以扶正为主，多以滋补肝肾、益气养血、调补阴阳为法。气血亏虚者，佐以人参、黄芪、白术、甘草、当归、熟地黄等；兼有血瘀，加鸡血藤、桃仁、红花；肾阳不足者，加巴戟天、肉苁蓉、淫羊藿、仙茅等；肾阴不足者，加山萸肉、熟地黄、黄精、龟甲等。

裘老还有非常强的钻研创新精神，对疑难问题常常迎难而上。重症肌无力是中西医临床治疗的难题，在目睹患者被疾病折磨的痛苦后，他遍阅经典，反复思考，希望能寻找对其有特效的药物。他在临床工作之余，刻苦钻研，发现中药马钱子有非常好的通络作用。但一直以来，它的毒副作用限制了它的使用，张锡纯在《医学衷中参西录》中记载“其毒甚烈……其开通经络，透达关节之力，远胜于他药”。现代药理研究发现，马钱子所含的士的宁能选择性提高脊髓兴奋功能，治疗剂量能使脊髓反射的应激性增高，反射时间缩短，神经冲动容易传导，骨骼肌的紧张度增加，从而使肌无力症状得到改善。裘老通过反复试验、改进，在20世纪70年代研制出炙马钱子胶囊，并最早将炙马钱子胶囊应用于重症肌无力的治疗，获得满意的临床疗效，成为目前重症肌无力患者的必备良药。为研究其毒副作用与治疗剂量之间的关系，裘老不惜以身试药。他创造的独特炮炙方法，既保留了马钱子的药理作用，又减轻了其毒副作用，真正造福了这些疑难患者。

裘老这种着重辨证、中西结合及分阶段治疗的方式让宣老师深受启发，她认为这样的治疗思路也同样可以运用在针灸临床上，配合中药协同运用可以大大提高临床疗效。同时裘老这种对疑难疾病的深入钻研精神也深深打动了宣老师。她认为中医人只有秉持这种忘我的钻研精神，在学术上才能有质的突破。随着时代的进步，现代人的疾病谱已大异于古人，现代人对治疗的要求也不断提高。中医药是个发掘不尽的宝藏，很多有效的药物及治疗正待我们去深入研究。她认识到很多经典的理论和实践在遇到具体病症和具体问题时要不断创新，不断改进，中医才会有新的生命力，才能不断前进。

三、经典临证入佳境

2009年，经过重重筛选，宣老师入选为第二批全国优秀中医临床研修项目研修人才，非常幸运地跟从连建伟老师学习中医经典。连建伟老师是教授，主任医师，博士研究生导师，曾任浙江中医药大学副校长。连老治学严谨，医术精湛，擅用经方，化裁得宜。在跟师的几年中，宣老师对中医经典的认识得到了进一步加深。连老博览群书，熟谙四大经典，他常对学生提出，想要真正领悟中医学的精髓，就必须从经典著作开始，“远宗仲圣，近法叶贤”，只有熟读经典，临证时才能成为源头活水，信手拈来。

连老毕业于北京中医学院（现北京中医药大学）首届中医研究生班，专攻中医方剂学，师从国医大师王绵之先生。他长期从事中医理论和临床研究，在理论上融会贯通，加以创新，在临床上博采众方，学以致用，为人谦和，并善于运用启发式教学，穿插文史哲知识于医学教育之中，引导学生爱我中华，爱我中医，理解中医之精髓，掌握中医基本功。1996年被授予“浙江省优秀教师”称号，2001年被授予“浙江省名中医”称号，2002年被确定为第三批全国老中医药专家学术经验继承工作指导老师，2017年被确定为浙江省首批国医名师。他先后参与编著了《历代名方精编》《金匮方百家医案评议》《古今奇效单方评议》《金匮要略校注》《中医必读》《连建伟中医传薪录》等著作，并先后担任国家规划教材《方剂学》编委、副主编、主编，担任中药专业教材《方剂学》副主编。

连老诊病尤擅长诊脉，在凭脉辨证上具有深厚的造诣。其病案书写常以脉诊开头，如2002年12月26日诊樊某，病案为“两尺沉，左关弦，此命门火衰， 脾胃虚弱，肝有郁热，便日二行……然咽喉与牙龈略痛”，其凭脉辨证之特点跃然纸上。依脉测证，脉诊后再行问诊或望舌，是连老的诊断程序。他认为，切脉是中医学“极其重要的诊断方法，尽管它不是唯一的”。对于切脉的重要性，早在《黄帝内经》中便有反复的强调，如《素问·脉要精微论》云：“微妙在脉，不可不察。”《素问·三部九候论》云：“人有三部，部有三候，以决死生，以处百病……调虚实。”《素问·阴阳应象大论》云：“按尺寸，观浮沉滑涩，而知病所生。”《灵枢·逆顺》云：“脉之盛衰者，所以候血气之虚实有余不足。”从中医学数千年的临床实践来看，切脉测病，是不可否认的，不能因为目前尚难以用较为完整的现代理论来解释，便否认脉诊的科学性及其价值。脉象虽是疾病的客观反映，但如何辨别脉象还要通过人的主观认识，而人的认识对各自的实践有着密切的联系。他诊脉必明寸关尺，务辨浮中沉。诊脉时目不转睛，凝神细诊，每每多达5分钟，并对目前忽视脉诊的倾向提出尖锐的批评。他指出“切脉不及一分钟，或边切脉边与旁人嬉语，这种脉诊糊弄人罢了，关于脉诊前人是有十分严格的要求的，如‘持脉有道，虚静为保’‘故善为脉者……合心于精’等”。脉诊方法在《黄帝内经》有三部九候遍诊法 、人迎寸口对照法与独取寸口法。自脉学家王叔和著《脉经》把寸口诊法作为常用诊脉部位后，寸口诊法便成为主流，而其他脉诊法目前几近遁迹。这本身就说明了寸口诊法的科学性。

连老对学生的要求，不但要熟读方剂，还要对每味中药熟悉，方剂是药物的相互联系和作用形成的整体，其作用的强弱取决于各药物在里面发挥的作用。作为一个合格的中医师，要对中药的产地、采集、炮制、四气五味、升降浮沉、归经、有毒无毒、配伍、禁忌、剂量乃至服法等了熟于胸。连老推崇“用药如用兵”，他说：“病者，敌也，彼也；药者，兵也，己也。不知彼不知己，每战必殆；知彼不知己，胜负参半；知彼知己，百战不殆。用药如用兵也。”连老以柴胡为例云：“柴胡用量一般较少，多则6g，少则3g，10g以上大剂量的情况一般只用于少阳病寒热往来者。一患者系血虚肝郁之逍遥散证，然予逍遥散后头痛颇剧，难以忍受。究之，方知药房缺一药物——白芍，故必如仲景，用柴胡或伍以芍药，或伍以黄芩等。因柴胡之散得芍药之敛；柴胡之升得黄芩之降，则不致过于升散， 耗散阴血。叶天士治肝郁用柴胡，但治肝阳肝风则绝对不用，理即在此。”他在多年的理论学习、教学及临床实践中，积累了不少个人的用药经验。例如，脾虚泄泻、腹胀严重者，用扁豆衣化湿止泻而不壅滞；下利里急后重者，用薤白头可除；泌尿系统结石患者在清利湿热的基础上，加用土牛膝一味以化石排石；肉桂既能助膀胱气化，又能抑肝木，所谓“木得桂而枯”；男子阳痿，从肝论治，用白蒺藜疏肝；郁证患者用贝母以解郁；黄疸患者，用平地木配伍虎杖根清热利湿、解毒活血以退黄等。

在临证时，连老还十分关注患者的饮食习惯。常问患者吃什么蔬菜，爱吃面食还是米饭，是否有饮酒嗜好等，以此作为遣方用药的参照。譬如对于需要消积导滞的患者，若其喜食肉类，则多用焦山楂；若嗜好饮酒，则予焦神曲；若爱好面食，则多用炒麦芽；若偏爱米饭，则多予炒谷芽。对于需要用参类进补的患者，则告诫其勿食萝卜或绿豆，以免影响疗效。对于虚寒体质的患者，常告诫其勿食寒凉之品，如性凉的蔬菜瓜果及冷饮均少食为妙。胃病患者，饮食只宜八分饱，以免过食而致土壅木郁。连老这些诊疗的细节都十分打动宣老师。

连老建议学生在学习经典的基础上，在临床中还要不断摸索，不断总结，找到其中的规律，才能掌握临床上的种种变化。通过总结归纳才能有所发现，有所创造，有所前进。不要认为中医就是固步不前的，历代的医家也一直在走创新的道路。以叶天士为例，他就是在张仲景的基础上，根据自己长期的临床经验和江南疾病的特点，提出了许多创新之见。如炙甘草汤，此方本是仲景治疗“伤寒脉结代，心动悸”的，叶天士认为在温病过程中，也可出现脉结代及心悸的病症。但温病与伤寒不同，温病是伤津液的，正是“留得一分津液，便有一分生机”。故他把方中的温药如桂枝、人参、大枣、生姜和酒等去掉，仅用炙甘草、生地、麦冬、阿胶、麻仁，再加芍药一味，其用意是与甘草相配酸甘化阴。这种加减法，就是一种创新。连老常鼓励宣老师，作为针灸医师，在针灸的领域也可以不断去创新，不断发现中医的新内涵。

在连老身上，宣老师学到的不仅是治学的严谨和精湛的医术，更多的是他对患者细致认真负责任的临证态度。连老的门诊患者众多，但其辨证处方过程常常在20分钟以上，遇到有些疑难杂症常达半小时以上，他对患者态度温和，从不因门诊的疲劳有丝毫怨言。在连老的处方中，用药通常非常精简，绝不随意堆砌药物拼凑成方。他常告诫学生“用药该多则多，该少则少，总以对证为宜……该少之处绝不多用一味药”。对于目前中医界部分医师“开大方”的风气，连老反复提出批评，认为这些医生除了学艺不精外，还与他们的医德修养有关，违背了救死扶伤的根本宗旨。他认为作为一个医师不但要有好的医术，更要有崇高的品德。他常回忆他的老师岳美中先生房间里挂着的一幅自拟的对联，上联为“治心何日能忘我”，意思是要治理自己的内心，到何日才能达到忘我的境界呢？下联为“操术随时可误人”，意思是说，做医生的，随时都可以误人性命。他告诫学生在行医之路上一定要谨记。

宣老师通过多年的跟师临证研习方药，对针药结合的运用有了新的提高。她认为对于临床医生，精准地掌握更多的方法，临证就能多一分把握。对于有些顽疾，单纯针灸，或单纯运用中药难以达到理想的治疗效果，将针药有机结合，充分发挥各自的优势，才能最大限度地提高临床疗效。比如她在临床上常遇到的颈椎病，仅通过针灸疏通经络，虽症状改善快但容易反复，结合中药内调脏腑，疗效常能维持得更加持久。这样的方式既取效迅速，又可固其根本，各取所长。

第三章

声名鹊起

第一节　深研临床创粗针

粗针疗法源自于我国传统的针灸疗法，宣老师整理、传承和创新该疗法并进行推广应用，经过长期临床实践，在治疗面神经炎、帕金森病、中风后遗症、急慢性荨麻疹、痤疮等疾病上都取得了满意疗效。她充分发挥该疗法的特色优势，采用特制的针具用于临床治疗，为疾病的针灸治疗又添加了一种有效的治疗手段。

一、粗针疗法的源流及发展

粗针疗法是祖国针灸医学遗产中的一个重要组成部分，其起源可以追溯到新石器时代，即当时人们所用来治疗疾病的原始针具——砭石，有锋的石锥、石针。而针具真正意义上是从春秋战国开始，随着冶炼技术的进步而发展的。在我国第一部医学经典著作《黄帝内经》中，评述了九针的形状及用途。《灵枢·九针十二原》载“九针之名，各不同形。一曰镵针，长一寸六分；二曰员针，长一寸六分；三曰鍉针，长三寸半；四曰锋针，长一寸六分；五曰铍针，长四寸；六曰员利针，长一寸六分；七曰毫针，长三寸六分；八曰长针，长七寸；九曰大针，长四寸……”，九针中员针后人称之为圆头针，鍉针即近人所应用的推针，此二针为体表按摩和推压的工具。镵针后人称为箭头针，为浅刺的针具，近代发展为皮肤针及滚刺针。锋针即现在的三棱针，用于刺血、泻络。铍针后人称之为剑针，和锋针一样可用于放血。毫针应用最广，因针体细小，创伤性小，针刺疼痛感少，易于被现代人接受，是目前针刺疗法的主要针具。粗针则是结合了长针和大针的特点，宣老师对其形态和材质进行改良后，将其应用于临床。

《灵枢·官针》中记载“凡刺之要，官针最妙。九针之宜，各有所为，长短大小，各有所施也，不得其用，病弗能移。疾浅针深，内伤良肉，皮肤为痈，病深针浅，病气不泻，支为大脓。病小针大，气泻太甚，疾必为害；病大针小，气不泄泻，亦复为败。失针之宜，大者泻，小者不移，已言其过，请言其所施”“病在皮肤无常处者，取以镵针于病所，肤白勿取；病在分肉间，取以员针于病所；病在经络痼痹者，取以锋针；病在脉，气少当补之者，取以鍉针于井荥分输；病为大脓者，取以铍针；病痹气暴发者，取以员利针；病痹气痛而不去者，取以毫针；病在中者，取以长针；病水肿不能通关节者，取以大针；病在五脏固居者，取以锋针，泻于井荥分输，取以四时”。以上阐述了对于不同的疾病需要采用不同的针具，否则就达不到治疗的目的。

宣老师了解到目前毫针在某些疾病临床治疗上的不足，结合现代医学的解剖理论，对人体的形态及结构有了充分的认识，在保证治疗安全性的前提下，研制了粗针。她将粗针运用于临床，在众多疾病的治疗上收获了满意的疗效，充分发挥了粗针的医疗作用。

二、粗针针具、选穴特点及操作方法

宣老师结合远古长针、大针的特点，通过对传统针具的继承、发展和改良，研制出粗针，并将其用于临床操作。粗针针具取得了国家发明专利。

（一）针具规格

常用的粗针直径一般是0.5～1.2mm，长度多在50～120mm，针柄短，长度多在10～16mm，不锈钢制作。

（二）选穴特点

凡是能应用毫针针刺的穴位均可使用粗针，但根据宣老师的临床实践，粗针应用在督脉上有独特的疗效优势。

（三）粗针的操作方法

（1）消毒：医生手指用手部消毒剂消毒；穴位局部用酒精棉球擦拭消毒，擦拭时从穴位中心点向外消毒。

（2）患者的施针体位：患者端坐于板凳上，双手半握拳，屈肘交叉放在背部，肩部下垂，头部尽量下低，以便背部皮肤拉紧以充分暴露椎体棘突，进行取穴。

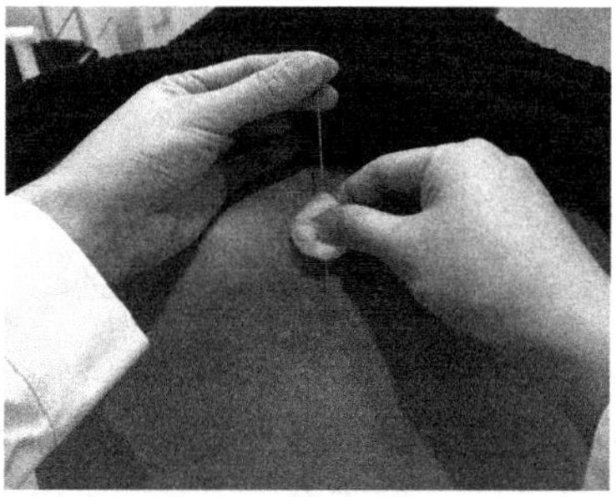

图1　粗针进针示意图

（3）进针（图1）：①夹持进针法，右手拇、食二指夹持针体下端，露出针尖4～5分，对准穴位，快速刺入。此法适用于肌肉丰厚处。②夹压进针法，用拇指与中指夹持针体，食指压针柄上端，快速刺入。此法适用于背部。③捻转进针法，用左手持针体，右手持针柄，捻转下压刺入。此法适用于皮肤柔软的腹部。

（4）手法：①提插法，当针刺入穴位后，将针体上下移动。此法主要用于肌肉较丰满的穴位及部位。②捻转法，当针刺入穴位一定深度后，将针向前后（即向顺时针方向及逆时针方向）交替旋动。③留针法，运用手法后或不用以上手法后将针留在穴位内，达到预定的时间后再出针。此法多用于督脉穴位，可治疗痤疮、荨麻疹、面瘫等疾病。由于针刺表浅，留针期间患者能保持活动、行走。

（5）出针：达到针刺目的即可出针。出针时应以无菌干棉球按压针孔，以免出血，发生皮下血肿。对于实热证的患者，出针时可不做按压，放出少量血液效果更佳。

（6）针刺原则：肌肉浅薄处和深部有重要脏器的部位如头颈、背部、胸腹部宜浅刺或沿皮肤表面平刺。肌肉丰厚处如臀部可酌情深刺。由于粗针针体较粗，平刺时宜留针，对于各类瘫痪、急性起病患者直刺强刺激时不留针，快速刺入即可出针。

三、粗针手法练习

宣老师对初学粗针者的建议是，要勤于练习，针刺的指力和手法必须通过练习才能达到熟练的程度。操作熟练者一般进针快，穿过皮肤时仅微痛或不痛，运用手法灵活自如，患者才能接受治疗。操作者不熟练，难以掌控针体，针尖穿透皮肤较慢，患者容易产生疼痛，拒绝治疗。同时操作者持针不稳，角度不当，用力错误就容易造成针体的弯曲。为了使针刺操作达到又稳、又准、又快的目的，临床治疗前练针是绝对不可缺少的。这也是宣老师对学生们的要求，无论临床多少年，平日的指力手法练习都不能少。她给出了以下两种练针的方法。

（1）木板练针法：取杨木或柳木等软杂木一块，以持针手拿住针尖1.0～1.5cm处，使针尖垂直于木板，用力向木板刺入，以针不弯、手不松为佳。反复练习，指力可由弱逐渐增强。

（2）胶皮练针法：选一块胶皮或软塑料，放于桌上，用左手腕压住，左手食指与拇指持针体，右手持针柄用力向下压并捻转，以针刺穿胶皮为度，反复练习即可增强指力。

四、粗针疗法的临床应用范围

（1）皮肤疾病：急性皮肤感染、疔毒、疖肿、痈肿、淋巴管炎、乳腺炎、牛皮癣、荨麻疹、急慢性湿疹、痤疮及下肢溃疡等。

（2）神经系统疾病：偏瘫、截瘫、小儿麻痹症后遗症、面瘫、帕金森病、神经性头痛、带状疱疹神经痛、三叉神经痛、神经症、自主神经功能失调、末梢神经炎等。

（3）运动系统疾病：急性及慢性风湿痛、风湿性关节炎及类风湿关节炎、肌肉疼痛等。

（4）呼吸系统疾病：支气管哮喘、支气管炎、呼吸肌疲劳等。

（5）消化系统疾病：急性及慢性胃炎、肠炎、胃下垂等。

（6）泌尿系统疾病：泌尿系统感染、外阴白斑、前列腺炎、闭经、遗精、阳痿、不孕不育等。

（7）眼科疾病：角膜炎、结膜炎、斜视等。

（8）美容。

（9）其他：雷诺病、血栓闭塞性脉管炎、痔核、吉兰-巴雷综合征、结节性红斑、糖尿病、腮腺炎等。

五、粗针针刺的注意事项

（1）熟知解剖学知识：粗针异于毫针，它对机体组织破坏性较大，因而需要掌握人体各部的形态结构，熟知解剖学知识，否则易出危险。

（2）严格消毒：由于粗针需要夹持进针，同时损伤皮肤、组织面积较大，如消毒不严，易导致感染而引起不良后果。因此，除注意患者的皮肤和针具消毒以外，医者的手指消毒亦很重要。针刺一次后，用酒精棉球擦一下手指，切不可大意。

（3）避免刺伤大动脉与大静脉：一般来说，只要针者熟知解剖学知识，手法熟练，操作细心谨慎，是不会刺伤大动脉和大静脉的。在静脉与动脉显露处或表浅处，应该注意避开下针。深刺时若刺中血管，患者感觉针下剧痛或针体有跳跃感，医者应立即停针不动，再将针慢慢提出，压迫针孔片刻。

（4）注意防止晕针：由于粗针刺激强烈，加之针粗又易使患者产生恐惧，因而发生晕针的可能性也较大。因此要事先注意患者的体质、精神状态，了解患者对针刺反应的耐受力。特别是对于初次接受治疗的患者，要了解其以前的治疗情况。对精神紧张的体弱患者，宜多加解释来解除其对针刺的思想顾虑，手法适当减轻，并尽量采用卧位。对于饥饿、大汗出、腹泻、呕吐、大出血及过度疲劳的患者，应待他们恢复到正常状态后再施行针刺。倘患者出现晕针，医者应立刻停止针刺，并将已刺之针全部取出，使其平卧于空气流通处，松开衣带。轻者静卧片刻，略饮热茶等即能恢复，严重者针刺人中、涌泉即能苏醒。如晕厥不醒者，可予溴氨水或施人工呼吸、注射强心剂等急救措施。

（5）避免刺伤内脏：胸背部易伤内脏的穴位切莫深刺，以免刺伤肺脏出现气胸或刺伤其他内脏器官。腰部穴位亦不宜深刺，免伤肾脏。针刺上腹部穴时要检查肝脏是否肿大，针刺下腹部穴位时需要排空膀胱。

（6）正确对待遗留针感：粗针刺激比较强烈，出针后易遗留较强的酸胀感和牵引感，这种现象不日即可逐渐消失，嘱患者不要惊慌。

（7）注意局部红肿：若出现局部红肿、微量出血或针孔局部小块青紫，一般是由针刺时刺破局部小血管所引起，不加以处理即能自行消失。如局部青肿、疼痛较为剧烈，可用按摩或热敷以助消散。

第二节　潜心钻研立专科

一、选择面瘫作为优势病种

面瘫是由于面神经功能障碍引起的面部表情肌瘫痪，是针灸科的常见病及多发病。该病的发病原因众多，最常见的是特发性面瘫，即贝尔面瘫。我国流行病学调查显示其发病率为每十万人口49.77例，居各种神经系统患病率的第六位。除此以外还有因感染、肿瘤压迫及外伤引起的面瘫。面部的活动是人类交流的重要组成部分，是表达情感和提供非语言线索的重要手段。例如，微笑被认为是最重要的面部表情，是人与人之间交流的桥梁，是人类情感表达的窗口。当面部表情因为各种原因出现瘫痪时，轻者不能做出正常的表情，重者甚至静止时出现面部肌肉不平衡，继发眼、口腔等器官的疾病。面瘫以后，面部肌群的功能失调，患者常常出现社交恐惧，长时间面神经功能障碍的患者甚至还会出现抑郁、焦虑等负面情绪，严重影响患者的生活质量。

在治疗上，以最常见的贝尔面瘫为例，目前根据美国耳鼻喉头颈外科学会的最新推荐，其认为在发病前十天内口服糖皮质激素对其恢复有帮助，除此以外没有发现其他药物或者疗法对面神经功能的恢复有明确的作用，而其他类型的面瘫更无特效的药物及其他治疗手段。较轻的贝尔面瘫常有一定的自愈倾向，通过早期口服药物治疗通常能在1个月内恢复。但中度以上损伤的贝尔面瘫恢复时间常在1个月以上，同时，研究表明有30%左右的患者不经积极治疗会留下不同程度的后遗症。

来针灸科就诊的面瘫患者众多，一方面是该病的现代医学治疗手段匮乏；另一方面也得益于该病的针灸治疗在中国有着较好的群众基础，宣老师时常惊叹于门诊面瘫患者的众多。针灸在面瘫的治疗上有特殊的优势，现代研究表明，针刺刺激能促进面神经功能的恢复。由于针灸治疗面瘫的有效性，在2011年由世界卫生组织西太平洋资助项目资助的《中医针灸临床实践循证指南》中，贝尔面瘫就被推荐为前五种针灸治疗有效的疾病。宣老师认为面瘫正是针灸治疗的优势病种，建立面瘫专科，将其诊疗深入分期细化，形成好的疗效反馈，有利于学科品牌的建立。

二、优化面瘫诊治方案

（一）面瘫起病的新认识

面瘫属于中医学“口㖞僻”“口眼㖞斜”的范畴，关于其最早的记载见于《黄帝内经》，《灵枢·经筋》云：“卒口僻，急者目不合，热则筋纵，目不开，颊筋有寒，则急引颊移口；有热则筋弛纵缓，不胜收，故僻。”《类经》曰：“僻，㖞斜也。”关于其病因病机历代医家从不同的角度加以阐述，有从寒热论治，有从虚实论治，也有从风邪论治等。隋代巢元方

《诸病源候论》云：“偏风口㖞是体虚受风，风入于夹口之筋也。足阳明之筋，上夹于口，其筋偏虚，而风因乘之，使其筋脉偏急不调，故令口㖞僻也”“风邪入于足阳明之经，遇寒则筋急引颊，故使口㖞僻，言语不正，而目不能平视”。风邪为六淫之首、百病之长，风邪入中经络，易与寒、热、痰等兼夹，故初期病邪在络，夹寒热之邪，分为风寒、风热两证，中期病邪深入，内居筋肉与痰湿相杂，风痰互结，流窜经络。若久治不愈或失治误治，正气亏耗，气虚血瘀，颜面长期失去气血濡养则枯槁萎缩，难以恢复。正如清代林佩琴《类证治裁》曰：“口眼㖞斜，血液衰涸，不能荣润筋脉。”

宣老师对于面瘫中常见的面神经炎（包括贝尔面瘫和亨特综合征）的发病机制有自己独特的见解，她认为面神经炎常与现代人的“过用”相关。经过30余年的临床观察和研究，她不断总结该病的临床发病规律。她发现面神经炎可发生于任何年龄，但青壮年较易发病。绝大多数患者发病前都有疲劳这个诱因，如年轻人长期熬夜加班、玩游戏；中年人长期处于高压工作环境下，身体处于亚健康状态，或者经常长途出差，舟车劳顿。在此基础上常由于患者贪图一时的凉爽，夏季空调或风扇长时间直吹面部，或者没有其他直接的原因而引起。这类起病的患者常占临床面神经炎患者的70%以上。宣老师认为这就是“过用”。所谓“过用”即指超越常度，它出自于《素问·经脉别论》中“生病起于过用”，原文指出“故饮食饱甚，汗出于胃；惊而夺精，汗出于心；持重远行，汗出于肾；疾走恐惧，汗出于肝；摇体劳苦，汗出于脾。故春夏秋冬，四时阴阳，生病起于过用，此为常也”。张介宾注“五脏受五气，强弱各有常度，若勉强过用，必损其真，则病之所起也”。虽然此句本意是指五脏过劳而致病，事实上其在发病学上有普遍的意义。因而将“过用”视为人体致病的普遍规律，宣老师认为其同样适用于面神经炎。对比临床所见的面神经炎的诱因，非常符合“过用”的观点。这类面神经炎患者常由于长期工作、生活疲劳或精神压力大，耗伤正气，人体正气不足，脉络空虚，风邪乘虚入中头面脉络，使颜面一侧营卫不和，气血痹阻，经脉失养，肌肉弛缓不收而发病。本病虚实兼夹，外风与内风常相互影响，外风可引动内风，内风亦可兼夹外风，故内外合邪、虚实兼夹为本病的病因病机特点。因此她认为以整体观念为基础，以辨证论治为指导思想的疾病观，对于中医病因的分析、病机的阐释、养生防病及疾病治疗各个环节均有重要的指导意义。

（二）面瘫诊断方法的改进

对于面瘫的诊断，宣老师并不局限于中医的方法，她认为只要是对患者有益的方法都是我们应该积极去学习的，她常说学中医的人不能排斥西医，要将其知识为我所用。在面神经疾病诊疗过程中，她不断学习现代医学领域的最新知识。面神经疾病在现代医学的治疗中既属于神经内科，又属于耳鼻喉头颈外科的主治范围。虽然面神经炎有一定自限性，到了一定程度就开始慢慢恢复，但严重的神经损伤目前是医学界的一大难题，因此，部分患者无须治疗，但部分患者却难以治愈，这样尴尬的境地使得面神经疾病的诊疗不能很好地受到现代医学的重视，很多患者都错过了最佳的治疗时期留下了终身的遗憾。

在2010年前后，宣老师发现目前临床对于面神经损伤的客观检查除了神经电生理检查，如面神经电图、肌电图外，并无其他很好的检测手段，但神经电生理检测在面神经功能的检查上又有一定的滞后性，在早期无法直观发现其神经损伤的情况，对于面神经损伤程度主要取决于医生的主观判断，经验不足的医生容易出现一定的偏差。通过当时国内外对面神经诊疗情况的研究，她发现面神经增强磁共振检查可以在早期观察到面神经水肿的情况及其与周围组织之间的关系，有助于判断面神经损伤的恢复情况并早期排除一些隐蔽的占位性病变。她从临床角度出发，率先联合浙江省中医院的影像科在浙江省开展面神经增强磁共振的检查。通过对面神经脑池段及颞骨段增强磁共振的检查，可以在面瘫的早期观察到面神经的形态情况。在诊疗过程中发现了多例面神经相关的肿瘤患者，并尽早给予相应的治疗。这样在疾病的早期可以将影像学的检查结果和医生的临床判断相结合，制订更加有针对性的治疗方案，有利于疑难患者的诊治。

（三）面瘫早期重视预后判断

宣老师对于初诊患者非常注重对面瘫预后的判断，她认为这样有助于接下来的治疗方案的制订，也可以让患者对自身的疾病有个完整的认识，并配合医生进行治疗。她通过长期临床观察发现，面瘫患者的预后相差非常大，就单纯以面神经炎为例，较轻的患者通常2～3周就能自行恢复，针灸治疗能缩短患者的病程。但通过现代医学的流行病学统计发现，仍有30%左右的患者不经有效的治疗，经过半年甚至一年都无法恢复，大部分留下严重的后遗症，影响面部的正常功能。临床上有一部分面神经炎患者发病后，首先就诊于西医的神经内科，部分医师早期给予一定量的口服糖皮质激素及神经营养药物后告诉患者会自行恢复，然而有些患者到3个月甚至更久面部都无恢复的迹象。此类患者来针灸科门诊就诊时，已错过了早期最佳的治疗时期，通常后期疗程会非常长，疗效也不会非常理想。

宣老师根据临床经验及观察研究发现，面神经炎的预后与以下几个方面的因素关系密切。首先，与患者面神经的损伤程度相关。①发病早期耳后疼痛程度及持续时间：耳后疼痛剧烈，甚则扩散至头颈部；疼痛持续时间久者，通常疼痛持续超过1周。②口眼㖞斜程度：睑裂大于5mm，下睑低垂甚至外翻者；口角㖞斜严重，示齿时患侧口唇遮盖超过正中线，甚至到达健侧者。③兼症：舌前2/3味觉减退或消失，听觉过敏，患侧耳鸣，眩晕，患侧泪少、眼部干涩等，兼症具有1个或以上者，通常说明面神经的损伤节段较高，恢复也相对困难；同时通常因外伤或者手术切除面神经周围组织后引起的面瘫，因为是直接机械引起的损伤，面神经的损伤程度通常更严重。

其次，面瘫的预后与面神经的损伤节段非常相关，根据解剖学中面神经外周段的走行，可以将面神经外周段分为4个节段。①茎乳孔以外：同侧口眼㖞斜；②鼓索与镫骨肌之间：口眼㖞斜，伴有舌前2/3味觉障碍；③镫骨肌与膝状神经节之间：口眼㖞斜，伴舌前2/3味觉障碍及听觉过敏，或听力下降、耳鸣等情况；④膝状神经节：口眼㖞斜，伴舌前2/3味觉障碍，听觉过敏或听力下降、耳鸣及泪液、唾液减少，或伴眩晕。损害在膝状神经节处，可有乳突部疼痛、外耳道与耳郭部的感觉障碍或出现疱疹。患者面神经的损伤节段越高，症状越多，就越难以治愈。

最后，还有个非常重要的因素，即患者本身的身体状况也可以直接影响疾病的预后。临床上经常发现，两个面神经损伤程度和节段相似的患者，预后却大相径庭，这样的情况引起了宣老师的思考。通过长期的临床研究和观察，她总结出以下几个方面的个体因素可能会影响面神经炎患者的恢复：①伴发基础疾病，糖尿病、高血压、过度肥胖、肝肾功能异常等，并且以上病症都控制不佳的患者；②特殊状态，老年人、体虚多病的患者、产后及哺乳期妇女，或情绪焦虑抑郁或有此倾向的患者；③病毒直接侵犯面神经引起的亨特综合征；④中医辨为严重气虚、气血不足、痰湿阻滞等体质的患者；⑤发病时间长，早期未经系统中西医结合治疗的患者。

（四）面瘫治疗手段的不断丰富

1. 中医药治疗面瘫的不断探索

随着宣老师面瘫专科名气的增大，越来越多疑难的面瘫患者慕名而来，很多是辗转各地用各种方法治疗5～6个月，面神经功能未见恢复的面瘫患者，或是面神经、听神经肿瘤术后的面部全瘫患者，再有就是面瘫半年以上未恢复并出现了严重后遗症的患者。众所周知，周围神经损伤的修复是医学界的一大难题。西医对于面瘫早期未恢复的患者，目前尚无有效的治疗方案，很多患者都是走访了全国各大有名的中、西医医院，抱着最后一丝希望来就诊的。宣老师时常说，这些患者求医如此艰辛，我们作为医生一定要潜心研究，只有好的疗效才能给患者带来真正的希望。

对于针灸治疗面瘫，宣老师有一套系统的治疗方案。以面神经炎为例，她认为该病需要分期并且因人而异地进行诊治。该病常分为三个时期，第一个时期即急性期，一般在0～14天，不同患者急性期的持续时间也不同，较轻的患者一般在7天内，而情况较严重的亨特综合征等患者有些可以持续到1个月。对于急性期的判断应该依赖于主管医师，对于严重的患者，她的经验是通常将患者患侧耳后及面部的疼痛是否缓解作为一个重要的参考依据。第二个时期即恢复期一般在6个月以内。而6个月以后一般称为面神经炎的后遗症期，即第三个时期。

在面神经炎的急性期，能否在面部进行针刺一直是中西医学界争论的焦点。西医医师普遍认为，该时期面神经正处于水肿阶段，其面部分支众多，针刺可能引起面神经损伤，加重面神经水肿，从而不利于面神经功能的恢复。但这仅作为推想，并无循证医学的证据。众多中医专家则认为急性期面部针刺可以缩短患者的病程，更有利于恢复。宣老师结合多年来总结患者急性期面神经的增强磁共振情况，考虑此时面神经多处于水肿状态，由于毫针细小，面部可以进行针刺，但局部针刺必须轻浅，不宜强刺激、深刺激。她认为急性期邪气在络，病位较浅，治则以祛风散邪为主，通过针刺或灸法调动络脉经气使病得愈。《灵枢·官针》云："疾浅针深，内伤良肉。"《灵枢·小针解》提到"浮浅之病不欲深刺"，故当以浅刺轻刺为要，进针浅到针"挂"在皮肤上，或仅穿透皮肤。并且她认为急性期也可仅采用远部取穴，她在临床常选用合谷、风池、足三里、太冲，有热者可加曲池，以疏通络脉、振奋卫气，驱除在表之邪，常获良效。

在面神经炎的恢复期，宣老师认为此时病邪入里，病位较深，治当以活血化瘀、疏经通络，可施以加重手法，以达到"针刺调气血"之目的，并可配合电针治疗。可采用局部穴透刺，如攒竹透丝竹空、阳白透鱼腰、颊车透地仓等，并重视针刺双侧合谷穴的应用。她结合面部肌群及神经的解剖，以及对过往众多的面瘫病例的疗效总结，发现了一些患者在后期容易出现某些缓慢恢复的“死角”部位，如额肌的上1/3区域、提上唇鼻翼肌外均是容易被临床针灸医师所遗漏的部位，对于那些30%难恢复的患者，在恢复过程中这些部位极易留下后遗症。她时常在临床上提醒学生，对于早期判断预后较差的患者，在临床治疗时一定要照顾到以上这些“死角”，否则在后期就容易出现这部分恢复不完全的情况。在面瘫的恢复期，她非常重视双侧合谷的运用。合谷为手阳明大肠经原穴，《灵枢·九针十二原》曰：“五脏有疾也，应出十二原。”《灵枢·经脉》曰：“大肠手阳明之脉，起于大指次指之端……上肩，出髃骨之前廉，上出于柱骨之会上……其支者……交人中，左之右，右之左，上挟鼻孔。”故临床上医师治疗面瘫常取对侧合谷穴。她在临床发现，由于现代人对面部比较重视，一旦出现面瘫症状，情绪均较为紧张且易出现焦虑情绪，现代医学的调查研究也发现了这个问题。通过针刺双侧的合谷和太冲，还可以起到“开四关”的作用，缓解患者的紧张情绪，通畅其全身的气机。

此外，宣老师也十分注重在面神经炎恢复期电针的合理使用。电针疗法是传统针刺与电流和脉冲的结合。现代研究表明，适当的电流刺激能够促进受损神经的修复。但在选穴和配对上要结合面部肌肉的解剖结构和本身的功能。面部虽然面积不大，但整个面部却受到众多细小肌群的支配，不正确的电流和针刺刺激可能会导致局部面部肌肉的恢复不平衡。宣老师在临床上十分注意观察患者面肌功能的恢复情况，在每次针刺之前必先让患者做一下各部分的表情运动，以了解恢复进展，再加以施针，并进行电针的配对，针对不同区域确定不同的电针频率和强度。电针的基础选穴：阳白、丝竹空、地仓、颊车。阳白与丝竹空为一组，从解剖部位和功能来讲，两穴配合可兴奋额肌、皱眉肌、眼轮匝肌，有助于肌群功能恢复；地仓与颊车为另一组，两者均为面神经所支配，面神经的颊支和下颌缘支在此深层，功能可调控发音和咀嚼，因此通过透刺和电针刺激，可协助口角肌群的运动。《玉龙歌》记载“口眼㖞斜最可嗟，地仓妙穴透颊车”。研究表明，在恢复期针刺神经干所在的穴位，有利于兴奋面神经，改善神经血供，恢复面神经功能。腧穴透刺能促使气至病所、增强针感，从而达到疏调三阳经筋、恢复经筋功能的目的。

在后遗症阶段，宣老师主张以“修补”的精准治疗为主。此时，还未恢复的那部分患者一般是面神经损伤严重或是早期未经正确治疗者。这些患者常伴有面部表情肌的不协调运动，并存在一些后遗症症状，如局部面肌萎缩、连带运动、面肌痉挛、倒错、鳄鱼泪等。同时部分患者存在着焦虑抑郁情绪，尤其是原先对外貌十分关注的女性尤为明显，在治疗面部症状的同时，她也强调对患者心理的疏导，使患者能充分配合医生进行治疗。她认为，此时医生承担着面部精密调整的工作，切不可盲目行针做整个面部的强刺激，应根据患者目前的情况做相应的调整。面部取穴应量少精准并配合腹针天地针或者有补益作用的体针穴位来改善患者整体及头面部的气血运行状态。她认为“久病必虚”，面瘫后期正气亏损，面部经络不畅，要注意“补虚扶正”，调整整体。

临床还有一类难治的患者，早期判断面神经损伤不严重，但通过传统针刺方法治疗几周均收效较差，如果该类患者兼见面色㿠白、精神不振、平素肢冷，宣老师考虑与患者阳气不振或阳气虚衰相关。她建议可使用通温督脉扶阳的方法，采用粗针督脉平刺治疗或配合督脉灸法，往往能收获满意的疗效。

多年来以宣老师为中心的研究团队进行了对面神经炎中西医发病机制的研究，并对粗针神道穴平刺治疗面神经炎开展了大量的临床与实验研究，结果显示该方法能促进面神经炎恢复，缩短病程，减少后遗症。该方法通过粗针针刺挤压背部督脉皮肤而产生小剂量长时间的刺激，能激发人体阳气，调整人体阴阳平衡，疏通经络，内外兼顾，使邪无以存，病得以愈。其针刺层面位于背部脊柱棘突外皮下的结缔组织层，该层面神经末梢及小血管分布较少，故患者无明显疼痛感，针刺后可自由活动，并可长时间留针。

粗针疗法取穴精少，在面瘫的早期能温阳化气、利水消肿，尽快促进神经组织周围的水肿消退，行气活血，改善头面部及全身的血液循环，加快神经恢复的进程，并有利于面神经的各条分支均衡恢复，减少面瘫后期出现连带运动等后遗症的情况；而在面瘫的恢复期多数患者由于久病虚损，阳气不足，久病入络，非振奋阳气而无以使入络之邪外出，故在面瘫恢复期粗针针刺也有利于神经功能的恢复。故粗针疗法对于急性期或恢复期面神经炎患者均可应用。

同时在面瘫的治疗过程中，宣老师还建议针灸配合中药内服治疗，尤其是邪实或正虚明显的患者，加上中药常能达到事半功倍的效果。她时常让学生关注人体的正气与外界的邪气之间的主次关系，以牵正散为主方，在疾病的早期，矛盾主要以邪实为主，治法为祛风寒或风热之邪。恢复期邪已祛，要注重益气活血通络，同时要关注“扶正”，配合葛根、川芎、赤芍、地龙等行气活血，引气血上行至头面部，配当归、鸡血藤以引经养血通络。在疾病的后期未恢复者，久病必虚，可用大剂量的补益中药或重灸治疗，方剂可加用补阳还五汤类，重用黄芪。对于后遗症期出现面肌痉挛的患者可配木瓜、白芍、全蝎、蜈蚣等以舒筋活血、搜风止痉。

2. 结合西医康复理念治疗面瘫

在难治性面神经疾病的治疗上，宣老师还建议部分患者早期可以结合超短波和高压氧治疗等西医治疗手段。超短波能改善局部的血液循环，促进局部炎症的吸收，减轻神经受压，加速神经传导功能的恢复，在面神经炎的早期可以发挥很好的治疗作用，缓解因面神经管压力增高引起的耳后疼痛。高压氧则可迅速增加血氧含量和氧分压，增加毛细血管弥散距离，同时加速受损毛细血管再生和侧支循环建立，为受损的组织提供充足的氧气，有利于神经纤维的再生和髓鞘的修复，高压氧治疗还可以清除患者体内的自由基，促进体内氧化、抗氧化系统的平衡，发挥神经保护的作用。宣老师一直强调，不同的患者有不同适合他的治疗方法，多种方法的分选及联合治疗才能使更多的患者受益，才可进一步提高临床疗效。

经过不断的临床观察及经验总结，宣老师对面瘫的治疗逐渐形成了系统的治疗思路和综合性的治疗方案。面瘫专科门诊的患者越来越多，良好的临床疗效也口口相传，浙江省、全国其他各地甚至还有来自海外的疑难患者都慕名而来。为了使更多患者受益，她还开设了疑难患者的面瘫病房。通过深化治疗方案，面瘫患者出院人次达总出院人次的25%，尤其糖尿病合并面瘫、面瘫后遗症等临床难治性面瘫获得良好疗效，以针灸、中药结合治疗，改善了糖尿病合并面瘫恢复慢、易留下后遗症的特点；对于后遗症患者针灸、中药综合治疗、调理，辨证用穴治疗，可以改善患者症状，改善其生活质量，显示独特优势。另外，她还开展外伤性面瘫、中枢性面瘫临床治疗研究。对颅脑外伤、手术损伤等伤及面神经而造成的面瘫患者，她主张采用传统针法与粗针疗法或腹针疗法相结合、远部穴与局部穴相配合、分期治疗的方式。她在长期临床实践过程中，已治疗众多该类患者，取得了理想的疗效，积累了丰富的临床经验。她认为对于中风引起的中枢性面瘫针灸也具有极大的治疗优势，可采用以头皮针为主，配合传统针法、腹针疗法等治疗方法，总有效率达90%以上。

三、开展面瘫的临床及实验研究

宣老师在开展临床工作的同时也遇到了很多在面神经疾病诊治方面的问题。带着这些临床上的疑问，她开始了几十年的临床及实验室的研究工作。她认为借助现代医学成熟的研究方法，可以让我们对面瘫的诊治方向更加明确，从而为临床治疗提供最优化的方案。通过长期的研究，她发现粗针疗法在治疗面神经炎上有特殊疗效优势。临床研究显示如下。

（1）粗针神道穴平刺能有效改善面神经炎患者Portmann临床简易评分法积分和面神经功能House-Brackmann分级（H-B分级），在改善患者面神经功能H-B分级程度上优于传统针刺疗法和单纯西药治疗。

（2）在不同面神经损伤程度的面神经炎的治疗中，粗针神道穴平刺的疗效均优于传统针刺疗法和单纯西药治疗，尤其在面神经损伤在膝状神经节以下到鼓索段的面神经炎中疗效优势明显。

（3）在不同病程面神经损伤的面神经炎治疗中，粗针神道穴平刺在治疗病程3个月内的面神经炎中较有疗效优势。

（4）在面神经损伤后，通过面神经电图检查，不同M波波幅比的面神经炎治疗中，在M波波幅比例<50%的患者中，粗针神道穴平刺疗效最优；在瞬目反射检查中，不同R波引出情况下的面神经炎的治疗中，R波未引出情况下，粗针平刺神道穴疗效最有优势。

通过动物实验研究发现：①粗针督脉平刺能够改善缺血性面瘫大鼠面神经功能缺损症状和神经电生理功能，对缺血性面瘫治疗具有良好的疗效。②粗针督脉平刺可以促进缺血性面瘫大鼠血管组织缺氧诱导因子-1α的表达，可以促进缺血性面瘫大鼠血管内皮产生一氧化氮，抑制血管内皮产生内皮素。

临床及实验研究的结果，为粗针督脉神道穴的应用提供了更加翔实的使用依据，也对其治疗的作用机制有了初步的了解。研究成果为临床奠定了坚实的基础，进一步推动了临床的治疗推广。

四、推广应用面瘫治疗技术

宣老师不但将毕生的临床经验毫无保留地传授给自己的学生，同时她也不遗余力地将其教授给科室的所有同事，通过她的努力整个科室从上至下形成了有序的面瘫门诊及病房的诊疗模式。对于难治性患者，通过上下级医师共同讨论、协作制订具体的治疗方案，每位医生的诊疗能力都能得到提升；对于病房的疑难患者，宣老师每周进行1～2次系统查房，在听取下级医师的诊疗进展后，针对每个患者的治疗困境提出自己的意见，同时不断跟进治疗的情况。这样的诊疗模式，进一步提高了浙江省中医院在面瘫诊疗上的综合实力。卓越的疗效和良好的口碑，使浙江省中医院的面瘫专科在浙江省内外越来越有影响力。

同时宣老师认为单凭个人或一个科室的力量是有限的，好的诊疗模式应该让更多医师学习，这样才能让更多的患者受益，才更有意义。十几年来，她每年主办开展省级或国家级的中医药继续教育项目，以及面神经疾病的诊治进展学习班。学习班从早期的几十人到现在的几百人，场场座无虚席，现场学习氛围活跃，学员学习积极性和参与度高。参加的人员也从原来的浙江省内的医师为主，到现在的全国各地的医师，甚至有医师专程从海外赶来学习。有些学员参会后将学习内容分享至科室，科室医生学习后都觉得获益匪浅，其在面瘫诊治技术上有了大幅的提高，而后科室每年又派人员来跟进学习。很多地区的医生学习后，在临床遇到面瘫诊治的难点时，常常第一时间与宣老师交流，通过她的指导寻找问题的关键点。同时对于很多临床疗效差的面瘫患者，他们也会转诊给宣老师。通过这样学习班授课交流，课下案例共享的方式，宣老师的面瘫诊疗技术得到了有效的推广，她在浙江省内外面瘫诊治的影响力也日益增加。

第三节　增效减敏研贴膏

一、“冬病夏治”穴位贴敷源流

“冬病夏治”源自《素问·四气调神大论》中“圣人春夏养阳，秋冬养阴，以从其根”，意思是春夏顺应生长之气养阳，秋冬顺应收藏之气养阴。其中治未病的思想便是后来“冬病夏治”的理论依据。将其理论应用于“冬病夏治”穴位贴敷则是利用三伏天或夏至到秋分一年中太阳光照最充足、天气最热的阶段，人体处于气血旺盛、腠理开泄、机体阳气充沛的有利时机，此时进行穴位贴敷，药力能直达脏腑，起到激发人体阳气、扶正祛邪、平衡阴阳的作用，使人体达到“正气存内，邪不可干”的状态。

目前临床盛行的“冬病夏治”穴位贴敷处方最早可见于清代张璐在《张氏医通》中提到的“夏月三伏中……方用白芥子净末一两，延胡索一两，甘遂、细辛各半两，共为细末……姜汁调涂……十日后涂一次。如此三次。病根去矣”，书中记载了使用几位药物共为末，姜汁调涂，敷肺俞、膏肓、百劳等穴治冷哮。此法自20世纪80年代开始，被发掘用于防治冬天易发作的慢性支气管炎和哮喘。

白芥子药性辛温，具有利气散结、温肺化痰、通络逐饮的功效，常用于治疗寒痰阻肺、咳喘痰多，以及痰阻经络关节之肢体麻木。《本草纲目》中记载其“利气豁痰，除寒暖中，散肿止痛。治咳喘反胃，痹木脚气，筋骨腰节诸痛”。其主要成分为异硫氰酸苄酯及白芥子苷，白芥子苷遇水后生成白芥子挥发油，有辛辣味及刺激作用，能引起皮肤发红、充血甚至起疱，故《现代实用中药》载其“捣烂如泥，外用作皮肤刺激引药”。

细辛药性辛温，具有祛风散寒、通窍、止痛、温肺化饮的功效，常用于治疗寒痰停饮、气逆咳喘及痹痛。《神农本草经》谓其“主咳逆……利九窍”，《名医别录》言其能“破痰，利水道，开胸……”，现代药理学研究证明，细辛挥发油有明显的抗炎作用，可抑制组胺或前列腺素E_2引起的毛细血管通透性增加，降低炎症组织及其渗出液中组胺的含量。细辛的水或乙醇提取物均能使速发型变态反应过敏介质释放量减少40%以上，表明该药具有抗变态反应的作用；细辛挥发油能解除组胺、乙酰胆碱引起的离体气管痉挛，其所含的甲基丁香油还对豚鼠离体气管有明显松弛作用和抗过敏、抗变态反应的作用，能消除新斯的明引起的支气管痉挛。

延胡索为罂粟科多年生草本植物延胡索的块茎，其性辛、苦、温，有活血、行气、止痛的功效，为活血、利气、止痛之良药。《本草纲目》记载其“活血利气，止痛，通小便”“能行血中之气滞，气中之血滞。故专治一身上下诸痛”“心痛欲死，速觅延胡”。中医学认为，延胡索辛散、苦泄、温通，既入血分，又入气分，既能行血中之气，又能行气中之血，气畅血行，通则不痛，故为止痛良药，运用到本方中可以缓解白芥子对皮肤的刺激作用。

甘遂苦寒有毒，有泻水逐饮、破积通便的功效，用于治疗水肿胀满、胸腹积水、痰引积聚、气逆喘咳、二便不利。其主要的化学成分是巨大戟二萜醇型化合物和三萜醇类化合物，对皮肤和黏膜有刺激作用。本方取其皮肤刺激作用以刺激人体穴位、经络，激发阳气，达到祛邪外出之效。

生姜汁性辛温，具有发汗解表、温肺止咳的功效，常用于治疗风寒感冒、咳嗽等。《本草拾遗》谓："汁解毒药，破血调中……去冷陈痰。"现代药理学研究认为，生姜含挥发油、姜辣素等，能促进血液循环，兴奋呼吸中枢、运动中枢和交感神经，使药物能更好地渗透、吸收而发挥疗效。对卵白蛋白致敏的豚鼠以生姜油0.2mg/kg灌胃，证实生姜油能明显抑制豚鼠过敏性支气管痉挛，提示生姜油有抗过敏的作用。

"冬病夏治"穴位贴敷是将经络腧穴的作用和药物的作用结合的一种治疗方法。《灵枢·海论》曰："夫十二经脉者，内属于腑脏，外络于支节。"此处说明经络能沟通表里、联络上下、将人体各部的组织器官联结成一个有机的整体。《素问·缪刺论》云："夫邪之各于形也，必先舍于皮毛……留而不去，入舍于经脉，内连五脏，散于肠胃。"此处说明经络腧穴与五脏六腑在病理上也相互影响，故可以通过刺激机体相应穴位来治疗相关疾病。现代研究表明刺激某些穴位可以提高机体免疫力，从而防病治病。例如，刺激肺俞能提高巨噬细胞吞噬功能，升高淋巴细胞转化率，提高机体免疫功能；刺激大椎可以使支气管痉挛得到缓解，使呼吸道阻力下降而缓解哮喘，还能引起嗜酸粒细胞减少，增强内皮系统的吞噬功能，提高机体免疫力。

二、"治未病"贴膏的研制

在"冬病夏治"穴位贴敷的临床治疗中，宣老师发现由于传统"冬病夏治"穴位贴敷组方药物对皮肤刺激性大，使现代许多患者不能坚持治疗，该贴敷方法还易使患者在贴敷后出现皮肤瘙痒、起疱和色素沉着，患者因此停止治疗，使用炒制的药物进行穴位贴敷后皮肤反应不明显，但往往影响疗效，因此，为临床的推广应用提出了较大的难题。面对这一问题，宣老师一直在思考如何降低药物的反应，但同时又不影响治疗效果。

清代名医吴尚先著《理瀹骈文》，他认为外用膏药中的药物炒用、蒸用皆不如生用。故在治未病贴膏中，宣老师和传统贴膏一样，主方仍选用生白芥子和生甘遂。白芥子对皮肤刺激反应较大，研究表明白芥子的皮肤刺激反应是由于其主要成分白芥子苷遇水后经白芥子酶的作用生成挥发油（白芥子油）的作用，而沸水则抑制白芥子酶的作用，炒制能破坏白芥子酶，使白芥子油生成明显下降。在方中调入温的姜汁，降低一部分白芥子酶的作用，可使白芥子油的刺激量得到一定的控制。

同时，宣老师认为，穴位贴敷通过贴敷药物的成分渗透皮肤来发挥药理作用。透皮给药相对于口服药物治疗和穴位注射等方法有其独特的优点，给药方便，并可以使药物不经过肝脏的“首过效应”和胃肠道的破坏，使药效发挥更充分，并降低药物毒性和不良反应，维持稳定、持久的血药浓度，提高疗效，减少给药次数。实验研究显示，在大鼠皮肤贴敷白芥子后，能迅速透过皮肤，并在较长时间内保持稳定吸收，皮下组织药物质量浓度恒定。宣老师认为如何提高药物的透皮作用在取得疗效上也非常关键，透皮作用强，则无须太大的药物剂量就可达到理想的疗效，从而有可能降低患者的皮肤过敏率。她吸取了现代医学“透（经）皮给药系统”的核心方法，通过无数次的探讨和试验，发现在治未病贴膏中加入冰片，其气香味辛、芳香走窜，有很好的透皮作用，能加强药物的促渗透作用。同时方中加入冰片、凡士林，使白芥子在贴膏中的比例稍下降，所以该贴膏相对于传统贴膏温和，对皮肤刺激反应小，而冰片的加入，又使药物的渗透效果更佳。众药合用达到温和而有效的刺激作用，充分发挥穴位的作用，激发经气，调整阴阳平衡。

治未病贴膏改善了传统贴膏对皮肤刺激过强的问题，经长期临床应用试验，现治未病贴膏对皮肤有适度的刺激作用，但致敏率低，如果患者贴敷时间控制得当（一般为2个小时，敏感肤质者可缩短时间）可以不致起疱，减少患者的痛苦。宣老师通过10余年的临床推广应用发现，该贴膏临床操作性强，能广泛地被患者接纳，患者的依从性增加，且该方法经济实惠，充分体现了中医中药“简便廉验”的治疗特色。治未病贴敷适用于肾阳不足、脾肺气虚的支气管哮喘、慢性支气管炎、过敏性鼻炎、慢性咽炎，以及平日容易感冒、虚寒性胃肠病、虚寒性腰腿痛、虚寒性筋骨肌肉痛、风湿性关节炎、类风湿关节炎、冻疮疾病和一些免疫功能低下、亚健康状态的患者。

第四节　梅花香自苦寒来

宣老师1984年从浙江中医学院中医学专业毕业后，一直在浙江省中医院从事一线临床、科研和教学工作，30余年如一日，兢兢业业。1995年因其优秀的临床表现和责任心被浙江省中医院任命为针灸科副主任。1998年，正式成为针灸科主任。当时虽然有金氏针灸的传承，但是门诊每位医师的患者并不多，大家对如何发展针灸学科也没有很强的意识。她接手了针灸科以后，认为科室的发展需要有规划、有宣传，同时也需要科室全体成员投入足够的工作热情。她认为作为一名针灸医生首先是一名中医医生，所以不能放弃中药的使用，不但可以中药内服，更可以发展中药外用，针灸科一定要把“一针、二灸、三用药”发挥到极致。

宣老师以身作则，不断钻研学术，提高临床诊疗能力，对待每位患者都平易近人，处处为患者着想，门诊人次越来越多。她常常一整天需要看100余位患者，为了使每位患者能够有充足的看病时间，她经常放弃午休时间，简易用餐后就继续工作。为了临床的工作和科室的发展，她放弃了很多周末休息时间。受到她工作热情的鼓舞，科室同事的工作积极性也被激发起来了。针灸科开始开设周末门诊，成了365天有医师的科室，为患者提供了极大的便利，针灸科整体的门诊量也日益增加。

在针灸科的发展上，宣老师认为仅有门诊是难以持续性并且有深度地发展的。在她和众多科室成员的努力下，2001年针灸科正式设立了病房，从无到有，从有到优，这是个艰辛的过程。她常常结束门诊就跑去病房看病重的患者，和下级医师一起制订诊疗方案，并随时探讨。一有时间便向其他科室的专家请教病房的工作和疑难病的诊疗。她经常外出学习新的技术、新的方法，强调学习一定“要沉得下心，也要走得出去”。积极学习别人的经验才能最大程度地少走弯路，她常派科室成员到其他成功的病房学习交流办病房的经验。通过病房的管理，年轻的针灸医师在病房中得到锻炼成长，同时这样也解决了年轻中医医师门诊患者少的尴尬局面。整个科室形成了一个良性、有序的发展环境。

宣老师一直强调持续学习的重要性，多方面吸取经验，时刻关注好的新技术、新方法，吸取精华为我所用，不要固步不前。新的方法可以提供新的思路，开阔临床思维。她一直主张针灸医师一定要学会思考，不能仅以局部取穴作为主要治疗手段，“头痛医头”“脚痛医脚”，这不符合中医学的整体观，也不利于年轻针灸医师的成长。她经常参加国内外新针灸技术方法的培训，回来后进行临床运用，好的方法就逐步推广给科室的其他成员。她先后引进了腹针疗法、脐针疗法、埋线疗法等新的治疗方法。通过临床的运用，其发挥了不同治疗方法的长处。例如，腹针疗法具有标准化的操作流程、无痛的针感和立竿见影的疗效，深受年轻患者的喜爱；埋线疗法运用传统的针灸学理论知识，通过将可吸收的蛋白线埋入穴位，代替针灸作用，发挥穴位刺激效应，两周一次，适合工作繁忙无法经常就诊的患者。几个项目通过她的推广在科室应用起来，前来就诊的患者也越来越多，成为科室一个又一个有口皆碑的治疗名片。

宣老师非常重视会诊的患者，她认为会诊的患者是我们展现自己能力和水平的一个舞台。她说："我们的成功治疗可以让更多科室更多人切实体会到针灸的魅力，这也是作为针灸人的使命。"所以无论是院内或者外院的会诊患者，无论多晚她都第一时间赶到，她的这种热情也感染了很多人，很多曾经接受过她会诊的患者至今记忆犹新，对她充满了感激。

宣老师通过自身学习，不断深入对中医学的理解与思考，结合科室现状，发展专科诊疗，形成有特色的面瘫专科。通过对祖国传统医学的继承和发展，创新性地研制了粗针，并创建了粗针疗法治疗一系列疾病，且取得了满意的临床疗效。粗针疗法的创新和运用在国内处于领先地位，并获得了国家发明专利。粗针疗法主治面瘫、下肢动脉硬化闭塞症、帕金森病、痤疮、慢性荨麻疹等疾病，尤其在面神经炎的治疗上有非常好的优势。2007年宣老师主持的课题"粗针神道穴平刺促进面神经炎面肌功能恢复的研究"获得浙江省科学技术奖二等奖。2011年她的课题"粗针神道穴平刺对不同损伤程度不同病程面神经炎的临床研究"获得了浙江省中医药科技计划重点项目的资助。临床的研究成果大大推动了粗针疗法的临床推广和应用，更加明确了它在面神经炎中的应用范围和优势。其后续项目"中医药传统知识与技术挖掘示范研究（一）——民间特色诊疗技术方法评价与应用示范研究子课题——粗针神道穴平刺治疗面神经炎"也获得了2015年国家中医药公益性行业科研专项的资助。

在临床科研取得重大突破的同时，宣老师认为，"我们不但要了解它是否行，还要了解它为什么行"。在临床课题得到资助的同时，她又开始开展实验室的基础研究，以期在动物实验中能发现一定的治疗机制来为临床提供更广阔的思路。2012年她的课题"粗针督脉平刺对缺血性面瘫大鼠局部血循环的影响及其相关机制"获得了浙江省自然科学基金面上项目的资助。针灸的疗效机制非常复杂，面神经损伤作为一种常见的周围神经损伤，可能是研究针灸治疗周围神经损伤的一个非常好的窗口。她认为深入的研究将来可能不但对一个疾病有益，还可能使众多的有着相同生理病理机制的疾病都能受益，这也是我们为什么要进行科学研究的重要目的。2018年，该项目的成果获得浙江省中医药科学技术创新奖一等奖，这是对宣老师研究成果的重大肯定。而另一个其作为主要参与者的课题"针灸治疗肩关节周围炎的临床多中心研究”也获得浙江省科学技术奖三等奖。这些研究成果获得的奖项是对中医人临床和科研的重大认可。

与此同时，她还积极发展科室的外用药物。她发现随着现代医学尤其是外科的发展，中医的一些外治方法正在逐渐萎缩。中医外治法随着分科的细化越来越不受重视，她见证过一些外用药物的疗效，觉得我们可以好好利用中医学中的外治疗法。她制作和改良了很多针灸科科室的外用药物，如“面瘫膏”“冬病夏治穴位贴膏”“药饼灸的各种药物制作”，取得了非常好的临床疗效，深受患者的欢迎。她率先在浙江省内开展三伏天冬病夏治穴位贴敷治疗，这样的疗法简便易行，价廉效优，很快形成了现象级的治疗场景，治疗范围也从单纯呼吸道疾病扩展到了很多内科疾病。很多老患者一贴就是3～5年，症状缓解后又继续加强治疗。在那个缺少媒体宣传的年代，通过患者间的口口相传，三伏天冬病夏治穴位贴敷治疗成了医院的“明星产品”。

对于外用药物的研究，宣老师以冬病夏治的穴位贴膏作为切入点。浙江省中医院作为浙江省内最早开展冬病夏治穴位贴敷治疗的医院，有着几十年的传统并且积累了一大批患者群体。这些条件都为开展临床研究奠定了非常好的基础。2008年宣老师的课题“冬病夏治‘治未病’贴膏的研制和应用”获得了浙江省科学技术厅面上项目的资助。通过多方的协作，宣老师团队研发的“治未病”贴膏获得了国家发明专利。她通过改良传统贴膏，减少皮肤过敏反应，增加皮肤渗透率，在治病的同时减少患者的痛苦，使临床操作性增强，患者的依从性增加，使冬病夏治穴位贴敷治疗更易被年轻的患者接受。同时该方法临床操作简便，经济实惠，充分体现了中医中药“简便廉验”的治疗特色。该研究成果获得了2011年度浙江省科学技术奖二等奖。前期良好的研究成果，使得课题“冬病夏治穴位贴敷防治呼吸道过敏性疾病关键技术研究与应用”在2014年获得浙江省重大科技专项计划项目的资助。这些成果使得更广泛的疾病可以被纳入临床研究，更深入外用药物的机制研究可以开展。

宣老师不但深入临床和科研，在学生的教学上也是兢兢业业，一丝不苟。浙江省中医院是浙江中医药大学的附属教学性医院是第一临床医学院，宣老师2003年晋升主任医师，2006年晋升教授，她非常重视临床的带教任务，在繁忙的门诊及病房工作的间隙也不忘对学生的指导。她认为只有传承，才能很好地发展中医，才能让一代一代中医人的努力能够继续下去。很多经典理论的教学必须与临床实践相结合，她认为既然经典理论是先人们临床经验的结晶，那么经典理论的学习和教学必须与临床相结合，否则无法真正领悟经典的奥秘，无法辨识其中的是非曲直。学生只有切切实实感受到了中医的临床疗效，才能热爱中医，才能全身心地投入中医的学习当中。

由于宣老师在学术上的造诣和在科研教学上取得的成就，2003年她被正式聘为浙江中医药大学针灸推拿学的硕士生导师，2011年被聘为针灸推拿学的博士生导师。在硕士研究生、博士研究生的培养上，她倾注了满腔热情和精力。她对学生一直严格要求，要求学生首先要树立良好的医德医风、端正学风、明确学习目的，全身心地投入学习。在学业上她要求学生一定要熟读中医经典，同时她也强调跟师临证的重要性，很多老师的经验、临床的治疗技巧是需要临证才能体会并掌握的。在宣老师的精心指导和言传身教下，她的学生在博士、硕士毕业后都体会到宣老师的从严要求和规范化培养的益处，他们自感信心增强，基本功扎实，到了新的工作岗位能够很快融入工作，取得佳绩。

从20世纪80年代开始，针灸因其立竿见影的临床疗效和国际标准化的应用在国外受到普遍认可，对外交流的任务逐渐增加，全国上下都非常重视中医的对外交流工作。刚从大学毕业后参加工作的宣老师就非常重视外语的学习，积极参加对外的交流工作，主动承担留学生的临床带教任务。在她的影响下，浙江省中医院针灸科形成了人人要熟练掌握外语，人人要会外事带教的传统，科室从研究生到白发苍苍快退休的老医师都积极加入到这个行列。宣老师给留学生上的针灸课程及讲座受到了众多国家留学生的一致好评，有些国家的学生一直和针灸科保持着交流联系，有些甚至形成了长久的学习交流关系，领队老师年年带学生来科室学习新的方法、新的内容，一来往便是十几年。她常说留学生的教学工作不同于国内学生的教学，他们没有很深的中国文化底蕴，很多内容的理解往往不到位，所以需要临床带教老师深入浅出的讲解。很多我们看似很简单的问题，他们通常都很难理解，要和他们多交流，所以语言上不能有障碍，学好语言是第一步，和他们交流也需要多点耐心，文化上的隔阂需要我们慢慢去消除。她常说中医针灸要走向世界，交流是第一步，你要让别人了解你在做什么，为什么要这么做。同时她认为培养一批国外本土的中医医生可能更加有利于中医的国际化，这是中医人的另一大使命。通过这么多年的不懈努力，浙江省中医院针灸科的外事带教已成为一张有口皆碑的对外名片。

宣老师无论在临床、科研、教学还是在学会工作上均取得了显著的成绩，有很高的社会威望，得到领导和业界的普遍认可。2008年，浙江省人民政府通过对浙江省众多优秀中医师的考核和严格选拔，她被推选为第五批浙江省名中医。通过医院的推荐、全国的层层筛选及国家的培训，2012年成为第二批全国优秀中医临床人才；2018年她又被评选为第六批全国老中医药专家学术经验继承工作指导老师。这是对她多年临床、科研、教学、外事工作的充分肯定，也激励着她在更高的平台上继续努力，不断前行。

第四章 高超医术

第一节　医术精湛誉四方

宣老师在取得种种成就的同时，她的精湛医术一直受到患者及同行的肯定，这与她这么多年来在医学道路上的不懈追求密切相关。在临证诊疗时她十分重视“辨证取穴”的重要性。她认为针灸疗法虽不同于药物治疗，很多疾病在病症的局部治疗便可取效，这使得很多针灸医生在临证时忽略了辨证取穴这个关键环节。辨证取穴是治疗的第一步，其内容不但包括“辨证”，同时也包括“辨穴”。“辨证”是分析疾病，从疾病的阴阳、表里、虚实、寒热中找出疾病的根结所在。而“辨穴”也同样重要，人体仅经穴就有360余个，再加上奇穴、阿是穴，同一疾病可以选择的穴位众多，而不同的疾病有时又可以选择相同的穴位。如何最优化地选择穴位，这是辨证取穴的内涵。

早在晋代的皇甫谧就在其著作《针灸甲乙经》中确立了辨证取穴的规范。书中以头痛为例，不同证型的头痛选用不同的腧穴，同种证型的头痛，因其伴随症状的不同，取穴也不尽相同，如“阳逆头痛”“胸满不得息”取人迎，“厥头痛”取孔最，“厥头痛”但有“面肿起”商丘主之等，在书中亦可见异病同穴的范例。宣老师认为辨证取穴的理论在临床的应用十分普遍，无论是在主穴还是配穴的选择上。以腰痛为例，她在临证中甚少选用腰痛局部作为治疗点，通过辨证取穴，对于虚证腰痛，她常选用气海、关元等有补益作用的腧穴；而对于湿热下注引起的腰痛，她常选用行间、三阴交、阳陵泉等穴，这些穴位看似均与腰痛部位无直接联系，但针刺后每每获良效。她认为这就是辨证取穴的魅力所在，这是中医学理论的根基，也是中医诊疗区别于其他医学的优势所在。针灸的辨证取穴理论与中医理论中的辨证论治是一致的，可以说这是辨证论治理论在针灸学科上的发展延伸，反映出针灸的理论根基于中医这一大学科的基础理论中，两者紧密不可分。

宣老师常说，作为中医师要开出一个处方并非难事，药物可以拼凑成方，针灸处方也一样，但要开出临床有效的方子却不是件易事，这需要扎实的基础功底和临证不断地思考加上平时点滴的总结积累。她认为针灸临证最易犯的一个错误就是不经思考，所有治疗都以局部取穴为主，所谓“头痛医头，脚痛医脚”，丢失了中医的灵魂，长此以往不利于个人的成长和发展。

在临证时宣老师同样重视方药的运用，善经方但又不拘泥于古方，触类旁通，将中医的辨证施治及整体观念结合西医对疾病的认识，很好地运用于患者的针灸治疗中，深入了解疾病的发生与病理变化，归纳出理法方药。例如，她认为椎间盘突出的各个时期针灸治疗均可以配合中药内服：当急性起病的时候，组织结构以充血、水肿为主，是因气滞血瘀或六淫之邪郁结腰部，多用行气活血或清热化湿药，佐以利水消肿之品；而慢性病往往存在炎性渗出物积聚、潴留，伴随着增生、肥厚，宜运用一些行滞利浊、化瘀软坚之品；久病患者出现组织的粘连、结构退变等，可逆性较差，多属于正气虚阴阳失衡，宜多用温通气血祛瘀、益气养阴扶正之品，使机体能达到气血通畅、阴阳平衡的状态。

同时宣老师一直十分推崇针药结合的治疗方式。杨继洲在《针灸大成》中指出“针灸药者，医家之不可缺一者也”。她认为针、灸、药各有所长，也各有所短，既有共性，又有个性。针灸和方药是传统医学的重要组成部分，都是在中医基础理论指导下，以整体观和辨证论治为指导思想进行施治的治疗方法，在理和法等方面有着内在的一致性。针和灸善于疏通经络、调和气血，药物内服长于协调脏腑、扶正祛邪，三者相互协作，可收良效。她认为针药结合并不是针灸与方药的各自为战或简单相加，而是将其有机结合。通过严密的辨证，在病机的不同环节，把针灸与方药各自的优势配合运用，发挥最优疗效。她认为只有刻苦钻研中医基础理论和临床技能，取众人之长，集理、法、方、药和针灸于一身，临证时才能择善用之。

经过30余年不懈的钻研和努力，宣老师临证时显著的临床疗效和对疾病独特的认识与诊疗方式受到了同行的一致肯定。她经常受邀到全国各地进行讲课，并曾屡次到美国、加拿大、日本、荷兰等多国讲授自己的临床经验并进行现场演示，深入浅出的讲课方式、生动有趣的临床案例及立竿见影的临床疗效，受到了国内及海外学者的喜爱。同时她还积极参与学会工作，投身中医药的科普及发展事业。她担任了浙江省针灸学会的副会长，中国针灸学会腹针专业委员会的副主任委员，中国针灸学会的理事等职务。2014年因其突出的临床工作能力和针灸领域的影响力，宣老师被推选为浙江针灸学会临床专业委员会的主任委员，致力于浙江省针灸临床工作的开展。在她任期的5年内，她大力推动浙江针灸临床的发展，主办大量的临床交流会议，把针灸名家请到浙江，鼓励针灸临床医师积极开拓思维，学习新技术、新方法。由她主办的针灸临床会议，年年学员爆满，反响热烈。同时因其在外治领域的不断努力和发展，浙江省中医院针灸科的外治项目蓬勃发展。2012年在她的带领下浙江省中医院针灸科成为国家中医药管理局中医外治学重点学科，成为全国的中医外治带头科室。2015年她组织成立了浙江中医药学会外治分会，并被推选为第一届主任委员，带领着来自各个临床科室的医务人员，大力发展外治疗法。通过她的努力，外治分会从无到有，目前每年办会的参会人数可达300余人，大大扩大了外治学科在浙江省内的影响力。

宣老师认为作为一名针灸的临床医师要不断提高自身的理论和实践水平，如何不断地提高临床疗效应作为毕生努力追求的目标。深入理解好中医经典的深厚底蕴，并将其在临证中运用和提炼，学习新的方法、新的技术，开拓临床思路，并要有所创新，在行医之路上才能越走越远，才能为中医药事业的发展贡献自己的力量。

第二节 针灸临证显奇效

一、胃脘痛

【验案】

亚某，男，52岁，1998年3月15日初诊。

主诉：胃脘疼痛反复发作5年余。患者5年前因工作紧张后出现胃脘胀痛，未服药自行缓解，之后胃脘常常隐痛胀满，嗳气则舒，严重时痛引两胁肋，每因思虑和紧张而疼痛发作或加重，曾查胃镜示慢性浅表性胃炎，服药后疼痛仍易发作，但停药后即又发作。现患者胃纳不佳，小便正常，大便成形，质稍稀，舌淡红苔薄白，脉细弦。

中医诊断：胃脘痛（肝郁气滞）。

西医诊断：慢性浅表性胃炎。

治则：疏肝理气，和胃止痛。

处方：体针取穴，神门、太冲、足三里、三阴交、太冲、合谷、中都，针用平补平泻，得气后留针30分钟。

经治疗1次后患者即诉胃脘部不适缓解，1个月后电话随访疼痛未再发作。

按 慢性浅表性胃炎是消化系统的常见疾病，幽门螺杆菌感染、胆汁反流、饮酒等均会导致慢性浅表性胃炎的发生。其临床表现主要为上腹部胀满或疼痛、消化不良等。有研究显示，慢性浅表性胃炎的发病和患者的情绪也存在相关性。

本病属中医学"胃脘痛""痞满""嘈杂"等范畴，《灵枢·邪气脏腑病形》中提到"胃病者……胃脘当心而痛"。中医学认为，胃脘痛是由多种致病因素共同作用的结果，大致可分为饮食起居失宜、外感六淫、内伤七情等。胃脘痛虽然以胃病变为主，但与肝脾密切相关，脾主运化，主升清，胃为"水谷之海"，主受纳、腐熟水谷，其气主降，肝主疏泄，条畅气机，协助脾胃之气的升降，共同完成食物的消化吸收过程，若情志失调，饮食不节，劳逸失常，导致肝气郁结，脾失健运，胃失和降，则可导致胃脘疼痛。

本案患者平素工作强度、压力大，导致肝气郁结，肝木犯胃，胃失和降，腑气以通为顺，不通则痛，使胃脘疼痛反复发作，肝郁不解，胃脘则常隐隐胀痛，严重时疼痛难忍，脾失健运，则出现胃纳不佳，大便偏稀症状。神门为手少阴心经之原穴、输穴，心属火，脾胃属土，土生火，取神门乃"实则泻其子"之意，以达和胃止痛之效；合谷、太冲为四关穴，合谷为手阳明大肠经之原穴，太冲为足厥阴肝经之原穴和输穴，两穴并用，一气一血，一阳一阴，一升一降，使升降协调、阴平阳秘，达到调理脏腑之功效；足三里、三阴交健脾和胃、补气血；中都是足厥阴肝经的郄穴，具有较强的疏肝理气、活血通络功能，故诸穴合用，见效迅速。

二、便秘

【验案】

陈某，男，32岁，2000年9月12日初诊。

主诉：便秘10余年。10余年前患者因坐火车拥挤，未能及时排便后出现便秘，此后每次排便都需服用泻药，如不服用则1周或10天才能排便1次。10年来曾就诊于上海、杭州等地多家医院，但均未见明显好转。现患者食欲尚佳，舌偏红苔薄腻，脉弦。

中医诊断：便秘（肠道气滞）。

西医诊断：功能性便秘。

治则：调理脏腑，行气导滞。

处方：取穴，大椎至命门的督脉经穴及相应夹脊穴，采用平补平泻，留针30分钟。

经治疗1次后，患者自感矢气增多。继前方针刺，第2次治疗后患者未服药即自行排便1次，嘱患者继续针灸巩固治疗，治疗20次后患者已能自行每日排便1次。

按 功能性便秘是指无器质性病因，没有结构异常或代谢障碍，又除外肠易激综合征的慢性便秘。临床上表现为排便次数减少，大便质地偏干，以及排便困难等。本病多由于生活规律改变、情绪抑郁、饮食因素及其他因素所致。

本病属中医学“便秘”范畴。其病位主要在大肠，基本病机为大肠传导功能失常，同时与肺脾胃肝肾等脏腑的功能失调有关。《济生方》中提及“大肠者，传导之官，变化出焉。平居之人，五脏之气，贵乎平顺，阴阳二气，贵乎不偏，然后津液流通、肠胃益润，则传送如经矣。摄养乖理，三焦气涩、运掉不得，于是乎壅结于肠胃之间，遂成五秘之患”。

本案患者便秘10余年，盖因肠道受损，气机阻滞，大肠传导功能失常而致便秘，病变日久，伤及五脏六腑。“腑病以通为补”，故取大椎至命门的督脉穴及相关夹脊穴，督脉为阳脉之海，可统摄调理全身阳气；夹脊穴为人体除背俞穴外和经络脏腑直接互相转输流注的腧穴，可起到调理脏腑之效。

三、哮病

【验案】

张某，男，26岁，2012年8月6日初诊。

主诉：反复气急20余年。患者20余年前冬天感冒后出现气急，伴咳嗽，喉间痰鸣音，当时至杭州某医院就诊，行肺功能检查：用力肺活量减少、残气量增加、功能残气量和肺总量增加，残气量占肺总量百分比增高，且支气管激发试验阳性。后持续至杭州各医院就诊，予穴位贴敷、中药、针灸、西药等治疗均无明显疗效。发作以入秋明显，冬天加重，发作时使用药物控制，平时未服用药物。平素易感冒、倦怠无力，胃纳可，夜寐一般，小便正常，易便溏，舌淡红苔薄白，脉稍弱。

中医诊断：哮病（肺脾气虚）。

西医诊断：支气管哮喘。

治则：健脾益气，培土生金。

处方：正值三伏天期间，予穴位贴敷治疗。穴位贴敷选穴：肺俞、心俞、膈俞、脾俞，共3次。

患者经1个疗程治疗后，冬天电话随访诉哮喘发作程度减轻，发作间隔时间延长。后第二年嘱其继续来诊治疗，又再经1个疗程贴敷治疗，次年冬天随访，哮喘未再发。

按 支气管哮喘是由多种细胞、细胞组分及相关介质参与的慢性气道炎症，通常伴随气道反应性增高，导致反复发作的喘息、气促、胸闷、咳嗽。轻者仅有胸部紧迫感，持续数分钟，重者呼吸困难，持续数周或更长时间，且一般夜间加重，经治疗后基本可在较短时间内缓解。现代医学治疗支气管哮喘急性发作多用雾化吸入β_2受体激动剂，或静脉注射沙丁胺醇或氨茶碱等。近年来随着基础理论研究的深入，众多学者认为非急性发作期的治疗应是哮喘治疗的关键，并提出了以抗感染治疗作为非急性发作期治疗的首选原则，将具有气道抗炎作用的多种药物如糖皮质激素、色甘酸钠、各种抗过敏药物等列入哮喘的非急性发作期治疗方案。但长期全身用药或局部用药（吸入剂），其副作用也在所难免，且无助于哮喘患者免疫功能的调节，糖皮质激素有抑制免疫功能的作用，抵抗力低下患者也易招致新的感染或其他副作用，因此不能解决该病反复发作的问题。

支气管哮喘在中医学中属“哮病”“喘证”范畴。哮病最早见于《素问·阴阳别论》，其中虽未提及哮病，但有许多哮病相关的症状、病因病机的记载。历代中医家对哮病病因病机的认识，多概括其病机为宿痰伏肺，每因外邪、饮食、情志等诱因而引动发作，以致痰壅气道，肺气宣降功能失常；本病病久多虚实夹杂，与肺、脾、肾三脏相关；治疗多主张“急则治标，缓则治本”，未发时以扶正为本，发作时以攻邪为主。

冬病夏治穴位贴敷法是中医学的特色疗法，它是灸法中非火热灸的主要方法。该方法将有刺激作用的中药贴敷于穴位上达到灸治的效果，又名天灸，属于中医外治法的一种。治疗过程中一般不会留下瘢痕，患者容易接受。通过外用药物贴敷持续刺激穴位，达到温经散寒、疏经通络、调节脏腑功能的效果。在支气管哮喘的非急性发作期运用冬病夏治穴位贴敷法可起到固本培元、扶正祛邪的功效，通过在夏季三伏天，气候与人体天人相应时，调节人体气血，从根本上治疗该疾病。本案患者反复气急20余年，从年少时即患有哮喘，病程较长，盖因患者先天之本不足，故疾病迁延不愈。治疗当以健脾益气、培土生金为先。穴位贴敷处方选取肺俞、心俞、膈俞、脾俞，肺俞为肺之背俞穴，可通彻肺气，兼之心俞、膈俞三穴均为足太阳膀胱经之穴，均位于肺之后背，可治咳嗽气喘等近旁诸病，而背俞穴又为脏腑之气输注之处。肺主气，心主血，膈俞为血会，三者合用可调和气血，加之脾俞匡扶后天之本，培土生金，故疾病得愈。

四、耳聋

【验案】

叶某，男，30岁，2016年8月4日初诊。

主诉：左耳听力下降1个月。1个月前患者劳累后出现左耳听力下降，其间至耳鼻喉科就诊，查电测听示左耳中频听力基本消失，予改善循环、营养神经药物及高压氧治疗，听力下降未见明显改善。患者时有心烦，口苦，胃纳不佳，夜寐不安，多梦易醒，舌淡红苔薄黄稍腻，脉弦。

中医诊断：耳聋（肝胆火旺）。

西医诊断：神经性耳聋。

治则：清肝利胆，泻火开窍。

处方：体针取穴，听宫、翳风、会宗、尺泽、中渚、侠溪、太冲，手法采用泻法；合谷、太溪、足三里，手法采用补法。留针30分钟。

针刺后，患者即诉左耳听力稍恢复，经2次治疗后左耳听力显著提高，继经8次治疗而痊愈。

按 神经性耳聋发病原因尚不明确，目前一般认为与病毒感染或内耳循环障碍有关，疲劳、恼怒和受凉等均可作为诱因，自主神经系统功能失调、循环系统疾病易致内耳供血障碍，也可诱发本病。由于内耳供血来自不同听动脉分支的终末支，无侧支循环，因此一旦其中一支受阻，将立即导致其分布区域内耳功能障碍。现代医学对于神经性耳聋的治疗多以改善内耳微循环为原则，但是治疗效果存在个体差异，早期治疗效果良好，若病程长则疗效不佳。

神经性耳聋属中医学“耳聋”等范畴。中医学认为，耳为肾之窍，耳赖肾精上供及气血津液之濡润，才得耳聪听明。耳聋之发生，多因肾精匮乏、心脾气虚、肝郁气滞、肝胆火旺等致津血失濡，风火痰瘀之变则是导致耳聋之诱因，其内蓄于脏腑，累及经络，邪毒壅盛，循经上扰耳络，清阳被蒙，血脉痹阻，耳窍闭塞而致耳聋，乃本虚标实之证。

本案患者系肝胆火旺所致，患者而立之年，过度劳累，劳倦耗气，卫外不固；外感风热，客于少阳；肝胆郁滞，郁而化火，肝胆热盛，突发暴聋。处方中渚、太冲、侠溪清肝利胆泻火，会宗为三焦经郄穴，通利手少阳三焦经，主治本经顽症、重症；且因本病为本虚标实之病，故取太溪补益肝肾，合谷、足三里调节多气多血之阳明经气，尺泽为肺经合穴，与阳明经穴合用，有增强宗气之功效，更有利于滋养耳窍，耳聋即除。

五、鼻鼽

【验案】

孙某，男，24岁，2017年8月13日初诊。

主诉：反复鼻塞流涕、打喷嚏4年余。患者4年前春天在植物园看花后出现鼻塞流涕、打喷嚏症状，伴眼部充血，咽喉部有水样流过感。当时至社区医院就诊，予氯雷他定口服后好转。后鼻塞流涕、打喷嚏频作，至上级医院就诊，查体见鼻黏膜水肿、苍白，查变应原示尘螨、花粉及牛奶过敏；血清IgE示400U/ml。之后患者未服药时偶有发作，发作时服用抗过敏西药治疗。舌淡红苔白腻，脉滑。

中医诊断：鼻鼽（肺虚邪恋）。

西医诊断：变应性鼻炎。

治则：利肺健脾，行气通窍。

处方：正值三伏天期间，予穴位贴敷治疗。穴位贴敷选穴：肺俞、心俞、脾俞、大椎，共3次。

贴敷一次后患者即诉鼻痒不适等症状较前改善，继予贴敷治疗。次年患者来我科行冬病夏治，询问其病情及疗效，诉变应性鼻炎未再发，继予穴位贴敷治疗。

按 变应性鼻炎是机体接触变应原后，产生特异性介质结合在鼻黏膜浅层和表面的肥大细胞、嗜碱性粒细胞的细胞膜上，致鼻黏膜处于高敏状态，当再次接触变应原后，鼻黏膜细胞的细胞膜即发生一系列生化反应，导致以组胺为主的多种介质释放，从而出现鼻痒、喷嚏等一系列临床症状。

变应性鼻炎在中医学中属“鼻鼽”范畴。本病多为本虚标实之证，与肺、心、脾等脏相关。鼻位为阳中之阳，为血脉多聚之处，且为诸阳交会之处。故治疗鼻系疾病，多选取阳经的穴位。

本案患者反复鼻塞流涕、打喷嚏4年余，在治疗中选取肺俞、心俞、脾俞为主穴。肺开窍于鼻，肺气充沛，则肺鼻相互协调，鼻之功能正常，故鼻病多从肺论治。而鼻之山根属心，鼻为心肺之门户。《景岳全书·鼻证》云：“鼻为肺窍，乃宗气之道，而实心肺之门户。故经曰：心肺有病而鼻为之不利也。”鼻为一身血脉多聚之处，脾统摄血液，又为气血生化之源，脾气盛衰关系鼻部血脉的运化，鼻的正常生理功能有赖于脾气的充盛。同时辅以大椎以振奋阳气、疏通经络，使人脏气充沛，达到扶正的目的。

六、面瘫

【验案1】

杨某，女，34岁，2016年7月31日初诊。

主诉：右侧口眼㖞斜10天。患者10天前疲劳后，头面部受凉出现右侧口眼㖞斜症状，当时有耳后疼痛，舌尖稍麻，味觉减退，次日出现右侧口眼㖞斜。至社区医院就诊，予甲钴胺口服，转诊至上级医院就诊，于口服激素、营养神经等治疗后，右侧口眼㖞斜症状未见明显好转。现患者仍有味觉减退，眼睛稍干涩，晨起时右眼肿痛，无耳后疼痛、听觉过敏，胃纳尚可，夜寐欠佳，大便溏，小便无殊，舌淡红苔薄白，脉浮细。查体：右面部按之轻度疼痛，右侧额纹略浅，耸鼻较差，右眼闭合欠紧，眼裂0.1cm，示齿右上2颗，鼓腮漏气。

中医诊断：面瘫（风寒袭络）。

西医诊断：面神经麻痹。

治则：通督扶阳，祛风牵正。

处方：粗针神道穴平刺，留针2个小时。

经1次治疗后，患者即自感面部温热感，面部活动增加。后行3次而愈。

【验案2】

张某，女，32岁，2015年6月26日初诊。

主诉：右侧口眼㖞斜2月余。患者2月余前劳累后出现右侧口眼㖞斜症状，当时有耳后疼痛，现右面部有轻压痛，有听觉过敏，舌麻，伴有手指麻木。予地塞米松、营养神经药物及针灸等治疗后，闭眼稍改善，余口眼㖞斜症状未见明显好转。现右侧鼻旁轻压痛，耳鸣明显，无舌麻及味觉减退。查体：右侧额纹微动，轻闭眼裂1cm，用力闭眼眼裂0.1cm，耸鼻差，示齿右上0.5颗，鼓腮漏气，噘嘴差。舌质淡苔薄白，脉细弦。

中医诊断：面瘫（气虚血瘀）。

西医诊断：面神经麻痹。

治则：益气活血，牵正通络。

处方：粗针神道穴平刺，留针2个小时；体针取穴，足三里、三阴交、解溪、太冲，均取双侧，平补平泻，留针30分钟。

经1次治疗后，患者即感觉面部力量增强，右上唇运动较前增强。继予2次治疗后右上唇运动明显改善。后予治疗8次，轻闭眼裂0.05cm，用力闭眼眼裂基本消失。

【验案3】

曾某，女，53岁，2018年8月20日初诊。

主诉：左侧口眼㖞斜4月余。患者曾经住院治疗，服用激素、营养神经药物治疗后稍有好转，现偶有耳鸣，无舌麻，上唇偶有麻木，无眼干。舌淡苔薄白，脉细。查体：左侧额纹微动，左眼闭合欠紧，耸鼻略差，噘嘴差，鼓腮左侧漏气，示齿左上3颗，鼓腮时左脸、左眼小。

中医诊断：面瘫（气虚血瘀）。

西医诊断：面神经麻痹。

治则：益气活血，牵正通络。

处方：脐针取穴，离、震、坤、兑；体针取穴，面部局部穴，太阳、颊车采用温针灸，留针30分钟。

经治疗1个月后患者额纹增深，左眼闭合较前有力，鼓腮稍漏气，鼓腮时两眼基本对称。再经1个月治疗，患者面部基本对称。后半年随访无明显面瘫后遗症。

按　面神经麻痹是以面部表情肌群运动功能障碍为主要特征的一种疾

病。其主要症状表现为患者无法完成最基本的抬眉、闭眼、鼓腮等动作。它是一种临床常见病、多发病，其发病不受年龄限制，发病原因有多种，临床常根据损害部位分为中枢性面神经麻痹和周围性面神经麻痹。中枢性面神经麻痹通常由脑血管病、颅内肿瘤、脑外伤等引起；周围性面神经麻痹通常由病毒侵犯神经所致的感染性病变、耳源性疾病、创伤等引起。

面神经麻痹属中医学“面瘫”范畴，常由于长期工作、生活疲劳或精神压力大，耗伤正气，人体正气不足，脉络空虚，风邪乘虚入中头面脉络，使颜面一侧营卫不和，气血痹阻，经脉失养，肌肉弛缓不收而发病。面瘫起病急，病初多有感受风寒、风热之邪。风邪为六淫之首、百病之长，风邪入中经络，易与寒、热、痰等兼夹，故初期病邪在络，夹寒热之邪，分为风寒、风热两证，中期病邪深入，内居筋肉与痰湿相杂，风痰互结，流窜经络。若久治不愈或失治误治，正气亏耗，气虚血瘀，颜面长期失去气血濡养则枯槁萎缩，难以恢复。

以上三例病案均属面瘫范畴，但其病程长短均有不同。验案1患者病程10天，属面瘫病急性期，长期工作疲劳后，耗伤人体阳气，使卫外不固，感受风寒之邪，面部首当其冲，致面部气血运行不畅，筋脉失养，故出现口眼㖞斜。治疗当以通督扶阳、祛风牵正为先。而验案2患者病程2月余，属面瘫恢复期，长期劳累致气虚明显，气虚则无力推动血行，加之久病入络，血瘀络中，致面部症状迁延不愈。治当以益气活血、通督扶阳，振奋阳气使邪外出。两例患者处于面瘫的不同阶段，但均采用了粗针神道穴平刺治疗达到满意疗效。“督脉其为病也，主外感风寒之邪”，而神道穴，气之伸者为神，行之通者为道。督脉之气，升而上通，行而直达，可以调整人体阴阳平衡，疏通经络，内外兼顾，使邪无以存，行气活血而牵正；对阳气不足之证，可振奋阳气；对阳气有余之证，可平阳泻热。故粗针神道穴平刺可宣通一身在表之阳，疏散全身阳经经气，达到益气通络、祛风散邪之功效。

验案3患者病程日久达4月余，属于面瘫恢复期，查体示患侧面肌恢复欠佳，仍偶有耳鸣，因病久耗伤气血，久病则气血瘀滞经络，不能濡养头面部，致颜面弛缓，面瘫迁延不愈。治疗当以益气活血为先，初诊采用脐针疗法、面部针刺及局部加用温针灸治疗，脐针处方为离、震、坤、兑、离、震、坤为“健脾三针”，脾胃为后天之本，气血生化之源，对疾病后期患者尤其注重调理脾胃功能，且脾主肌肉，通过“健脾三针”补益脾气，扶助正气，来促进疾病恢复。同时加用兑，《易·说卦》载“兑为口”，可促进面瘫患者局部面肌恢复。并加用面部局部针刺，太阳、颊车温针灸，以加强温散祛邪、调畅气血之效，提高临床疗效。

宣老师认为针灸临床辨证取穴是核心环节，了解疾病不同阶段的特性，对于有相同病机的患者，可以采用相同的治疗方法，但对于不同的病机，则应辨清证型，谨慎选穴治疗。

七、面痛

【验案1】

姚某，女，66岁，2010年6月21日初诊。

主诉：患者左颜面部疼痛反复发作1年余，又发2天。患者于1年前无明显诱因出现左颜面部疼痛，受寒、刷牙、进食及讲话时均可诱发。疼痛呈触电样，难以忍受，发作数秒，可自行缓解，但发作逐渐频繁，2天前因受寒诱发。曾于某医院神经科检查，无阳性发现，诊断为原发性三叉神经痛。予卡马西平片1片，每天2次口服控制。但疼痛仍持续发作。目前患者疼痛发作的部位主要位于三叉神经2、3支的位置，舌紫暗苔薄白，脉弦细。

中医诊断：面痛（风寒袭络）。

西医诊断：三叉神经痛。

治则：扶正祛邪，通络止痛。

处方：体针取穴，外关、太冲、合谷、下关、太阳、颧髎，手法采用泻法；腹针取穴，中脘、下脘、气海、关元四穴深刺，双侧上风湿点中刺，留针30分钟。

嘱其勿立停卡马西平，仍服以正常剂量。复诊时患者自述针后2天疼痛发作频率较前略有减少，继前方针刺。6次针后患者述疼痛发作频率明显减少，情绪也较前放松，卡马西平片改为每次1片，每天1次，2天后复诊，患者自诉减少卡马西平用量后疼痛频率未增加。后患者每周均于门诊治疗1～2次，疼痛控制。

【验案2】

孙某，女，80岁，2007年11月15日初诊。

主诉：三叉神经痛反复发作3年，又发1个月。患者3年前因右面颊部、前额部疼痛赴某西医医院诊治，诊断为三叉神经痛，口服卡马西平片，当时疼痛缓解，但每2～3个月即会发作。1个月前三叉神经痛又发作，且疼痛剧烈，在浙江某医院住院治疗，经过西药及局部封闭治疗均无效果，疼痛不能缓解，遂来我科治疗。当时患者疼痛持续难忍，呈针刺样剧痛，阵发性加剧，不能洗脸、刷牙，不能吃饭，每天需静脉滴注液体。舌暗红苔厚腻，脉细滑。

中医诊断：面痛（痰瘀阻络）。

西医诊断：三叉神经痛。

治则：化痰祛瘀止痛。

处方：腹针取穴，中脘、上脘、关元、气穴、滑肉门、阴都、上风湿点，中脘、关元、气穴深刺，滑肉门、上风湿点中刺，阴都、上脘浅刺，留针30分钟。

经1次治疗后，患者右面颊部、前额部疼痛略减轻。故继以腹针调理，针刺选用前方加天枢。5次治疗结束后，患者已能洗脸、刷牙，疼痛明显缓解。效不更方，维持原治疗方案，治疗2个疗程后疼痛已除。3个月后三叉神经痛又轻度发作1次，复行3次针刺治疗后痊愈。

【验案3】

俞某，女，31岁，2011年4月15日初诊。

主诉：右面颊部及额部疼痛反复发作3年，又发1周。患者3年前出现右面颊部及额部疼痛，当时就诊于社区医院，经针灸治疗后，疼痛消除。后症状反复发作，不见根治，诱发的原因不一，常因生气、疲劳或接触到某个敏感点而发病。曾经服用中药治疗，但疗效不佳。近1周，患者因工作压力大，右面颊部及额部疼痛进一步加重，每天发作10余次，疼痛剧烈如刀割，刷牙进食时疼痛均易发，伴烦躁，患者平素工作压力大，喜食辣食，睡眠欠佳，二便无殊，舌偏红苔薄红，脉弦。

中医诊断：面痛（肝胃火郁）。

西医诊断：三叉神经痛。

治则：清肝泻火，扶正祛邪。

处方：体针取穴，阳陵泉、照海、三阴交、太冲、内庭、合谷，手法采用平补平泻，留针30分钟。

第1次治疗后患者右面颊部及额部疼痛仍明显，加中脘、下脘、关元、气海、天枢，5次治疗后患者右面颊部及额部疼痛明显减轻，发作次数较前减少。再巩固治疗10次后，患者右面颊部及额部疼痛消除。嘱咐患者起居有常，注意锻炼身体，增强体质，尤其要避免强风直吹面部，以防寒邪侵及经络；还要注意调畅情志，保持心情愉快，饮食宜清淡，忌食辛辣等刺激性食物。

按 三叉神经痛是顽固性、反复发作性的临床常见疾病，分为原发性和继发性三叉神经痛，人们常说的三叉神经痛是指原发性三叉神经痛。它是指面部三叉神经支配区域反复、短暂的阵发性剧痛，但是没有感觉缺失和运动障碍，以面部三叉神经一支或者几支分布区域内突发的电击、针刺、刀割、撕裂、烧灼样剧痛为主要特征。疼痛大多发生于三叉神经的第2支、第3支，多为单侧。疼痛以面颊、上颌、下颌或者舌部最明显，尤以上唇外侧、鼻翼、颊部、口角、犬齿、舌等处最敏感。40%～50%的患者在三叉神经分布区域内有一个或多个特别敏感区，轻触这些敏感区可诱发疼痛，称为扳机点。本病一般多发生于中老年人，女性多于男性。

原发性三叉神经痛至今病因尚未明了。周围学说认为病变位于半月神经节到脑桥间部分，是由于多种原因引起的压迫所致；中枢学说认为三叉神经痛为一种感觉性癫痫样发作，异常放电部位可能在三叉神经脊束核或脑干。其发病机制迄今仍在探讨之中，较多学者认为是各种原因引起三叉神经局部脱髓鞘产生异位冲动，相邻轴索纤维伪突触形成或产生短路，轻微痛觉刺激通过短路传入中枢，中枢传出冲动亦通过短路传入，如此叠加造成三叉神经痛发作。

现代医学对三叉神经痛的治疗方法一直在不断更新，采用的治疗手段主要是药物、封闭、射频、手术等，药物治疗主要是口服卡马西平片，对于药物治疗效果不佳者，多采取封闭或手术等方法治疗。如三叉神经周围支封闭疗法、半月神经节阻滞疗法、射频热凝疗法、周围神经撕脱术、半月神经节球囊压迫法、三叉神经根微血管减压术、伽马刀治疗三叉神经痛等，药物治疗对于疾病早期往往有效，部分症状较轻的患者，保守治疗可以维持终身。但其存在的副作用较大，有长期用药效果不佳等缺点，常不能从根本上解除患者的病痛。微创或手术治疗存在风险，结果也并不让人非常满意。

本病属中医学“头风”“面痛”“首风”“脑风”“厥逆”等病症范畴，明代王肯堂《证治准绳》提及“面痛”，并认为“阳明经络受风毒传人，经络血凝滞而不行”。中医学认为，头为“诸阳之会”“清阳之府”，面为阳明所主。《张氏医通》云：“六腑清阳之气，五脏精华之血，皆朝会于高巅，天气所发六淫之邪，人气所变五脏之逆，皆能上犯而为灾害。”病之初期，多因风邪入侵，或夹寒或夹热或肝火，侵犯阳经，阻滞脉络而致。反复发作，病变日久，耗损正气，本虚标实，肝肾亏虚，虚火上炎，风火痰瘀之邪上阻面部脉络以致痉挛作痛，则疼痛更加顽固。中医治疗三叉神经痛是辨证施治，主张根据不同的类型，给予针对性的治疗，如外感风寒则祛风散寒止痛，痰湿阻滞则化痰通络止痛，瘀血阻络则活血化瘀止痛，使疼痛发作停止或减轻。《灵枢·经脉》谓："肝足厥阴之脉，起于大指丛毛之际，夹胃属肝络胆……连目系，上出额，与督脉会于巅。其支者，从目系下颊里，环唇内。"意即肝经连眶、额、面、唇，与三叉神经分布相一致。手阳明经、足阳明经与足少阴经均循绕侧头面部与三叉神经在面部分布区域相近，当阳明胃火与肝胆郁火上犯，肝阴不足，或脾胃虚弱，阴火上行，风火攻冲头面发为疼痛，此类患者治疗当清泻肝火，久病者也需要扶正兼顾，才能达到止痛目的。

案例1患者发病已1年余，受寒后又发，正虚而风寒乘虚侵袭面部经络而发病，正如《诸病源候论》云："头面风者，是体虚，诸阳经脉为风所乘也。"故用外关、太冲、合谷、下关、太阳、颧髎泻法，疏风散寒、通络止痛，上风湿点加强祛风寒作用，中脘、下脘、气海、关元扶正以祛邪，整组处方标本兼治，故疼痛缓解。

案例2患者年高体弱，脾肾两虚，痰浊内生，且久病入络，痰瘀阻滞，脉络不通，不通则痛，发病后又经众多药物治疗更耗正气，故可以用腹针调理体质，调节先天、后天经络，缓解疼痛，预防复发。取穴中脘、关元补肾健脾，滑肉门、阴都协助补肾健脾，阴都位于腹部全息影像神龟图的面部，可调节颜面部的经气，并能输送气血到达头面部，上风湿点、天枢化痰利湿清热，诸穴合用，疼痛消除。

案例3患者因平素工作紧张，喜食辣食，导致肝胃火郁，上冲面部，灼伤脉络，而致疼痛剧烈如刀割。治疗宜清泻肝胃之火，选阳陵泉、照海、三阴交、太冲、内庭、合谷诸穴，由于久病必虚，须加强扶正，针灸加腹针中脘、下脘、关元、气海引气归元补脾肾、通经络，天枢协助清火祛湿，是以取效迅速。

八、眼睑瞤动

【验案】

方某，女，64岁，2018年9月20日初诊。

主诉：左眼睑不自主跳动7年余，自觉左眼逐渐变小2年余。于金华中心医院就诊，予针灸、中药治疗后未见明显好转，查肌电图未见明显异常。面色皖白，胃纳一般。舌淡胖苔薄白，脉细弦。既往有糖尿病病史。

中医诊断：眼睑瞤动（血虚风动）。

西医诊断：面肌痉挛。

治则：健脾养血，熄风止痉。

处方：脐针取穴，离、坎、震、坤，留针30分钟。

按 面肌痉挛又称为面肌抽搐，呈阵发性、不规则、程度不等，可因精神紧张而加重，临床表现为一侧面部不自主抽搐。其通常范围局限于眼部或睑颊、口角，严重者可波及整侧面部，一般单侧发病，两侧同时发病者较少。目前现代医学上面肌痉挛的病因尚不清楚，目前西医对面肌痉挛的认识为面神经在出脑干区受脑血管压迫导致。因此，针对本病多采用肉毒素面部注射、面神经根微血管减压术及口服抗癫痫药物和镇静药物等疗法，疗效均不理想，且存在较多并发症及不良反应。

面肌痉挛在中医学范畴中无具体病名，一般认为属于“肉瞤”“筋惕”“筋急”范畴，头面部为三阳经所循行之部位，“肝开窍于目”“肝主筋”，《素问·阴阳应象大论》中载“风胜则动”，《素问·至真要大论》中提及“诸风掉眩，皆属于肝”，可见本病多因肝风内动所致。另外，也可由风寒湿邪客于少阳、阳明，经气运行不畅，或素体脾胃虚弱，气血生化无源，筋脉肌肉失于濡养，血虚生风而致。

本案患者左眼睑不自主跳动7年余，因长期奔波劳累，耗伤气血，加之其年已逾花甲，气血渐亏，脾失健运，生化乏源，不能濡养头面部。肝叶渐薄，肝血亏虚，虚风内扰，上袭头面部，故见眼睑瞤动。治疗当以健脾养血、熄风止痉为先。脐针选取震、离、坤，最后落于坤位，意为“健脾三针”补益脾气养血，充实后天之本，同时患者年过花甲，肝肾渐亏，取震、坎，意为“雷水解”，补益肝肾之气。先后天之气得充，血化生有源，血得以所充而风自灭。

九、颊痛

【验案】

李某，女，33岁，2018年8月9日初诊。

主诉：右颞下颌关节弹响1年余，疼痛半年。患者诉1年余前出现张口打哈欠时右侧颞下颌关节弹响，当时无局部疼痛，未重视，未就诊治疗。半年前开始出现疼痛，至口腔医院就诊，诊断为“颞下颌关节炎”，服用西药治疗后疼痛好转，但停药后疼痛复发。患者平时工作繁忙，压力大，常自觉神疲乏力，胃纳一般，二便调。舌淡苔薄白，脉细。查体：张口2指，右侧颞下颌关节压痛。

中医诊断：颊痛（气血亏虚）。

西医诊断：颞下颌关节紊乱。

治则：补气益血，通络止痛。

处方：脐针取穴，震、巽、坤、离；体针取穴，合谷（双）、颊车（右）、下关（右），下关加用温针灸，留针30分钟。

治疗半个月后患者无明显右侧颞下颌关节疼痛，3个月后随访未复发。

按 颞下颌关节紊乱是临床常见病、多发病，其主要表现为颞下颌关节区疼痛、运动时关节异常、关节弹响及杂音等。多数颞下颌关节紊乱属关节功能失调，经治疗后一般预后良好。目前临床报道针灸治疗颞下颌关节紊乱较多，显示疗效良好。

颞下颌关节紊乱在中医学中无明确对应病名，一般将之归为“颊痛”“颌痛”“牙车疼痛”“牙车脱臼”等范畴。该病的发病多由于素体阳虚，气血亏虚，血不养筋，兼之感受风寒湿邪，气血不通，进一步导致气滞血瘀、经脉痹阻及经筋拘急；也可由于过食燥热之品，火热之邪循经上犯少阳、阳明二经所致。西医治疗颞下颌关节紊乱多采用超短波物理治疗，口服布洛芬等解热镇痛抗炎药，大量临床研究表明，单纯使用针灸治疗或在西医基础治疗上加用针灸治疗可得到更好疗效。

本案患者病程已1年余，打哈欠时有关节弹响，盖因患者平素体虚，脾失健运，气血无从化生，颞下颌关节局部失血濡养，故发经筋拘急。神疲乏力，舌淡苔薄白，脉细，均为气血亏虚之象。治疗当以补气益血为先，初诊采用“健脾三针”，即取巽、离、坤依次进针，呈木生火、火生土的相生格局，用以补益脾土。患者素体亏虚，血不养筋，筋失所养，故发拘急，健脾三针补益后天之本，使气血化生有源，气血得脾健运之助，运行至颞下颌关节局部，局部筋经得气血之濡养，拘急得以缓解；脐诊观其肝气有余之象，加用震则取其舒肝之意。合谷属手阳明大肠经原穴，阳明经多气多血，加之颊车普通针刺、下关采用温针灸，加强局部温经通络作用。诸穴合用，共奏补气益血、通络止痛之功。

十、头痛

【验案】

王某，女，36岁，2016年3月10日初诊。

主诉：头痛反复发作5年余，再发2周余。患者情绪紧张烦闷时头痛易发作，头痛时间较长，长时可达1～2天不能缓解，疼痛主要集中在头顶及颞骨两侧，呈胀痛。近来因工作压力大，情绪紧张不能缓解，致头痛加重，胃纳不佳，伴有恶心呕吐，口苦。舌质红苔薄腻，脉弦细。他院查颈椎片示颈椎反弓。查体：颈椎棘突及椎旁软组织压痛（+），双侧臂丛神经牵拉试验（+），椎间孔挤压试验（-），霍夫曼征（-）。

中医诊断：头痛（肝郁气滞）。

西医诊断：血管性头痛。

治则：疏肝解郁，通络止痛。

处方：腹针取穴，中脘、下脘、气海、关元、商曲（双）、滑肉门（双），八廓取巽位；体针取穴，太冲（双）、合谷（双）、三阴交（双）。留针30分钟。

经4次治疗后患者头痛较前明显缓解，但仍感头部活动不利，尤以左转时较明显。又原方治疗两次后患者自觉明显好转。后因天气又出现头痛频发，仍以原方针刺6次后，患者头痛较前明显好转，颈背部不适较前明显好转。

按 头痛是最常见的临床症状之一，有近90%的男性和95%的女性都曾经历过头痛。头痛分为原发性和继发性两大类，原发性头痛包括血管性头痛、紧张性头痛和丛集性头痛等，它们不是由于其他疾病所引起，故又称功能性头痛，约占头痛患者的90%以上；继发性头痛是由于其他疾病所引起，如感染、高血压或颅内肿瘤导致的颅内压升高，以及头部外伤，又称为症状性头痛，约占头痛患者的10%。

头为“诸阳之会”“清阳之府”，又为髓海之所在，居于人体之最高位，五脏精华之血，六腑清阳之气皆上注于头，手足三阳经亦上会于头。若六淫之邪上犯清窍，阻遏清阳，或痰浊、瘀血痹阻经络，壅遏经气，或肝阴不足，肝阳偏亢，或气虚清阳不升，或血虚头窍失养，或肾经不足，髓海空虚，均可导致头痛的发生。

本案患者头痛反复发作5年余，再发2周余。该女性患者，偏瘦，因工作压力大，思虑过多，致肝气郁结，气血运行不畅，清窍失养，不通则痛，不荣则痛，故情绪紧张时头痛易反复发作，肝失疏泄，肝木乘土，故见纳差。巅顶及颞骨两侧为足厥阴肝经及足少阳胆经所主区域。治疗予腹针，取中脘、下脘、气海、关元以引气归元，滑肉门引气血于上，商曲疏通颈部经络气血充养头部。同时选四关穴之合谷、太冲，分别是手阳明、足厥阴之原穴，合谷、太冲共奏疏肝理气、行气活血之功，三阴交疏肝调肝养肝。八廓取巽位，对应肝胆，故而用来平抑肝阳。诸穴合用，头痛渐除。

十一、眩晕

【验案】

林某，女，62岁，2001年4月11日初诊。

主诉：头晕反复发作10余年，加重伴头痛1年。10余年前患者在伏案工作较长时间后经常出现头晕，体位变换时头晕更甚。经卧床休息后能自行缓解，未予重视。 后头晕逐年加重，发作次数增多，持续时间延长。1年前出现头晕发作时常伴有头顶胀痛。临就诊时已不敢独自外出，严重时终日卧床，恶心，耳鸣，无呕吐，无视物旋转。平素体弱，倦怠乏力，腰膝酸软，大便便溏或便秘，面色萎黄，舌淡红体胖边有齿痕苔薄白，脉细沉。颅脑磁共振成像（MRI）检查示大脑白质区少量缺血灶；颈椎间盘MRI检查示颈4～5、颈5～6椎间盘突出，颈6～7椎间盘轻度膨出；头颅多普勒示双侧椎-基底动脉供血不足，脑动脉弹性减弱。

中医诊断：眩晕（脾肾两虚）。

西医诊断：椎-基底动脉供血不足。

治则：补脾益肾，补气养血。

处方：腹针取穴，中脘、下脘、关元、气海、滑肉门（双）、阴都（双）、商曲（双）、气旁（双），留针30分钟。中脘、下脘、关元、气海深刺，滑肉门、气旁、中刺，阴都、商曲浅刺，10次为1个疗程。

经1次治疗后，患者自觉恶心、头痛略减轻，继续原方治疗。连续治疗10次后，患者头晕、头痛、恶心均有不同程度减轻；经2个疗程治疗后头晕明显好转，头痛也除，已能自行外出，半年后随访头晕无明显发作。

经1个疗程治疗，患者头晕明显好转，其他症状也得到改善，经3个疗程治疗后头晕痊愈，半年后随访头晕无发作。

按 椎-基底动脉供血不足是由于各种病因如颈椎骨质增生、小关节错位，特别是钩椎关节增生、颈椎失稳引起的椎-基底动脉狭窄或闭塞而导致脑干、小脑或枕叶皮质的缺血。其发病机制是直接压迫或释放的炎性介质刺激椎动脉或其表面的交感神经丛，导致椎动脉痉挛，椎间孔骨性变窄，使椎动脉狭窄、扭曲，造成椎-基底动脉供血不足，而椎-基底动脉是前庭系统主要供血动脉，且内耳及前庭神经核的供血均为终末动脉，发生病变时的侧支循环建立较难，对缺血缺氧较为敏感而易受损，故引发眩晕。其病症特点为反复发作，缠绵难愈，易导致急性脑血管疾病的发生。椎-基底动脉是供应大脑血液的四支重要血管中的两支，椎动脉左右各有一支，两支椎动脉穿行于颈椎两侧上行进入大脑内，从两支椎动脉和基底动脉又发出很多粗细不等的小血管，供应大脑血液。医学上把椎动脉和基底动脉及它们的分支统称为椎-基底动脉系统。正常双侧椎动脉血流量为200ml/min，相当于全脑血流量的1/5。当各种病因使椎-基底动脉系统的血流量下降到一定程度，就可以出现脑组织严重缺血，并出现相应的缺血症状，并会使椎-基底动脉供血区域的神经系统出现功能障碍，患者会出现发作性眩晕、恶心、呕吐、耳鸣和步态不稳等症状。

中医学认为，椎-基底动脉供血不足属于中医学“眩晕”范畴。其病位在脑窍，但与肝、脾、肾等脏腑功能失调有密切关系，其发病原因不外乎风、痰、虚三个方面，故有“诸风掉眩，皆属于肝”“无痰不作眩”“无虚不作眩”之说。临床上多见本虚证或本虚标实之证，所谓“本虚”即元气耗损，气血不足，肝脾肾亏虚。所谓“标实”即痰浊、瘀血阻滞脑窍脉络，或夹肝风、肝火上扰脑窍。《灵枢·海论》说：“脑为髓之海”“髓海有余，则轻劲多力，自过其度；髓海不足，则脑转耳鸣，胫酸眩冒，目无所见，懈怠安卧”。肾藏精生髓，肾精亏耗，髓海不足，上下俱虚，发为眩晕。《灵枢·海论》载“故上气不足，脑为之不满，耳为之苦鸣；头为之苦倾，目为之眩”。脾胃虚弱，不能运化水谷以生气血，以致气血两虚，气虚清阳不展，血虚脑失所养，发为眩晕。

本案患者用腹针治疗，“腹者有生之本，百病根于此”，腹针是以脐为中心的取穴法，“脐者，肾间之动气也，气通百脉，布五脏六腑，内走脏腑经络，使百脉和畅”。腹针疗法通过针刺腹部穴位直接调和脏腑阴阳，扶正祛邪，补肾健脾，从而达到治疗全身疾病的目的，方中中脘、下脘、关元、气海以后天补先天，补益脾肾，滑肉门、阴都、商曲加强补脾肾、益气养血通络作用，通过针刺以改善颅脑、颈部的血液循环，使头晕、头痛明显好转。

十二、腰痛

【验案1】

罗某，女，74岁，2011年6月15日初诊。

患者腰痛伴双下肢放射痛3年余，有双侧臀部麻木、双下肢沉重感。其3年前因跌倒后出现腰部疼痛，疼痛放射至双下肢。首诊医生检查后未发现明显骨折，仅予消炎止痛药物治疗，症状无缓解。2周后复诊，查腰椎MRI示①腰1压缩性骨折；②腰4椎体向前Ⅰ°滑移；③腰4～5椎间盘突出、腰3～4、腰5～骶1椎间盘轻度膨出。未经手术治疗。3年来四处寻医，服用中西药物无明显改善。患者素体肥胖，喜凉恶热。舌体胖大苔黄厚腻，脉濡滑。查体：脊柱正中，生理弧度变直，腰部软组织压痛（+），双腿直腿抬高试验（+）。

中医诊断：痹证（湿热下注）。

西医诊断：腰椎间盘突出症。

治则：清热利湿，通络止痛。

处方：体针取穴，行间、三阴交、阳陵泉、支沟。行间、阳陵泉、支沟针用泻法，三阴交用补法，留针30分钟。

针刺后，患者自觉腰痛略缓解，双下肢沉重感明显减轻。后续用前方治疗5次，诸症明显减轻，10次后诸症全消，疗效稳定。

【验案2】

张某，女，60岁，2014年3月14日初诊。

腰痛1周。患者1周前久坐受凉后出现腰痛，转侧不能，俯仰不利，无双下肢放射痛。胃纳可，二便调，夜寐一般。舌淡红边齿痕苔薄白，脉弦细。查体：脊柱正中，腰椎生理曲度变直，腰2～5椎旁压痛明显，直腿抬高试验（-）。腰椎MRI示腰4～5椎间盘轻度突出。

中医诊断：腰痛（肝肾亏虚）。

西医诊断：腰椎间盘突出症。

治则：补肝益肾壮腰。

处方：体针取穴，人中、肾俞、大肠俞、次髎、环跳、承山，电针治疗30分钟。

针刺治疗后患者疼痛缓解，活动幅度增加。以原方针刺2次治疗，腰痛仍有，且由于患者工作繁重，出现耳鸣症状，改用腹针治疗。

取穴：关元、气海、气穴、气旁、外陵、水分。关元、气海深刺，气穴、气旁、水分中刺，外陵浅刺。留针30分钟。

经腹针3次治疗后，患者诸症全除，恢复正常上班，后续疗效稳定。

按 现代医学研究表明，腰椎间盘突出症是由于腰椎间盘退化变性，导致髓核向后或向后外侧移位疝出，压迫马尾神经、脊神经及周围其他软组织，出现以腰痛伴有下肢反射痛或伴有马尾神经症状等为主的临床病症。腰椎间盘突出症发病关键在于腰椎相应神经根和软组织受压，引起局部水肿、炎性渗出，继而引起一系列自身免疫反应，机体内分泌异常及椎间盘本身蛋白多糖、胶原蛋白等代谢障碍。

腰腿痛是针灸科的常见病，在中医学属于“痹证”的范畴，其病因无外乎外伤或内感。《素问·痹论》云：“风寒湿邪三气杂至，合而为痹也。”可见是由外邪阻滞经络而产生腰腿疼痛。而内伤者多为虚证，也可由实证引起。《素问·脉要精微论》提到“腰者，肾之府。转摇不能，肾将惫矣”，故虚证的腰痛多因肾虚髓空而起。

以上两例都是宣老师治疗腰痛的病案，因为证型不同所选择的治疗穴位完全不同。同时在治疗过程中也可见到，很多时候像这种退行性骨关节疾病并非都要应用局部取穴，通过辨证取穴可以收获更佳的疗效。第一个病案中的腰腿痛患者，病程长，病情严重，宣老师通过四个远部穴位，迅速取效。该患者虽然年过不惑，但四诊合参可见患者素体肥胖，湿热内盛，加之跌仆损伤，日久不愈，湿热下注，阻滞经脉。宣老师所用乃是金氏针灸的组方：行间、三阴交、阳陵泉，行间乃足厥阴肝经之荥穴，五行中属火，泻之能清化湿热。《针灸甲乙经》曰：“腰痛不可以久立仰俯，京门及行间主之。”三阴交乃是太阴、厥阴、少阴之会，脾主运化荣肌肉、肝主藏血以柔筋，肾主藏精以充骨，故调理三阴交则健脾疏肝益肾并举，肌腠、气血、筋骨兼顾。《针灸甲乙经》曰：“足下热痛，不能久坐，湿痹不能行，三阴交主之。”阳陵泉乃足少阳胆经之合穴，五行中属土，又为筋会，故有舒筋活络、助脾运湿之功。再加之支沟能通利三焦、清热利湿。诸穴合用，共奏化湿清热、舒筋通络之效。

验案2中，患者年近花甲，肝肾已亏，阳气亦虚，腰府失于温煦，风寒湿之邪侵袭，痹阻经络，气血不畅，故见腰痛。初诊虽以肾俞补益肾气，配合其他诸穴疏通经络，但疗效欠佳。患者公务繁重，肝肾亏虚愈加明显，后期还出现耳鸣的症状。故宣老师改变治疗方案，予腹针疗法，增强扶正之效。气海、关元大补元气，气穴增补肾气，气旁疏通经络，水分利水祛湿，外陵活血化瘀，故疗效明显。

十三、痹证（脊柱）

【验案】

孙某，女，37岁，2011年7月13日初诊。

患者反复腰背疼痛1年余，加重3个月。患者于1年余前无明显诱因下出现腰骶部及背部疼痛、僵硬感。劳累及感寒后加重，休息后缓解。浙江某医院诊断为“强直性脊柱炎”。3个月前上述症状加重并伴双膝关节酸痛，曾赴多家医院就诊，肌内注射重组人2型肿瘤坏死因子受体-抗体融合蛋白（益赛普），并行针灸及中药治疗，症状无改善。舌淡红苔薄，脉细。查体：神清，颈软，脊柱活动尚可，无畸形，枕墙距为“0”，胸5～9、腰4～5棘突旁及棘突间压痛（+），叩击痛（+），右侧骶髂关节压痛（+），骨盆挤压试验（+），右侧“4”字试验（+）。辅助检查：HLA-B27（+）；类风湿因子、红细胞沉降率正常。MRI示左膝关节腔少量积液。

中医诊断：痹证（肾督亏虚）。

西医诊断：强直性脊柱炎。

治则：温肾壮阳，通督散寒，通络止痛。

处方：予督脉铺灸治疗。取督脉的大椎至腰俞。患者放松俯卧于床上，暴露后背，用75%乙醇常规消毒，将捣碎成泥的生姜平铺于背部中央，即督脉的大椎至腰俞上，要求姜泥底宽3cm、高2cm、顶宽2.5cm，形如梯形。在姜泥上铺三棱锥形艾炷条。然后点燃艾炷的头、身、尾三点，任其自燃自灭。连续灸3壮。灸完3壮后取下姜泥，用湿热毛巾轻轻擦净灸后姜泥及艾灰。

灸后3～6个小时，施灸部位自然起水疱，夜间睡前及第二天清晨各放1次水疱。放水疱时，患者取坐位，以酒精棉球在水疱表面及其周围常规消毒3遍后，用消毒针头或1寸毫针沿水疱下缘平刺，疱液自然流出，再以消毒干棉球轻轻滚动按压，使残留的液体充分流出。3天后患者出院回家调养，此后每个月治疗1次，共治疗3次，患者腰骶关节及背部疼痛明显缓解。

按 强直性脊柱炎是一种主要侵犯骶髂关节和脊柱附着点的炎症性疾病，与HLA-B27（是人体白细胞抗原，属于HLA-B位点之一，近年来研究显示，HLA-B27抗原的表达与强直性脊柱炎有高度相关性，超过90%的强直性脊柱炎患者其HLA-B27抗原表达为阳性）呈强关联。本病属中医学“风湿病”范畴，病因尚不明确，是以脊柱为主要病变部位的慢性病，累及骶髂关节，引起脊柱强直和纤维化，造成不同程度眼、肺、肌肉、骨骼病变，是自身免疫性疾病。其临床典型表现为腰背痛、晨僵，腰椎各个方向活动受限，以及肌腱端疼痛。早期可无任何临床症状，或关节有炎性疼痛，伴有关节周围肌肉痉挛，有僵硬感，晨起明显。也可表现为夜间疼，经活动或服止痛剂缓解。随着病情发展，关节疼痛减轻，而各脊柱段及关节活动受限和畸形，晚期整个脊柱和下肢变成僵硬的弓形，向前屈曲。

强直性脊柱炎属于中医学痹证中“腰痛”“骨痹”“肾痹”范畴，其记载始见于《素问·痹论》，指出“骨痹不已，复感于邪，内舍于肾……肾痹者，善胀，尻以代踵，脊以代头”，形象地描述了强直性脊柱炎的临床症状。本病的发病部位主要是腰骶部和脊背部，与肾和督脉的关系最为密切。肾虚为其发病内因，感受外邪或外伤为其诱发因素，其基本病机为先天禀赋不足，素体虚弱，肝肾精血不足，肾督亏虚，风寒湿邪乘虚深侵肾督，经脉失调，骨质受损。其病性为本虚标实，肾督空虚为本，风寒湿三邪为标。病位在肝、肾、督脉和足太阳膀胱经。肾为先天之本，主骨生髓。督脉贯脊属肾，总督一身正气之阳，若肾气充足则督脉盛，骨骼坚强，邪不可侵，反之，先天禀赋不足或后天失于调养，导致肾虚督空，外邪乘虚而入，直中伏脊之脉，气血凝滞，筋骨不利，拘痿不用。

本案患者腰骶部及背部疼痛、僵硬，并伴有双膝关节酸痛，为肾阳亏虚、筋骨失养所致，遇劳遇寒加重。日久累及督脉，肾督亏虚，外邪乘虚而入，寒瘀阻滞经脉，筋骨不利，不通则痛。故治疗应以温肾壮阳、通督散寒、通络止痛为主。铺灸是一种安全、可靠、有效的中医特色外治疗法，以《素问·骨空论》中“督脉生病治督脉，治在骨上”和《素问·调经论》中“病在骨，焠针药熨”为理论基础。它直接作用于病变部位“督脉”，治疗直达病所，且综合经络、腧穴、药物、艾灸的作用达到温肾壮阳、通督散寒、通络止痛的功效。《本草从新》曰：“艾叶苦辛，生温，熟热，纯阳之性，能回垂绝之阳，通十二经，走三阴，理气血，逐寒湿，暖子宫……以之灸火，能透诸经而除百病。”生姜，性温味辛，有祛风散寒、通痹止痛等功效。生姜中含有姜辣素及多种挥发油，可助艾灸的热力渗透至穴位，而温经散寒、行气通络。同时本灸法亦借助暑夏伏天炎热之气候，更进一步增强了艾灸的作用，使其温通督脉及膀胱经之力更强，从而激发督脉经气，强壮真元，驱邪扶正，通痹止痛。

十四、痹证（肱骨外上髁）

【验案】

陈某，女，40岁，2016年3月28日初诊。

主诉：右手臂酸痛3天。患者3天前做家务后出现右手臂酸痛，活动尚自如。颈部及右上肢活动无障碍，右手三里压痛（+），平素易劳累，面色苍白，唇色淡，舌质淡苔薄白，脉弱。

中医诊断：痹证（气血亏虚）。

西医诊断：肱骨外上髁炎。

治则：益气养血，通络止痛。

处方：腹针取穴，中脘、下脘、气海、关元、商曲（双）、滑肉门（右）、上风湿点（右）；局部阿是穴予电针，留针30分钟。

经过三次治疗后患者诉右手臂酸痛较前明显好转，感右手臂用力较健侧差，原方针刺，不予电针，改用温针灸。又三次治疗后患者疼痛明显好转，后进行两次巩固治疗，患者自诉痊愈。

按 肱骨外上髁炎又称肱骨外上髁综合征，是以肘部疼痛、关节活动障碍为主症的疾病。如果一侧或双侧肘外侧疼痛，病程1年以上，反复发作，经久不愈者属于难治性肱骨外上髁炎。经研究滑膜炎、神经血管束狭窄、相关的周围神经嵌压、肱桡关节滑膜嵌顿性炎症均可成为其病因，局部供血不足使损伤肌腱细胞的营养不足，合成修复和重建肌腱损伤的细胞外基质困难也导致疾病难愈。

肱骨外上髁炎属于中医学“伤筋”“痹证”的范畴。当劳累汗出、营卫不固、寒湿侵袭肘部筋络，可致气血阻滞不畅；长期从事不当的肘关节剧烈活动，筋脉损伤、瘀血内停等也可导致肘部经气不通而产生疼痛；素体脏腑虚弱，气血不足，或久病不愈，易导致不荣则痛。

本案患者女性，平素操劳过度、气血不足，又劳作损伤筋骨，致肘部疼痛。故予以腹针疏通经络、益气养血治疗，中脘、下脘、气海、关元补益先后天之本，引气归元。商曲属足少阴肾经，具有补肾益精的作用。滑肉门属足阳明胃经，调理脾胃补益后天之本，又滑肉门位于腹针“神龟”肩部对应点，具有引气血至肘部之用。上风湿点对应腹针“神龟”的肘部，具有疏通肘部气血的作用。局部阿是穴具有疏通经络止痛的作用。诸穴合用，标本兼治。

十五、痹证（膝骨关节）

【验案】

王某，男，30岁，2012年8月28日初诊。

主诉：左膝疼痛3年。患者3年前因工作需要暴走8个小时后，大汗淋漓时又骑摩托车，当时即觉冷风入膝，次日便出现双膝疼痛难忍，步行活动受限。左膝内侧有明显压痛，未见红肿。胃纳可，二便正常，夜寐一般。舌红苔白腻，脉细滑。辅助检查X线示骨质增生；近期左膝MR示左膝关节腔少量积液，左侧髌骨骨髓水肿。

中医诊断：痹证（寒湿痹阻）。

西医诊断：膝关节骨性关节炎。

治则：散寒化湿，温阳通络。

处方：体针取穴，行间、三阴交、阳陵泉、阴陵泉，温针阿是穴，留针30分钟。

经治疗1次后，患者即诉左膝疼痛稍改善；2次针灸后疼痛较前明显减轻，予前方加双侧膝眼；继续治疗9次后，左膝关节内侧稍有轻压痛，正常步行时疼痛已无发作。

按　膝关节骨性关节炎是由于膝关节软骨变性、骨质增生而引起的一种慢性骨关节疾病。骨髓水肿以骨基质水肿、纤维组织增生及炎性细胞浸润为主要病理表现，其形成机制尚不明确，大致可以分为继发性和生理反应性骨髓水肿，前者由如感染、骨肿瘤、创伤、骨性关节炎、类风湿关节炎等疾病所致，后者多为长期的外力作用改变骨骼的正常负重，都会使相应骨髓产生生理反应，骨髓局部充血，毛细血管床过度灌注而致骨髓水肿。临床研究发现，膝关节骨性关节炎疼痛多与骨髓水肿有关，且存在骨髓水肿和疼痛呈正相关趋势。

膝关节骨性关节炎属中医学“痹证”范畴，早在《素问·痹论》中就有提到“风寒湿三气杂至，合而为痹”的主要病机。正气存内，邪不可干，本病多为本虚标实之证。病初多以标实为主，加之邪气痹阻经络，气血运行不畅，血滞为瘀，津停为痰，治疗当以祛风、散寒、除湿、清热、化痰、行瘀为主。病久则本虚为主，肝肾不足，肢体筋脉失养，加之痹证日久，亦可耗伤气血，损伤肝肾，治疗当以补肝肾、养气血为通法。

本案患者左膝疼痛3年，主要由于长时间行走后，损伤筋脉，耗伤气血，且汗出淋漓，营气疏泄，卫气失敛，此时冷风吹袭双膝，风、寒、湿三邪直中，痹阻经脉，寒气胜则为痛痹，双膝疼痛难忍，步行活动受限。肝主筋，肾主骨，膝痛反复，痹证日久则入脏腑，耗伤气血，损及肝肾，故脉象细滑。治疗当以散寒化湿，温阳通络为先。行间为肝经荥穴，且为木中火穴，具有双向调节作用，兼有清热及散寒之效；阴陵泉为脾经之合穴，土中之水，有培土制水之效，以上二穴合用可祛湿散寒。三阴交为足三阴经交会之处，可补益肝肾、健脾除湿。阳陵泉为筋会，有治肢节筋骨疾病之效。而后治疗加用局部阿是穴温针治疗以助温阳寒湿、通络止痛。

十六、骨痹

【验案】

韩某，男，55岁，2018年9月3日初诊。

主诉：患者发现多发性骨髓瘤2年余，伴双足底麻木4个月。患者9月余前在美国做自体干细胞移植，4个月前服用来那度胺胶囊10mg隔日一次，后出现双足底麻木，他院检查血小板偏低。舌淡苔薄白舌根偏厚，脉细。

中医诊断：骨痹（痰瘀互结）。

西医诊断：多发性骨髓瘤。

治则：理气活血，疏通经络。

处方：脐针取穴，离、坎，艮、乾；体针取穴，筑宾（双）、支沟（双），留针30分钟。

治疗半个月后，患者双足底麻木即较前改善。

按 多发性骨髓瘤是一种起源浆细胞的血液系统恶性疾病，发病率约占恶性肿瘤的1%，占造血系统肿瘤的10%，常见于中老年人，部分患者早期可无明显症状。目前西医治疗主要包括常规化疗、蛋白酶抑制剂、骨髓移植等方法，但使用各治疗方案带来的不良反应常成为影响患者生活质量的原因。

多发性骨髓瘤在中医学中属“骨痹”“骨蚀”等范畴，《临证指南医案》指出“痹者，闭而不通之谓也，正气为邪所阻，脏腑经络不能畅达，皆由气血亏损，腠理疏豁，风寒湿三气得以乘虚外袭，留滞于内，致湿痰、浊血流注凝涩而得之”。本病多因先天不足或后天失养，肾气虚损，外邪乘虚而入侵袭机体，气血运行不畅，瘀毒搏结，痹阻经络，骨节经脉失于濡养而发为本病，日久且瘀毒搏结常易化热，故治疗应遵“标本兼顾”的原则。

本案患者发现多发性骨髓瘤2年余，并于9月余前行自体干细胞移植，4个月前服用来那度胺后出现双足底麻木、血小板低等不良反应。考虑患者病久耗伤气血，气虚日久无力行血，血瘀脉中。足部筋脉失养，故见双足底麻木不仁。治疗当以理气活血、疏通经络为先。采用脐针疗法，脐针处方采用“水火既济”，意以交通上下，畅通经络，取艮、乾为脐洛书全息对应双下肢，改善局部麻木症状。取筑宾及支沟意为通阳利湿。

十七、伤筋（膝关节）

华某，女，46岁，2013年1月3日初诊。

主诉：双膝关节疼痛伴活动不利8月余。患者8月余前骑车不慎摔倒，双膝着地，当时双膝稍感疼痛，未予重视，次日双膝肿痛明显，不能伸直行走，至某中医院就诊，查X线片无殊，诊断为“双膝内侧韧带损伤”，予双膝石膏固定，服用中成药。石膏固定期间照常上班、行走，21天后石膏拆除，双膝仍疼痛，曾先后进行针灸、中药、封闭针等治疗，症状反复发作。目前双膝疼痛，受凉后明显，热敷、按摩后缓解，行走稍有不利，疼痛加重，右侧明显。胃纳可，二便调，夜寐可。舌暗红苔薄，脉弦细。专科检查：双膝关节无明显红肿，关节活动尚可，双膝髌骨内下方压痛（+），右“4”字试验（±），左“4”字试验（-），双膝浮髌试验（-），抽屉试验（-），双下肢肌力5级，肌张力正常，浅感觉对称存在，腱反射（++），双巴宾斯基征（-）。右膝MR示右膝关节半月板及韧带未见明显异常改变；右膝关节腔及髌上囊少量积液。

中医诊断：伤筋（气滞血瘀）。

西医诊断：双膝关节扭伤。

治则：行气活血，温通经络。

处方：体针取穴，阿是穴、血海、梁丘、阳陵泉、阴陵泉，留针30分钟；局部阿是穴加用麦粒灸。

患者经1次治疗后即感膝关节疼痛症状有所缓解，治疗1个疗程后疼痛明显改善，能自行行走。

按 膝关节扭伤是指膝关节的软组织损伤，如肌肉、肌腱、韧带、血管等扭伤，而无骨折、脱臼、皮肉破损的疾病，多是由剧烈运动或持重过度、跌仆、牵拉及过度扭转，使受外力的关节超越正常活动范围而引起的膝关节周围软组织损伤，是临床常见的膝关节损伤疾病。临床多表现为膝关节肿胀疼痛，屈伸不利。本病属中医学“伤筋”范畴，多由于过度负重、剧烈运动、跌仆、牵拉及过度扭转等原因，引起关节筋脉损伤，气血瘀滞局部，“不通则痛”而出现关节肿胀疼痛功能障碍。

本案患者为中年女性，患者8个月余前因跌仆扭伤致膝关节局部气血运行受阻，经脉不通，不通则痛。后因失治误治，使病程迁延，加之未能及时休息造成慢性劳伤，风寒湿邪乘虚侵袭，以致伤处气血滞涩，血不荣筋，故患处喜暖喜按，疼痛迁延难愈。舌暗红苔薄、脉弦细均为气滞血瘀之象。血海、梁丘、阴陵泉为膝关节局部穴位，又有活血行血利水之效。筋会阳陵泉，善于治疗肢体关节筋骨疾病。同时疼痛局部采用麦粒灸治疗，温通损伤局部。麦粒灸是直接灸的其中一种特殊形式，即利用艾绒制成如麦粒大小的艾炷，在体表穴位上烧灼，借助灸火的温和热力及艾叶的药物作用，起到温通发散、透达经络、扶正祛邪的作用，其作用温和但深透，具有针刺所没有的优势。《神灸经纶》曰：“灸者温暖经络，宣通气血，使逆者得顺，滞者得行。”麦粒灸热力深透、刺激量大、作用时间长，患者疼痛难忍时即取下艾炷，不留瘢痕。伤筋的压痛点即是病邪之所在，将麦粒灸施于阿是穴上，起到温经散寒、活血通络的作用。

十八、伤筋（踝关节）

【验案】

黄某，女，34岁，2018年7月23日初诊。

主诉：左踝扭伤、韧带撕裂10月余。患者10月余前跑步中姿势不当，左脚落地姿势不当，扭伤后至当地医院就诊，予冰敷，后予卧床、减少行走、口服活血止痛药等治疗后，局部肿胀消退，但仍伴有活动欠利，活动后左踝局部胀痛等不适，近来胃纳增加，胃脘疼痛，体重增加，便秘。舌淡苔薄白，脉细。查体：左脚踝轻度肿胀，局部皮温不高，末梢血液循环可，感觉可。

中医诊断：伤筋（气滞血瘀）。

西医诊断：左踝关节扭伤。

治则：行气活血止痛。

处方：脐针取穴，震、兑、艮、乾、坎；体针取穴，足三里（左），加用温针灸，留针30分钟。

经半个月治疗后左踝疼痛较前好转，但运动后仍有疼痛加重等症，近日出现便秘，在原处方上加用双侧天枢。后维持原处方治疗1个月，能基本慢跑而不出现左踝疼痛。

按 踝关节扭伤是因落地姿势不当及间接暴力导致的关节扭伤，表现为患足局部瘀血、肿胀、疼痛，一定时期内丧失活动功能。临床中较为常见的关节扭伤类型，以运动伤最为常见，部位多以外踝扭伤高发，多见于青少年、青年。踝关节扭伤如未能及时治疗，往往会引起诸多后遗症状如踝关节骨性关节炎的发生。

踝关节扭伤在中医学中属于“筋伤”范畴，《血证论》中记载“凡跌打未破皮者，其血坏损。伤其肌肉，则肿痛……凡是疼痛，皆瘀血凝滞也”，由此可见关节急性扭伤，盖因局部气血运行受阻，脉络不同，血不循经，溢于脉外，积于皮下，而出现局部疼痛、肿胀、活动受限等症状，又“气伤痛，形伤肿”“不通则痛”，本病的基本病机为气滞血瘀、脉络瘀阻。

本案患者10个月余前跑步中因左脚落地姿势不当，导致左踝关节扭伤、韧带撕裂，虽经相关治疗后症状好转，但仍有活动欠利，活动后左踝局部胀痛等症。盖因患者损伤后局部气血受阻，局部瘀阻不通，不通则痛。治疗当以行气活血止痛为先，脐针采用艮、兑，为“山泽通气”，以通之大法为主，同时加用足三里温针灸，以加强温通经络作用。考虑患者近期胃脘不适及便秘，予乾、艮，对应脐内全息之胃、大肠，有和胃、通便之效。兼之取坎，主下肢疾病。诸方所配，以通为主，取得满意疗效。

十九、痿证

【验案】

徐某，女，68岁，2015年12月30日初诊。

主诉：发现肌肉萎缩5年，加重1年余。患者5年前出现右手背肌肉萎缩，1年前又出现右下肢肌肉萎缩，继之右上肢肌肉萎缩，后出现四肢肌肉萎缩、无力。时有神疲乏力，腰背酸痛，胃纳一般，小便偶不能自控，随喷嚏而出。舌质红苔薄，脉沉细。患者既往有糖尿病病史目前服用瑞格列奈、伏格列波糖维持血糖。查体：右侧上下肢多发肌肉萎缩、肌力减退。辅助检查：肌电图示右正中、尺、腓总运动神经传导速度减慢，右正中腓总神经运动传导诱发电位波幅降低；右腓肠、腓浅感觉神经传导速度未测出，右正中浅支、尺浅支感觉神经传导速度减慢，感觉传导诱发电位波幅降低。

中医诊断：痿证（脾肾两虚）。

西医诊断：糖尿病并发周围神经病。

治则：健脾益肾，益气通络。

处方：腹针取穴，中脘、下脘、关元、气海、天枢、大巨；体针取穴，足三里、丰隆、三阴交、太冲、合谷、外关，留针30分钟。

针灸治疗3次后，患者诉症状较前缓解，后针刺处方调整为腹针取穴，中脘、下脘、气海、关元、商曲（双）、气旁（双）、大横（双）；体针取穴：足三里（双）、三阴交（双）、太冲（双）、太溪（双）、曲池（双）、外关（双）、合谷（双），经过10次治疗后患者诉症状较前明显好转。

按 糖尿病伴神经并发症在糖尿病并发症中最为常见，通常为对称性，下肢较上肢严重，病情进展缓慢。先出现肢端感觉异常，可伴痛觉过敏、疼痛；后期可有运动神经受累，出现肌力减弱甚至肌萎缩和瘫痪。腱反射早期亢进、后期减弱或消失，音叉震动感减弱或消失。电生理检查可早期发现感觉和运动神经传导速度减慢。单一外周神经损害较少发生，主要累及脑神经。

糖尿病并发周围神经病在中医学中属“痿证”范畴。在发病原因上，《素问·痿论》指出了“热伤五脏”“思想无穷”“焦虑太过”“有渐于湿”及劳倦远行、房劳太过等，《素问·生气通天论》又指出“因于湿，首如裹，湿热不攘，大筋软短，小筋弛长，软短为拘，弛长为痿”，此处认为湿热也是痿证的成因之一。在治疗上，《素问·痿论》提出“治痿独取阳明”的基本原则。

本病案患者年近古稀，肝肾渐亏，脾胃失养，气血亏虚。气血不足，全身皮、脉、筋、骨、肉皆失养，故出现肢体痿软。脾主肌肉，肾主骨，治当补益脾肾，充养先后天之气。取穴中脘、下脘、气海、关元引气归元，中脘、下脘均属胃脘，两穴具有补益脾胃后天之本。气海为气之海，关元培肾固本，肾又主先天元气。天枢、大巨属足阳明经补益后天。上肢取外关、合谷疏通上肢经络，外关属手少阳三焦经，具有通行三焦之气之用，合谷属手阳明经，有行气活血、疏通经络之功；下肢选用足三里、丰隆、解溪、三阴交、太冲疏通下肢经络，三阴交补肝益肾健脾，太冲行气活血，足三里、丰隆、解溪为足阳明胃经经穴，阳明经为多气多血之经，可荣养筋肉。3次治疗后为加强疗效，予加用大横、商曲、气旁，来加强补益先后天之效，以充养筋骨肌肉。诸穴合用，达健脾益肾、益气通络之效。

二十、脱疽

【验案1】

罗某，男，73岁，2010年10月25日初诊。

主诉：双下肢发凉5年，伴间歇性跛行3年，静息痛半年。患者5年前无明显诱因下出现行走后双下肢发凉无力，休息后缓解，伴双下肢无力，未就诊治疗。3年前出现间歇性跛行，在当地医院予口服中药治疗，当时服药、休息后能改善，未重视，后症状进行性加重。曾于多家医院就诊，静脉及口服药物均无明显疗效。有专家建议行介入手术治疗，但因患者年事已高，体质较弱，心肺功能差，手术风险较大，为求保守治疗，来我科门诊就诊。现患者胃纳一般，二便调，夜寐尚可。舌质红苔厚腻，脉弦。查体见双下肢皮肤颜色偏深，皮温偏低，足背动脉搏动不明显。双下肢CT血管造影示左侧股动脉中上段弥漫性斑块，伴有管腔闭塞；腹主动脉下段-双下肢动脉（至腘动脉）弥漫性斑块形成，管腔轻度-中度狭窄。

中医诊断：脱疽（痰瘀内阻）。

西医诊断：双下肢动脉硬化闭塞症。

治则：温阳通络，补益脾肾，化痰散瘀。

处方：粗针命门穴平刺，留针2个小时；足三里、三阴交、解溪、太冲，均取双侧，平补平泻，留针30分钟。

经2次治疗后，患者双下肢疼痛减轻，发凉较前缓解，可独立行走约500米，但双足背动脉搏动仍不明显。继予5次治疗后患者诉以双下肢发凉等症较前明显改善，后继续巩固治疗。

【验案2】

盛某，女，78岁，2018年9月3日初诊。

主诉：双下肢动脉硬化2年余。其曾于浙江大学医学院附属第二医院就诊，2017年12月住院治疗，查CT示左侧腘窝动脉、两侧胫前及胫后动脉多发中重度狭窄；两侧髂总动脉多发混合斑块，管腔轻度狭窄，并行左下肢动静脉造影+球囊扩张形成术。现易劳累，走路右腿部酸痛，夜寐较差，醒后不易入睡，夜尿频，舌暗苔薄，舌苔左侧剥落，脉细。

中医诊断：脱疽（肝肾不足，气虚血瘀）。

西医诊断：下肢动脉硬化闭塞。

治则：补益肝肾，行气活血。

处方：腹针取穴，中脘、下脘、气海、关元、天枢（双）；体针取穴，印堂，留针30分钟。

患者经治疗2次后右腿部酸痛明显好转，后3个月后随访无反复。

按 下肢动脉硬化闭塞症多发于40岁以上的中老年人，是由于动脉内膜粥样改变，而导致管腔狭窄、闭塞，发生肢体血液循环障碍，甚至出现溃疡或坏疽，是全身性动脉硬化在肢体的局部表现，为常见的慢性肢体动脉闭塞性疾病。该病病变早期，动脉内膜受到血浆脂蛋白的渗透和血脂沉积，产生脂肪条纹，进而发生动脉内膜增生及粥样斑块形成。最终形成动脉狭窄，或阻塞动脉。病变初期进展缓慢，可无明显症状，伴随疾病发展，可发生急性或慢性肢体缺血表现。全身各主动脉均可受累，但多见于腹主动脉、髂动脉、股动脉。其主要症状有肢体怕冷、沉重感、麻木、刺痛感甚至灼热感，以上症状主要由缺血性神经炎所致；间歇性跛行及静息痛为本病最突出的临床表现。

双下肢动脉硬化性闭塞症在中医学属“脉痹”“脱疽”范畴，病因病机主要为饮食不节，脏腑亏虚，气血凝滞，脉络瘀阻。因饮食不节，膏粱厚味之品损伤脾胃，湿浊内生，痰凝经脉，或因气血亏虚，运行无力，脉络瘀阻，气虚血瘀，经脉闭阻，气血不达四末而发生脉痹，或因肝肾亏虚，气竭精伤，肾水消灼，筋痿骨枯，而成脱疽之症。

两例验案虽均为下肢动脉硬化闭塞，但其病因病机不同，验案1患者年近八旬，脾肾亏虚，运化失常，痰湿内生，阻塞脉道，脉络瘀阻，阳气、营血不能温煦滋养下肢，故下肢发冷、乏力。治疗当以温阳通络、祛痰化瘀、补益脾肾为先。故治以粗针督脉命门穴平刺，并长时间留针以通督扶阳，阳气盛则痰瘀自化，并加用足三里健脾祛湿，配合解溪加强健脾和胃、化痰通络之功。三阴交、太溪有健脾胃、补肝肾、利湿浊之效。

验案2患者年近八旬，肝肾不足，气血亏虚，气虚无力行血，血瘀脉中，但此例患者无明显痰浊表现，故治疗以补益肝肾、行气活血为主，以腹针疗法“引气归元”，肝肾、气血同补。双侧天枢在腹针八廓中分属“震”“兑”，对应左升右降，合而共主全身气机升降，配合印堂，宁心安神。

二十一、颤证

【验案】

金某，男，48岁，2003年2月13日初诊。

主诉：四肢僵硬伴轻微颤抖2年余。患者于2年前无明显诱因下出现四肢僵硬，伴轻度颤抖，左侧为甚，肢体动作变慢，夜间睡觉时翻身也自感困难，曾至多家省市级综合性医院就诊，诊断为“帕金森病”，予口服左旋多巴后症状明显改善，但药物的血药浓度过了有效期之后即出现症状，现每日需服用左旋多巴5～6片。胃纳可，二便调，夜寐一般。舌淡红苔薄，脉沉细。查体：淡漠貌，面具脸，四肢肌力5级，肌张力增高。

中医诊断：颤证（肝肾不足）。

西医诊断：帕金森病。

治则：补益肝肾，滋养筋脉。

处方：粗针陶道穴、筋缩穴平刺，留针4个小时。

予每周治疗2次，每次留针4个小时。患者经2次治疗后自感服用左旋多巴作用时间延长，夜间睡觉时翻身较前容易。针刺5次后患者自行将左旋多巴减量，每日3次。后继予以上治疗20次后，患者四肢僵硬及颤抖症状明显好转。

按　帕金森病是一种常见的中老年人神经系统变性疾病，也是神经系统的疑难病症，临床以静止性震颤、肌强直、运动弛缓和姿势反射障碍为特征，伴随病情发展，症状逐渐加重，对患者的正常工作及生活质量产生重大影响。现代医学目前尚无根除性治疗方法，现治疗方式在于延长患者独立执行功能时期，但药物副作用随药物使用时间的增加而上升，可能出现疗效减退、症状波动、肌张力障碍、精神症状等副作用。

本病属中医学“颤证”范畴，多因肝肾亏虚、气血不足、阳气虚衰、筋脉失养而发病，或阴阳失衡，风阳内动，肝风横窜四肢，扰乱经络，筋脉失养而发生震颤。其本多为肝肾阴虚、气血不足，常见风火痰瘀之标。

本案患者主诉：四肢僵硬伴颤抖2年余，盖因患者年已五旬，因肝肾不足、筋脉失养而致病，治疗当以补益肝肾、滋养筋脉为先，采用粗针陶道穴、筋缩穴平刺长时间留针治疗后获得了良好疗效。由于阳脉之海督脉的分支“上额交巅上，入络脑”，督脉之穴陶道、筋缩主四肢肌肉筋骨拘急之症，《百症赋》曰：“脊强兮水道筋缩。”《针灸大成》曰：“陶道主痎疟寒热，洒淅脊强，烦满，汗不出，头重，目瞑，瘛疭，恍惚不乐。”故该治疗方法可振奋全身阳气，从阳引阴，以“善补阴者必于阳中求阴”，进而调整、疏通经络，补益肝肾，滋养筋脉，则病得以愈。

二十二、中风后遗症

【验案】

方某，男，72岁，2007年11月6日初诊。

主诉：左侧肢体活动不利1年余。患者于1年前活动后出现左侧肢体活动不利，查头颅CT示右侧基底节区脑梗死。就诊时左侧肢体肌张力较高，以上肢为著，手指握固。至当地医院针灸科就诊治疗后，左侧肢体无力症状较前好转，但活动不利、紧绷感仍有。胃纳可，二便调，夜寐一般。舌红苔薄，脉弦细。查体见左侧肢体肌力4级，肌张力增高。

中医诊断：中风后遗症（阴阳失衡）。

西医诊断：脑梗死后遗症。

治则：沟通阴阳，舒筋通络。

处方：粗针身柱穴平刺，留针2个小时。

每周治疗3次，约治疗3个月后，左侧肢体肌张力明显降低，肘、腕、掌指关节活动基本正常。

按 脑梗死是一种具有较高发病率、病死率及致残率的疾病。脑梗死后由于脑皮质对于脊髓节段反射机构的抑制作用减弱，故多出现肌张力增高、腱反射亢进等脊髓牵张反射亢进，临床常表现为以肌张力异常增高为主的肌痉挛。多数患者痉挛持续时间相当长，恢复缓慢，常与瘫痪并存，严重影响了患者的生活质量。

本病属中医学“中风”范畴，病位在脑、筋。其病机为阴阳失调，气血逆乱，直冲犯脑，导致脑脉闭塞或血溢脑脉之外。中风后痉挛性瘫痪的病机为阴阳失衡、经筋失养。《难经·二十五难》曰：“阴跷为病，阳缓而阴急，阳跷为病，阴缓而阳急。”可见阴阳脉气失调，会出现肢体两侧或弛缓或拘急的不平衡状态。中风后痉挛性瘫痪以上肢屈肌及下肢伸肌痉挛为主，即阴侧拘急痉挛；阳侧相对弛缓，根据经络辨证，此为阴阳脉气失衡之“阴缓阳急”的症候。《素问·生气通天论》曰：“阳气者，精则养神，柔则养筋。”故本病为筋脉不得阳气濡养所致。

督脉起于胞中，上至项进入脑，向前通任脉与诸阴经相联络，总摄诸经，为十二经脉之海。故针刺督脉穴可以振奋全身阳气、沟通阴阳；又可调整脏腑、疏通经络。身柱穴属督脉，为督脉之脉气所发，位于上背部正中，第三胸椎棘突下，接近肺脏，通于脑髓，名为身柱，含有全身支柱之意。故在身柱穴使用粗针长时间留针，既可通督调神，又可鼓舞督脉之阳，使诸脉之气皆充，筋脉得以濡养；且阳气盛则阴邪消，方能达到阴阳平衡、痉挛缓解的目的。

二十三、瘾疹

【验案】

王某，女，35岁，2010年9月2日初诊。

主诉：胸背、上肢红色皮疹反复发作1年余，加重10天。患者1年前因精神加身体劳累后出现胸背、上肢红色皮疹、瘙痒，就诊于当地医院，予相关治疗（具体不详）后红疹消退，但情绪不佳时又复发。10天前出现病情复发，伴瘙痒明显、难忍。舌红苔厚腻，脉弦数。患者既往有抑郁症病史，体型较为肥胖，消化功能较差，易便秘或腹泻，常有精神性呃逆出现。查体见胸背、上肢红色皮疹，高出皮面，部分连接成片。

中医诊断：瘾疹（肝郁脾虚）。

西医诊断：慢性荨麻疹。

治则：疏肝健脾，通阳化湿。

处方：粗针神道穴平刺，留针2个小时。

经5次治疗后，患者胸背部及上肢红色皮疹已褪去大半，后继予治疗10次，红色皮疹基本消退，停西药治疗，1年后随访未发。

按 慢性荨麻疹是一种以临床反复发作风团、瘙痒剧烈为特点，且病程大于6周的皮肤类疾病，是由于各种因素使皮肤黏膜血管发生暂时性炎性充血与大量液体渗出，造成局部皮损的疾病。其病因复杂，主要包括免疫和非免疫两大类因素。目前慢性荨麻疹的药物治疗多以抗组胺等对症治疗为主，虽然能暂时缓解症状，但易形成药物依赖，停药易复发，不能有效控制病情。

慢性荨麻疹在中医学属“瘾疹”“风疹”范畴，多与素体禀赋不足、外感风湿热或饮食生活失调有关。《金匮要略·水气病脉证并治》曰：“风气相搏，风强则为隐疹，身体为痒。”故风邪为荨麻疹的主要原因，当机体表虚不固，风邪夹杂寒热湿之邪客于肌表，营卫不和，风与气血相搏，发生风团。或因饮食不节，或肝郁犯胃，肠胃湿热，内不能疏泄，外不能透达，郁于肌肤而发瘾疹；经久不愈可导致气血虚弱，血虚生风，风蓄化燥，又影响造血，两者相互影响，使病情反复发作不易治愈。

本案患者主诉：胸背、上肢红色皮疹反复发作1年余，加重10天，既往有抑郁症病史，盖由患者肝气郁结，脾失健运，痰湿内生，郁而化热，蕴于肌肤而发病，治疗当以疏肝健脾、通阳化湿为先。治疗上予粗针神道穴平刺，经多年临床试验及实验研究发现，粗针神道穴平刺长时间留针治疗顽固性的皮肤病有较好的疗效，该方法除了具有通阳化湿、调理脏腑功能外，还有较为良好的宁心安神作用。

二十四、粉刺

【验案】

王某，女，18岁，2003年7月5日初诊。

主诉：面部及背部痤疮反复发作2年。患者2年前无明显诱因下出现面部及背部散发性痤疮，后进行性加重伴少许脓包。每以月经前加重，面颊部明显，伴大便秘结，遍访当地医院，内服中药、西药及外用各种药物，疗效均不佳，痤疮症状未见明显好转。患者平素心情不佳，易紧张。舌淡红苔薄腻，脉弦。查体：面部及背部散发脓包痤疮，面颊部为甚，部分连接成片，色暗红。

中医诊断：粉刺（肝经郁热）。

西医诊断：痤疮。

处方：粗针神道穴平刺，留针4个小时，每周治疗3次。

患者治疗6次后即见好转，1个月后痤疮痊愈。后随访痤疮未再发。

按 痤疮是指发生于颜面、胸背部等处的毛囊皮脂腺的慢性炎症性皮肤疾病，主要表现为皮肤丘疹、结节、脓包、囊肿、黑白头粉刺等，多见于青春期，严重者会遗留瘢痕。现代研究发现，其发病原因主要与内分泌失调，体内雄激素水平上升，雄激素刺激皮脂腺分泌过多，皮脂溢出，机体免疫反应及皮肤脂腺管角化造成排泄通道阻塞，继发感染有关。

痤疮在中医学属“粉刺”“酒刺”等范畴。《素问·生气通天论》曰：“汗出见湿，乃生痤痱。膏粱之变，足生大丁，受如持虚。劳汗当风，寒薄为皶，郁乃痤。”《医宗金鉴》曰：“肺风粉刺，此症由肺经血热而成，每发鼻面，起碎疙瘩，形如黍屑，色赤肿痛，破出白汁。”前人多认为痤疮病位在肺，由风热、湿热、血热所致，而临床所见痤疮多与心、胃、肝、脾有密切关系，常见肺经郁热、心肝火旺、肠胃湿热、痰瘀阻滞等证，故辨证论治方能取得良好疗效。

本案患者面部及背部痤疮反复发作2年，盖因平素易紧张，心情抑郁，肝气郁结，肝阴暗耗，肝经郁热，肝失疏泄，气机不畅，脏腑功能紊乱，气郁化火，气血上冲，郁结于肌肤而产生痤疮。月经前患者皮损增多，经前期多肝阳有余，郁火加重。治疗当以疏肝解郁、清泻火热为先。处方采用粗针神道穴平刺，《素问·刺热论》曰：“五椎下间主肝热。”且督脉与冲任“一源三歧”，通过沿督脉平刺，可以起到调节督脉、疏泄肝经郁热之气的作用，从而达到疏肝解郁、清泻火热、消除痤疮的目的。

二十五、蛇串疮后遗痛

【验案】

韩某，女，63岁，2010年10月21日初诊。

主诉：左侧颈肩部皮疹伴疼痛1年余。患者1年前无明显诱因下出现左侧颈肩部皮疹，后出现疼痛并进行性加重，呈烧灼样疼痛，至当地医院就诊，予抗病毒、口服药物治疗后无明显改善，其间疱疹范围逐渐扩大。后患者至多家省市医院就诊，予营养神经、中药、外敷等治疗后，左侧颈肩部疱疹好转，但局部疼痛症状仍未缓解。胃纳可，二便调，夜寐一般。舌质红苔黄腻，脉弦细。查体：左侧颈肩背部可见大片暗红色斑，无明显渗血、渗液、疱疹，局部皮温正常。

中医诊断：蛇串疮后遗痛（湿热阻络）。

西医诊断：带状疱疹后遗神经痛。

治则：清热利湿，祛瘀止痛。

处方：粗针大椎穴督脉平刺，留针2个小时。

经治疗1次后患者诉疼痛明显减轻，后继续治疗5次后无明显疼痛，半年后随访诉未复发。

按 带状疱疹是由水痘带状疱疹病毒引起的以身体一侧出现带状分布的成簇小水疱，累及皮肤及神经的临床常见病，其一般伴有局部神经痛。流行病穴研究发现，大部分患者的疼痛可随疱疹消失而减退，但若未能得到及时和有效治疗，病程迁延不愈，少数患者在疱疹消失后仍遗留患处疼痛。带状疱疹后遗神经痛作为带状疱疹常见的并发症之一，多见于老年患者及免疫力低下患者，临床表现如疼痛症状可持续数月至数十年，严重影响患者生活质量，是一种顽固性慢性疼痛综合征。

带状疱疹属中医学“蛇串疮”“缠腰火丹”等范畴，最早可见于《诸病源候论》“甑带疮者绕腰生……状如甑带因以为名”，病因多为肝郁气滞、内伤情志、邪毒外感及正气不足。带状疱疹后遗神经痛在中医学属“蛇串疮愈后痛”范畴，多由于湿热毒邪其性重着黏滞，胶着不化，难以祛除，虽经及时治疗，邪毒去其大半，却未除净，余邪作祟，凝滞脉络。历代医家在治疗时多以清热利湿、益气养血、活血祛瘀止痛为主。

本案患者左侧颈肩部皮疹伴疼痛1年余，虽经及时治疗，但仍遗留局部疼痛。盖因余邪未清，凝滞脉络，加之病程较长，迁延不愈，患者情志不畅，肝郁则木旺，木旺乘土，则脾胃运化受阻，痰湿内生，进一步阻滞脉络，局部血运不畅，痰湿瘀互结于经络则发为疼痛。治疗当以清热利湿、祛瘀止痛为先。处方采用粗针大椎穴督脉平刺，一为温阳利水化湿，二为局部取穴，所刺范围正为带状疱疹发病累及神经根范围。

二十六、不寐

【验案】

施某，女，47岁，2010年7月15日初诊。

主诉：睡眠不佳10余年。患者10余年前无明显诱因下出现睡眠不佳，主要表现为入睡困难，梦多，夜间易醒，醒后不易入睡，每晚睡眠2～3个小时，时有心烦心悸，头晕耳鸣，腰膝酸软，冬日易怕冷，月经量多，月经周期不规则。曾至多地就诊，予口服中药、西药及针灸等治疗，疗效均不明显。舌淡红苔薄白，脉细弱。

中医诊断：不寐（心肾不交）。

西医诊断：睡眠障碍。

治则：交通心肾，宁心安神。

处方：体针取穴，神门、大陵、足三里、三阴交、太溪，手法采用平补平泻，得气后留针30分钟。

治疗3次后，患者诉睡眠深度增加，睡眠时间延长，且梦较之前减少。

按 睡眠障碍是由于心理、生理或环境因素等引起的睡眠量不正常或睡眠中发作性异常的疾病。轻者入睡迟缓，或睡后易醒，醒后难以再次入眠；重者可彻夜难眠。睡眠障碍是亚健康状态的常见症候，睡眠出现问题往往是心血管疾病、糖尿病和抑郁症等多种疾病的早期危险因素。

睡眠障碍在中医学中属"不寐"等范畴。《素问·灵兰秘典论》曰："心者，君主之官，神明出焉。"《灵枢·口问》曰："阳气尽，阴气盛，则目瞑；阴气尽而阳气盛，则寤矣。"此处表明，人的正常睡眠由心神所主，心神活动受机体气血阴阳的调节。人的正常睡眠是由于阴阳之气昼夜自然而有规律地转化的结果。阳气入于阴，即为睡眠状态；阳气行于卫则为清醒状态。情志失调，肝失条达，气郁化火，上扰心神；或饮食不节，伤及脾胃，健运失司，饮食停滞，升降失调，扰乱心神；或思虑劳倦，伤及心脾，血不养心；或久病体虚等，均可发为不寐。

本案患者睡眠不佳10余年，主要表现为入睡困难，梦多，夜间易醒，醒后不易入睡。盖因患者平素体虚，肾阴耗伤，不能上济于心而制约心火，心阳独亢，阴虚不能纳阳，阳盛不能入阴，治疗当以交通心肾、镇静安神为先。普通针刺以太溪、神门、大陵滋肾水、补心阳、宁心安神及交通心肾；足三里、三阴交补脾健运，补益后天之本，使气血生化，心肾有所养，睡眠自佳。

二十七、郁证

【验案】

李某，女，26岁，2009年9月16日初诊。

主诉：患者咽喉部如有物阻塞2个月。2个月前患者因与男友发生争执，歇斯底里发作，被送至精神病院住院治疗，使用了大量的镇静药，出院后情绪尚稳定，但咽喉部感觉如有物阻塞，失语，步履不协调，常突然不会迈步，过一段时间后才能行走，纳差，便秘。舌淡红苔厚腻，脉弦。

中医诊断：郁证（肝郁脾虚）。

西医诊断：焦虑抑郁状态。

治则：疏肝解郁，健脾化痰。

处方：体针取穴，太冲（双）、合谷（双）、足三里（双），留针30分钟。

经1次治疗后，患者能缓慢讲话，咽喉有异物感等其他不适症状均有减轻。继前方针刺，治疗3次后，患者诸症皆除。

按 中医学对郁证有不同的认识。《素问》对郁证的概念主要基于五郁及七情两个方面：一方面，人体五脏与天地五运之气相呼应，一旦出现五运之气周流不畅，人体便发生病变；另一方面，七情也是导致人体气机失调的重要原因，人体内在精神环境以喜、怒、忧、思、悲、恐、惊七种情志的变化为其表现形式，一旦外在因素触动心神，则情有所变，而有所动。明代张景岳总结前人研究，并明确提出郁证中正虚及虚实夹杂的病机。郁证日久，变证丛生，转归不一，打破了一些医家认为郁证皆实的说法，他指出无论虚实皆可为郁。叶天士对于郁证的认识较为明晰。对于广义、狭义的郁证病因均有阐释，不但总结了《素问》的五郁外因说，更对七情内因的郁证变化多有心得，认为外感六淫、内伤七情皆可致郁，而情志致郁的病位以心、肝、胆为主，认识到郁证善变，病初多于气，病久及血，继而化热伤阴，而成虚实夹杂的现象。

本案患者因情志不畅，肝失疏泄，肝气郁结，肝郁乘脾，脾运不健，生湿聚痰，故可见舌苔厚腻；肝气犯胃，胃失和降，故纳差；肝气乘脾，运化失常，故便秘。治宜疏肝健脾解郁，太冲为肝经原穴，合谷为大肠经原穴，太冲属阴主血，可疏散开导，合谷属阳主气，能升能散，主治情志不畅。“见肝之病，知肝传脾，当先实脾”，故取足三里健脾和胃、祛湿化痰。诸穴合用，养血疏肝、理气化痰，诸症渐愈。

二十八、痛经

【验案1】

蒋某，女，25岁，2009年7月5日初诊。

主诉：经行腹痛8年。患者14岁月经初潮，17岁时，月经期间运动后大量饮用冷饮，此后，经常经行第1天腹痛，痛甚时面唇青紫，卧床不起，经中医药治疗效果不佳。现患者面色稍黄、畏寒喜暖，月经量少，周期尚正常，有血块。舌淡紫苔薄白，脉弦。

中医诊断：痛经（寒凝血瘀）。

西医诊断：继发性痛经。

处方：取穴关元。隔药饼灸3壮，每日1次，7次为1个疗程。

经治疗2个疗程，患者症状消失。3个月后患者专程来访，自诉药饼灸后，第2个经期痛经已愈，至今经来无腹痛发作。

【验案2】

杨某，女，28岁，2018年8月7日初诊。

主诉：原发性痛经15年，进行性加重2年余。患者13岁初潮开始即出现痛经，可忍受，近2年进行性加重，需服用止痛药止痛，月经量稍多，色淡红，周期正常，经期7天左右，患者面色无华，形体瘦弱，常感乏力懒言，经期腹部喜按喜揉，平素怕冷，近期大便稀、每日2～3次，入睡困难，易多想，颈部不适，时有腰酸。舌质淡红，苔薄白，脉弦细。既往有脊柱侧弯手术史10余年，脊柱金属内固定。月经史：13岁初潮，周期28天，经期7天，末次月经：2017年7月20日。查体：双肩部按压痛，腰部按压痛，活动功能无障碍。辅助检查：子宫超声无殊；乳腺超声示乳腺结节，多发性囊肿。

中医诊断：痛经（脾肾两虚）。

西医诊断：原发性痛经。

治则：健脾益肾。

处方：腹针取穴，中脘、下脘、气海、关元、大横（左）、滑肉门（双），留针30分钟。并在针刺治疗期间予穴位贴敷治疗，穴位贴敷选穴：背俞穴、关元，每次留置2个小时，共3次。

患者经治疗后，下个月月经来潮时痛经疼痛症状明显缓解，后坚持治疗2个月，至月经来潮时疼痛不影响生活。

按　痛经是指行经前后或月经期出现的周期性下腹部疼痛、坠胀，伴有腰酸或其他不适，严重者可出现面色苍白、恶心呕吐甚至晕厥等症状。其中生殖器官无器质性病变者称为原发性痛经，常见于年轻女性；盆腔器质性疾病，如子宫内膜异位症、子宫腺肌病等引起者称为继发性痛经，常见于育龄期女性。

原发性痛经在中医学中属于“经行腹痛”范畴，最早记载见于《金匮要略·妇人杂病脉证并治》中“带下，经水不利，少腹满痛，经一月再见者，土瓜根主之”，仲景认为痛经的病机关键在于瘀血。《诸病源候论·妇人杂病诸侯》中提到“妇人月水来腹痛者，由劳伤血气，以致体虚，受风冷之气，客于胞络，损伤冲任之脉”，首立“月水来腹痛候”，认为体虚乃是根本。痛经的病位在于冲任、胞宫，病机有虚实之分，临床可分气滞血瘀、寒湿凝滞、气血虚弱、湿热下注等，总体可归结于“不通则痛”“不荣则痛”。

验案1为寒邪伤于下焦，客于胞宫，令气血运行不畅，不通则痛。《素问·调经论》曰：“血气者，喜温而恶寒，寒则泣而不流，温则消而去之。”关元乃任脉与三阴经之会，《素问·举痛论》又曰：“寒气客于冲脉，冲脉起于关元。”故取关元穴药饼灸，可调冲任、理胞宫、温经止痛。

验案2患者月经初潮即出现痛经，近2年进行性加重，疼痛程度较剧，需服用止痛药止痛。患者先天不足，加之后天脾胃功能不佳，致气血生化乏源，冲任空虚，致反复痛经。患者面色无华，形体瘦弱，常感乏力懒言，大便稀溏，均为脾虚之象。腰酸、腹部喜按喜揉、怕冷均为肾阳亏虚之征。未行经期间，冲任气血平和，故不发疼痛，而在经期及月经前后，血海满盈而溢泄，气血由盛转衰，兼之原有脾肾不足，导致痛经发作。治疗时在非经行期间以调补脾肾为主，兼以调肝，初诊腹针采用“引气归元”，以补益先后天，取双侧滑肉门，取对应腹部全息影像肩部之意，同时加用左侧大横，取八廓之震，补养调肝气。正值三伏天期间，嘱患者行三伏贴治疗，穴位选取背俞穴及关元，加强匡扶正气之效。

二十九、腹痛

【验案】

刘某，女，35岁，2005年7月12日初诊。

主诉：右下腹疼痛3年余。患者3年前人工流产后出现右下腹部疼痛，平日疼痛隐隐，经期腹痛加重，肛门有坠胀感。胃纳一般，二便调，夜寐可。舌质暗，苔薄白腻，脉弦滑。妇科检查：子宫后位，大小正常，活动度差，右下腹压痛（+）。B超示子宫附件未见异常，少量盆腔积液。

中医诊断：腹痛（寒湿瘀滞）。

西医诊断：慢性盆腔炎。

治则：温经散寒，活血通络，散血消瘀。

处方：关元、子宫给予隔药饼灸，各3壮；体针取穴，阴陵泉、三阴交。每日1次，10次为1个疗程。

治疗1个疗程后，患者平日腹痛明显减轻，3个疗程后症状消失，妇科检查子宫附件均无压痛，盆腔积液消失。后随访无复发。

按 慢性盆腔炎指女性内生殖器及其周围结缔组织、盆腔腹膜的慢性炎症。常为急性盆腔炎未彻底治疗，在患者体质较差的情况下，急性盆腔炎的病程可迁延及反复发作，造成慢性盆腔炎。临床表现以长期反复发作的下腹部或腰骶部疼痛、白带增多、月经失调和痛经为主，部分患者可因本病而并发输卵管阻塞性不孕及异位妊娠。其病理改变多见组织充血、水肿，结缔组织增生、形成粘连、分泌物积聚或形成炎症肿块等。慢性盆腔炎病情较顽固，西医尚无理想的治疗方法。

本病属于中医学“腹痛”“腰痛”“带下”“癥瘕”等范畴，瘀血为其重要病机，多因寒而瘀，因气滞而瘀或因虚而瘀；湿邪为其主要病因，湿为阴邪，其性重着趋下，易袭阴位。《素问·太阴阳明论》曰：“伤于湿者，下先受之。”阴户居于下，湿热或寒湿之邪最易乘虚而入，妇人经期、产后血室正开，余血未尽，若房事不节，摄生不慎，则外邪内侵，客于胞宫胞络，留滞于冲任之间，而女子经、孕、产、乳皆以血为用，冲为血海，任为阴脉之海，当被六淫、七情、饮食、劳倦及房劳所伤时，影响冲任气血，致胞脉之气血运行受阻，进而瘀滞不通，从而导致“瘀血”的产生，血脉瘀滞，血中之津液渗出脉外而为水，血瘀气滞，水液不能化气而成湿，使疼痛等症状反复不愈。

本案患者由于人工流产损伤冲任，寒湿之邪侵袭胞宫，寒凝气滞，瘀血内生，湿浊不化，产生疼痛。治疗应温经散寒、活血通络、消散瘀血。取穴关元为小肠募穴，足三阴、任脉之会，通于胞宫，可温补元阳、补益下焦、暖胞宫、散寒止痛；子宫穴位于女性生殖器体表投影处，为经外奇穴，可通络止痛，采用药饼灸以上二穴是通过这种温热刺激穴位，更有效地达到上述作用。三阴交为三阴经交会穴，涉及肝脾肾及冲任二脉，可调血补阴、祛瘀止痛；阴陵泉为脾经合穴，可健脾化湿调经。诸穴合用有温补元阳、活血通络、祛寒化湿、调理冲任、温经止痛之效。

三十、带下病

【验案】

张某，30岁，2018年10月16日初诊。

主诉：白带量多半年余。患者半年前无明显诱因下出现白带量多，质稠色白，无明显异味，无明显腹痛，月经周期规律，量适中，无痛经。患者平素工作压力大，时有胸部满闷，胃纳差，二便调。舌淡苔薄白，脉弦。体格检查：腹部四点及八点处触及包块，并有轻压痛，左侧为甚。2018年9月25日妇科B超示子宫小肌瘤可能；双侧输卵管积水首先考虑；左卵巢旁囊性包块。

中医诊断：带下病（肝郁脾虚）。

西医诊断：输卵管积水。

治则：疏肝理气，健脾化湿。

处方：脐针取穴，艮、坎、乾、坤，留针30分钟。

治疗2个月后，患者带下明显减少，复查B超显示包块较前缩小，查体示下腹部四点处压痛明显减轻，八点处压痛较前缓解，继予针刺治疗。

按 输卵管积水是指盆腔炎性疾病未得到及时彻底治疗，经过一系列病理改变后，输卵管管腔遗留水样液体，造影时能显示出积水影的一类疾病。现代医学治疗本病多以输卵管整形术、宫腔镜下输卵管插管通液术等外科手术为主。中医学并无直接对应输卵管积水的病症，主要以临床表现为主要诊断。可有以腹部包块、腹痛为主诉的，故还是以中医四诊所获取的信息，进行辨证施治。

本案患者就诊时以带下量多为主诉。经B超检查，发现输卵管积水已有半年，查体示下腹部四点及八点处触及包块，并有压痛，左侧为甚。患者平素工作压力大，思虑较多，肝气郁滞，常见胸部满闷；肝失条达，肝木乘土，脾失健运，见纳呆，其运化水湿功能受阻，痰湿内聚，脾虚失摄故见带下量多，色白。气滞及痰凝阻滞胞络，故见下腹部包块伴压痛。舌淡苔薄白、脉弦，均为肝郁脾虚之象。治以疏肝理气、健脾化湿之法，方用脐针“雷水解”及“地天泰”，“雷水解”意为疏肝气、益肾水，“地天泰”健脾益气，两者共奏疏肝健脾之效，同时乾位对应患者下腹部左侧，刺其位有通络镇痛之效。诸穴合用，标本兼治。

三十一、妊娠恶阻

【验案】

叶某，女，26岁，2012年12月初诊。

主诉：停经40余日，伴剧烈恶心呕吐10天。患者于10天前进食鸡蛋后出现恶心呕吐症状，程度较剧，不能进食，食入即吐，至当地医院妇科住院，予禁食，大量补液治疗。患者形体消瘦，面色不华，纳呆，大便量少，小便正常，夜寐一般。舌淡红苔薄，脉细滑。辅助检查：尿妊娠试验阳性，血人绒毛膜促性腺激素升高，尿酮体（+++）。

中医诊断：妊娠恶阻（肝胃不和）。

西医诊断：妊娠剧吐。

治则：疏肝和胃，降逆止呕。

处方：体针取穴，双侧足三里、内关，手法采用补法，留针30分钟。

经1次治疗后，患者呕吐症状即明显改善，回家后能进食少许米汤，呕吐次数减少。后继予以上处方。

按　妊娠剧吐是女性在怀孕早期常见症状，约有半数女性在怀孕早期会出现以上症状，多数在孕6周前后出现，8～10周达到高峰，一般12周自行消失，临床表现为恶心、呕吐、不能进食及食入即吐等症状，呕吐剧烈可导致水、电解质紊乱等。其发病原因一般认为与人绒毛膜促性腺激素的急剧升高、精神过度紧张、焦虑等因素有关。

妊娠剧吐在中医学属“妊娠恶阻”范畴。其主要机制为冲气上逆、胃失和降。女性受孕后月经停闭，经穴不泻，冲脉之气较盛，冲脉隶属于阳明，冲脉之气上逆犯胃，胃失和降；或因受孕后阴血聚于下焦以养胎，肝血不足，肝失疏泄，郁而生热，肝热上逆犯胃，肝胃不和，胃气不降。以上均可发生呕吐。

本案患者停经40余日，伴剧烈恶心呕吐10天，盖因患者孕后经血不泻，冲脉气盛，上逆犯胃，致使肝胃不和，气逆上冲，故发生恶心呕吐。因呕吐剧烈，饮食不进，机体失水谷所充，久之形体消瘦。治疗当以疏肝和胃、降逆止呕为先。治疗选取双侧足三里、内关。内关为手厥阴心包经之络穴，且为八脉交会穴，与阴维脉相通，走三焦经，可宣通三焦气机，降逆和肝而止呕；足三里乃胃之下合穴，具有健脾和胃、降逆止呕之效，以上两穴相配，手法采用补法，取得满意疗效。

三十二、横产

【验案】

主诉：赵某，女，27岁，2009年6月18日初诊。

主诉：患者怀孕32周后体检时发现胎位不正，为臀位，余无明显不适，本次为第一次怀孕。舌淡红苔薄，脉滑。

中医诊断：横产（气机阻滞）。

西医诊断：胎位不正。

治则：调理气血，纠正胎位。

处方：双至阴穴温和灸，每次20分钟，每日1次，10次为1个疗程，治疗2个疗程后，再去医院检查，胎位已正。

按 胎位异常一般指妊娠30周后，胎儿在子宫体内的位置异常，较长见于腹壁松弛的孕妇和经产妇。胎位异常包括臀位、横位、枕后位、颜面位等，以臀位多见，而横位危害母婴最剧。由于胎位异常将给分娩带来不同程度的困难和危险，故早期纠正胎位，对预防难产有着重要的意义。

胎位不正属中医学“难产”“横产”范畴。其病因正如《保产要旨》云：“难产之故有八，有因子横，子逆而难产者；有因胞水沥干而难产者；有因女子矮小，或年长遣嫁，交骨不开而难产者；有因体肥脂厚，平素逸而难产者；有因子壮大而难产者；有因气虚不运而难产者。”这与现代医学的论述是一致的。其病机主要是气血虚弱与气滞血瘀，临床可见孕妇素体虚弱，正气不足，神疲肢软而无力促胎转正；或因平素过度安逸，或感受寒邪，寒凝血滞，气不运行，血不流畅，气滞血瘀；又因怀孕惊恐气怯，肝气郁滞，气机失畅，而致胎位不正。《妇人大全良方》指出“妇人以血为主，惟气顺则血和；胎安则产顺”，故治疗应调理气血，使气行则血行，血行则气畅，气血通畅而胎位自然转正。然胞脉者系于肾，补气血的同时要固肾，则胎固气顺。中医纠正胎位异常，无损胎之弊。

至阴穴矫正胎位不正在历代医书中就有记载。明代张介宾《类经图翼》云：“治横逆难产，危在顷刻，服药不灵者，急于本妇右脚小指尖，灸三壮，炷如小麦，下火立产如神，盖此即至阴穴也。”《医学正传》云：“灸法治难产及胞衣不下，急于产母右脚小趾尖头上灸三壮，炷如小麦大，立产。”至阴穴是足少阴肾经的始穴。从脏腑功能上讲，肾为先天之本，水火之脏，主藏精，主生殖。《素问·奇病论》提到“胞脉者，系于肾”，胎儿禀父母先天之精而化生，寄母体之胞宫孕育，胎儿的生长发育有赖于母体的肾气、精血维系滋养，母体气血充盈、运行调达则胞宫得养、胎气充盛以安胎位。若肾精亏虚，精血亏虚，则不能濡养胞宫，胎气不足导致胎位不正，即“肾虚则胎失所系，血虚则胎失所养”。从经脉循行上讲，肾经主要分布于下肢内侧后缘和胸腹第一侧线，过胞宫，依照中医学“经脉所过，主治所及”的理论，肾经穴位可用来调整胞宫气血运行以安胎气。灸法刺激至阴穴，一方面通过激发膀胱经经气来调整与其相表里的肾经经气；另一方面还可以直接沿肾经循行路线传递所受信息至胞宫，以调达气血，矫正气血。

三十三、产后病

【验案1】

冯某，女，35岁，2018年8月7日初诊。

主诉：产后关节痛2年，加重25天。患者2年前怀孕3个月因胎儿停止发育行药物流产加清宫术，术后20天出现右中指关节疼痛，有刺痛感。25天前因宫外孕行左侧输卵管切除术，术后出现关节疼痛部位增多并加重，伴右手无名指、中指晨僵。患者面色无华，常有乏力感，月经量少，色淡，周期尚正常。舌质淡红苔薄白，脉细。辅助检查：抗链“O”130U/L，类风湿因子（-）。甲状腺球蛋白抗体70.9U/ml。

中医诊断：产后病（气血亏虚）。

西医诊断：产后关节痛。

治则：补益气血，通调经气。

处方：腹针取穴，中脘、下脘、关元、气海、大横（右）、滑肉门（双）、外陵（双）；体针取穴，足三里（双），足三里加用温针灸，留针30分钟。

经1次治疗后患者诉疼痛较前略改善，近日活动后有恶心感，后在前处方基础上加用外关（双）。后经半个月治疗患者诉右手无名指、中指晨僵症状消失，右手中指、环指水肿减轻，右髋关节疼痛减轻。半年随访未复发。

【验案2】

石某，女，37岁，2018年5月10日初诊。

主诉：关节酸痛1年余。患者1年前小产后出现全身关节酸痛，畏风，畏寒，予中药、针灸等治疗后症状有所好转，但仍觉肩肘腰关节冷痛，肘部疼痛尤甚，小产后月经周期每次推迟1周左右，7～8天净，平常白带多，生育2孩，流产4次，末次月经：2018年5月4日。面色苍白，自觉乏力，纳呆，便溏，大便一日2～3次，夜寐一般。舌淡苔薄白，脉细。

中医诊断：产后病（脾肾阳虚）。

西医诊断：关节炎。

治则：补益脾气，温肾助阳。

处方：脐针取穴，艮、坤、坎，留针30分钟。

患者经1次治疗后头痛及四肢关节疼痛较前好转，睡眠改善，受凉后易腹泻，舌淡苔薄白，脉细。在原处方上加用双侧足三里，经半个月治疗后关节遇风症状明显好转，胃纳增加。

按 产后关节痛又可称为产后遍身疼痛、产后关节痛、产后痹证、产后痛风，即俗称的“产后风”，是指产妇在产褥期内，出现肢体或关节酸楚、疼痛、麻木、关节活动不利，甚者关节肿胀等症状，是妇女产后的常见病。西医学概念中并无明确与之对应的疾病名称，但产褥期中因风湿、类风湿引起的关节痛、产后坐骨神经痛、多发性肌炎、产后血栓性静脉炎、骨质增生等病出现类似症状者，可归结于本病，并按本病进行辨证治疗。

本病始见于《诸病源候论》中“产则伤动血气，劳损脏腑，其后未平复，起早劳动，气虚而风邪乘虚伤之，致发病者，故曰中风。若风邪冷气，初客皮肤经络，疼痹不仁，若乏少气”。《经效产宝》指出“产伤动血气，风邪乘之”，《沈氏女科辑要笺正》中提到“产后遍身疼痛，多血虚，宜滋养。或有风寒湿三气杂至之痹，则养血为主，稍参宣络，不可峻投风药”。其主要病机为产后营血亏虚，经脉失养，或风寒湿稽留，经脉痹阻不通。历代医家则多以血虚、血瘀和外感致病之说立论，治疗以调理气血为主，若夹之风寒湿邪，也应以调理气血为主，兼之通络。

验案1患者既往2年前因胎儿停止发育行流产及清宫术，术后即出现右侧中指关节疼痛，有刺痛感，因患者清宫术后营血亏损，四肢百骸空虚，筋脉关节失于濡养而致肢体麻木疼痛。25天前因宫外孕行左侧输卵管切除术，术后即出现关节疼痛部位增多并加重，伴右手无名指、中指晨僵，盖因患者素体血虚，原清宫术后气血尚亏，血虚未复，复因手术动血耗血，百骸空虚，四肢关节失于濡养益甚，故可见关节疼痛部位增多且加重。舌质淡红苔薄白、脉细，均为气血亏虚之象。治疗当以补益气血、通调经气为先，腹针处方中使用“引气归元”兼之体针处方选用双侧足三里加用温针灸，先后天同补，使气血生化有源，气血得以充盛，加用腹针“腹四关”，以通调气血、疏理经气使之上输下达至肢体末端。

验案2患者既往体质一般，加之1年前小产后损伤脾肾阳气，脾阳虚故见面色苍白，自觉乏力，纳呆，便溏；肾阳亏虚，不能温煦全身故见全身关节酸痛、畏风、畏寒、月经后期。治疗当以补益脾气、温肾助阳为先，脐针取坎，以补益肾气、匡扶先天之本，加用坤、艮，以补益脾气，同时艮对应脐外八卦全息之手，有止痛之效。

三十四、阴挺

【验案】

汪某，女，66岁，2017年11月16日初诊。

主诉：患者子宫脱垂Ⅲ度行前后壁修复1年余。目前仍有子宫下垂感明显，伴有肛门下坠感，乏力感，手足冷，怕冷，伴腰酸，睡眠差、每晚3～4个小时，夜尿1～2次，大便稀、每日1次。舌质红苔薄，脉细。

中医诊断：阴挺（肾阳亏虚）。

西医诊断：子宫脱垂。

治则：温补肾阳，益气固脱。

处方：腹针取穴，下脘、关元、天枢（双），八廓取穴，离、坎、震、兑，留针30分钟。麦粒灸选取：关元，灸10壮。

治疗1周后，患者诉子宫下垂感缓解，肛门下坠较前缓解，大便急迫感好转，睡眠仍差，手足冷，腰膝酸软、乏力，舌质红苔薄，脉弦。再经1个月治疗，患者自述下坠感较前明显改善，大便无殊，夜寐、手足冷等症较前明显好转。后随访小便正常，无漏尿，但夜尿仍多。

按 子宫脱垂是指子宫从正常位置沿阴道下降，其宫颈外口达坐骨棘水平以下，甚至子宫全部脱出于阴道口以外的一类疾病，多见于多产、营养不良、体力劳动及久坐妇女。其发病主要与分娩损伤、产褥期产妇多喜仰卧所致腹压增高、先天发育异常、营养不良、衰老等相关。

子宫脱垂在中医学中属于“阴挺”范畴，中医学认为，阴挺之病位在于胞宫，而与肝、脾、肾等脏腑相关。本病之基本病机为冲任不固、统摄无力。胞宫维持其正常解剖位置，需要依靠胞脉、胞络的维系，同样从解剖学角度来分析，子宫维持其正常的前倾前屈位主要是通过阔韧带、子宫骶韧带、圆韧带和盆底的肌肉、筋膜的支托而完成的。若胞络受损，则提系无力、固摄无权，而阴挺陷下为脱。损伤之因，主要责之于气虚、肾虚及湿热之表证。中医学对阴挺的治疗思想历史悠久，早在《黄帝内经》中就提到陷者举之、脱者固之，《景岳全书》中不仅提倡补元气，同时更注重固摄真阴。而各代医家的共识主要为阴挺的治疗主要以益气升提、补肾固脱为主。

本案患者1年余前已因子宫脱垂Ⅲ度行前后壁修复术，现仍有子宫下垂感明显，伴有肛门下坠感，寐差，夜尿多，察其神疲乏力，气少言微。盖因患者年逾六十，天癸已绝，肾阳亏虚，不能充濡温煦全身，故可见全身乏力怕冷。气虚而致气之固摄功能失常，因而出现子宫脱垂感及肛门下坠感。治疗当以温补肾阳、益气固脱为先，采用腹针疗法及麦粒灸治疗，腹针处方为八廓取离、坎、震、兑位，意为以五行之金、木、水、火相合以补益全身正气。麦粒灸处方为关元以补益正气。

三十五、小便失禁

【验案】

毛某，女，79岁，2010年12月13日初诊。

主诉：小便失禁4个月。患者4个月前无明显诱因下出现小便不能控制，用力或咳嗽时小便即自行流出，伴小便量少、尿频、尿急、尿痛，有时不能由意志控制而尿液经尿道流出，予抗感染治疗后尿痛症状较前改善，但小便仍易漏出，且每次排尿量少，故留置导尿，伴有腰膝酸软及双下肢水肿，神气怯弱，面色白，胃纳正常，夜寐一般。舌淡红苔薄白，脉沉细。

中医诊断：小便失禁（肾虚不固）。

西医诊断：混合型尿失禁。

处方：体针取穴，关元、气海、三阴交、太溪、阴陵泉，手法采用补法，留针30分钟。

经2次治疗后患者精神好转，腰膝酸软及双下肢水肿症状稍减轻，后又加用关元艾条灸，经3次治疗后，拔除导尿管，可自行小便，无明显小便渗漏出，双下肢水肿明显减轻。共治疗10次，患者诉小便可自行控制，量多，双下肢水肿基本消除。

按 尿失禁指不能由意志控制的尿液流出，是老年人的常见病，临床常分为压力性尿失禁、急迫性尿失禁和混合型尿失禁。混合型尿失禁是一种合并急迫性和压力性尿失禁的疾病，治疗更为棘手。尿失禁的发生有多种原因：正常控尿有赖于膀胱尿道内、外括约肌解剖结果及神经支配的完整性，以及盆底肌肉、膀胱颈和后尿道周围筋膜和韧带对尿道的支持。通常情况下，年龄增长、多产、不良分娩等因素均会导致尿失禁的发生和加重。

混合型尿失禁属中医学“小便失禁”“遗尿”等范畴，病位在膀胱，与肺、脾、肾、三焦密切相关。全身的津液主要通过肺的宣发肃降、脾的运化散精、肾的蒸腾气化作用，使体内有用的津液布散全身，多余的津液化为尿液，注入膀胱排出。肾中所藏的精气，既是人体生命活动的原动力，也是气化作用的原动力，若肾的气化、封藏、固摄功能失常，会导致膀胱开阖失司，出现尿频数、尿失禁等症状。

本案患者病程较长，且年已近杖朝之年，脏腑虚损，肾中精气渐衰，肾阴、肾阳皆根于肾中精气。《灵枢·本输》中“虚则遗溺”，肾阳不足则气化固摄失当，膀胱失约，开阖不利，不能统摄故可见遗溺失禁。病久则阴损及阳，阳损及阴，致阴阳俱虚，疾病缠绵难愈。治疗当以温补肾阳、滋补肾阴为原则，针刺取关元、气海以益气缩泉；太溪、三阴交补肝肾之阴；加关元艾灸以加强补元气、益肾阳、调气机之功，兼之以上共促阴阳并补、缩尿止遗之功。

第三节 针药结合起沉疴

一、哮病

【验案】

章某，女，52岁，2018年12月8日初诊。

主诉：反复胸闷气急4年余，咳嗽咳痰1周。患者宿有哮病，此次因不慎受凉后出现咳嗽咳痰，痰黄稠，伴有胸闷气急，鼻塞咽痒，夜间易醒，胃纳可，大便偏烂，一天2次。舌淡苔黄腻，脉弦。

中医诊断：哮病（热哮-痰热蕴肺）。

西医诊断：支气管哮喘。

治则：清热化痰，止咳平喘。

中药处方：金荞麦30g，黄芩10g，炒黄芩9g，桑白皮10g，前胡9g，陈皮6g，茯苓15g，浙贝10g，桔梗10g，炙紫菀9g，甘草6g，炙百部10g，苍耳子10g，望春花10g，炙苏子9g，苏梗9g，白芥子9g，米仁30g。7剂，水煎服，日1剂，早晚温服。

后患者未再次就诊，3个月后随访诉服药后3个月哮喘未发。

按 哮病，又称哮证，是以喉中哮鸣有声，呼吸困难，甚则喘息不能平卧为主症的反复发作性肺系疾病。后世医家鉴于哮必兼喘，故又称之为哮喘，而喘未必兼哮，为与喘证区分，故定名为哮病、哮证。

哮病的病位主要在肺，与脾、肾密切相关，基本病机为痰阻气道、肺失宣降，病理因素以痰为主，如朱丹溪说："哮喘专主于痰。"清代李用粹《证治汇补》指出"哮即痰喘之久而常发者，因内有壅塞之气，外有非时之感，膈有胶固之痰，三者相合，闭拒气道，搏击有声，发为哮病"。哮病发作时的病理环节为痰阻气闭，以邪实为主。由于病因不同，体质差异，又有寒哮、热哮之分。哮因寒诱发，素体阳虚，痰从寒化，属寒痰为患，则发为寒哮；若因热邪诱发，素体阳盛，痰从热化，属痰热为患，则发为热哮。或由痰热内郁，风寒外束，则为寒包火证。寒痰内郁化热，寒哮亦可转化为热哮。

哮病为本虚标实之病，标实为痰浊，本虚为肺脾肾虚，发作时以标实为主，表现为痰鸣气喘；在间歇期以肺、脾、肾等脏器虚弱之候为主，表现为短气、疲乏，常有轻度哮证。若哮病大发作，或发作呈持续状态，邪实与正虚错综并见，肺肾两虚而痰浊又复壅盛，严重者因肺不能治理调节心血的运行，命门之火不能上济于心，则心阳亦同时受累，甚至发生由哮致脱危候。哮病总属邪实正虚之证，当辨虚实寒热。发时以邪实为主，多见寒哮、热哮，也可见寒包热、风痰、虚哮等兼症，还要注意寒痰、热痰之分，是否兼表之别；未发时以正虚为主，宜辨阴阳之偏虚，肺、脾、肾之所属。若日久不愈，虚实错杂，当辨主次，按病程新久及全身症状辨别。

宣老师认为哮病治疗应遵循"急则治其标，缓则治其本"的原则，即朱丹溪"未发以扶正气为主，既发以攻邪气为急"之说。发作期以表实为主，要先辨寒热，以攻邪治标；缓解期则以本虚为主，应细辨肺、脾、肾的虚实及阴虚阳虚，以扶正固本。常年反复发作、缠绵不愈者，则可标本兼治，有所侧重。发时攻邪治标，祛痰利气，寒痰宜温化宣肺，热痰当清化肃肺，寒热错杂者，当温清并施，表证明显者兼以解表，属风痰为患者又当祛风涤痰。反复日久，正虚邪实者，又当兼顾，不可单纯拘泥于祛邪。若发生喘脱危候，当急予扶正救脱。缓解期应扶正治本，阳气虚者应予温补，阴虚者则予滋养，分别采取补肺、健脾、益肾等法，通过补益肺脾肾，以冀预防和减少复发。

本案患者宿有哮病，因不慎劳累受凉后，寒邪引动伏痰，故可见咳嗽痰多，咳痰黄稠。因肺气不能肃降，故见胸闷气急。肺开窍于鼻，痰涎阻塞，可见鼻塞咽痒。急则治其标，先治疗咳嗽咳痰、胸闷气急的症状，选止嗽散合桑白皮汤来清肺化痰，辅以白芥子利气豁痰，米仁健脾渗湿，从肺脾入手，清热化痰止咳。

二、便秘

【验案】

罗某，女，25岁，2018年11月6日初诊。

主诉：便秘10余年。患者10余年来，长期大便3～4日1行，粪质干结，如羊屎状，无腹痛。就诊时可见患者面色无华，诉冬季怕冷，平素工作繁忙，压力大，睡觉将近凌晨。月经提前，经期6～7天方净，月经量偏少，有痛经，无血块，白带无殊，末次月经：2018年10月17日。胃纳尚佳，冬天怕冷。舌淡红，苔薄白，脉细。

中医诊断：便秘（气血亏虚）。

西医诊断：功能性便秘。

治则：益气养血，润肠通便。

针灸治疗：脐针四隅位，艮、巽、坤、乾。

膏方处方：炒党参150g，麸白术120g，茯苓120g，别直参片20g，甘草60g，酒当归120g，川芎90g，赤芍120g，蜜黄芪150g，熟地黄120g，生地黄120g，萸肉100g，丹皮60g，山药300g，女贞子120g，旱莲草120g，淫羊藿300g，枸杞子150g，麸枳壳100g，制厚朴100g，火麻仁100g，柏子仁120g，炒酸枣仁150g，盐杜仲150g，续断120g，牛膝150g，柴胡100g，麸白芍120g，沙苑子120g，白蒺藜120g，郁金100g，醋香附120g，麦冬100g，玄参100g，菟丝子100g，陈皮90g，炒青皮90g，佛手100g。一料。

水煎浓缩，加入黄酒250g，冰糖300g，龟甲胶250g，东阿阿胶250g收膏，再加入芝麻200g，核桃仁200g制成小包装，冷藏备用。早晚服用一小包，外感或腹泻时停用。

按 便秘是以大便排出困难，排便周期延长，或周期不长，但粪质干结，排出艰难，或粪质不硬，虽频有便意，但排便不畅为主要表现的病症。

“便秘”病名首见于《黄帝内经》，指出便秘与脾胃、小肠、肾有关，如《素问·厥论》曰：“太阴之厥，则腹满䐜胀，后不利。”《素问·举痛论》曰：“热气留于小肠，肠中痛，瘅热焦渴，则坚干不得出，故痛而闭不通矣。”东汉时期，张仲景则称便秘为“脾约”“闭”“阴结”“阳结”，认为其病与寒、热、气滞有关，提出了便秘寒、热、虚、实不同的发病机制，设立了承气汤的苦寒泻下，麻子仁丸的养阴润下，厚朴三物汤的理气通下，以及蜜制药“挺内谷道中”、猪胆汁和醋“以灌谷道内”诸法，为后世医家认识和治疗本病确立了基本原则，有的方药至今仍广泛应用于临床。《诸病源候论》曰：“大便难者，由五脏不调，阴阳偏有虚实，谓三焦不和则冷热并结故也”，又云：“邪在肾亦令大便难”“渴利之家，大便亦难”。此处指出引起便秘的原因很多，与五脏不调、阴阳虚实寒热均有关系。

便秘病位主要在大肠，涉及脾、胃、肺、肝、肾等多个脏腑，基本病机为大肠传导失常。胃与肠相连，胃热炽盛，下传大肠，燔灼津液，大肠热盛，燥屎内结，可成便秘；肺与大肠相表里，肺之燥热下移大肠，则大肠传导功能失常，而成便秘；肝主疏泄气机，若肝气郁滞，则气滞不行，腑气不能畅通；肾主五液而司二便，若肾阴不足，则肠道失润，若肾阳不足则大肠失于温煦而传送无力，大便不通。便秘的病性可概括为虚、实两个方面。热秘、气秘、冷秘属实，气血阴阳亏虚所致者属虚。虚实之间常常相互兼夹或相互转化。

宣老师治疗便秘经验丰富，临证选用针药结合的治疗方式，效果尤佳。在中药治疗上，便秘治疗当分虚实而治。实证以祛邪为主，据热秘、冷秘、气秘之不同，分别施以泻热、温通、理气之法，辅以导滞之品，标本兼治，邪去便通。虚证以扶正为先，依阴阳气血亏损之异，选用滋阴养血、益气温阳之法，酌用甘温润肠之药，标本兼治。

本案患者正值青年，大便3～4日1行，粪质干结，患者长期熬夜至凌晨，并且久坐于电脑前，煎熬伤阴，久致气血亏虚，肠道失于濡润，粪便如欲行舟而无水，可见粪质干结，大便难出。精亏血少，冲任失养，经血乏源，故见月经量少。治疗上予膏滋八珍汤、麸白芍、阿胶益气养血、润肠通便；六味地黄丸、枸杞子、女贞子、旱莲草补肾阴；菟丝子、续断、牛膝等补肝肾、调冲任；加增液汤以增液行舟；火麻仁、柏子仁、炒酸枣仁润肠通便，柴胡、郁金、醋香附、制厚朴、陈皮、炒青皮疏肝行气。并予脐针治疗，依次进针艮、巽、坤、乾，起到“地气上升，天气下降”的作用，使腑气通，胃气降，胃肠气机通畅。

同时宣老师认为，便秘除治疗外，也需要患者日常生活中的配合，规律的作息方式，合理的膳食补充，适当的运动及定时的排便习惯都对疾病有非常大的帮助。

三、咽痛

【验案】

黄某，女，43岁，2018年11月19初诊。

主诉：咽喉及舌底不适7个月。患者7个月前出现咽喉痛，舌根干，经中西医治疗后，咽痛稍好转，但仍有咽喉及舌部有发干感，舌根及左侧舌部刺痛感，疲劳后症状加重，伴四肢关节及腰背部疼痛。患者诉夜寐欠佳，入睡困难，胃纳可，二便调，心情不佳，时有心烦。舌质紫，舌尖红，苔薄白，脉细。辅助检查：喉镜检查示舌根肥大。雌二醇：＜36.70pmol/L，既往史：11年前因腹部疼痛查体显示巧克力囊肿合并交界性肿瘤，于某妇幼保健医院行两侧卵巢切除术，术后有潮热盗汗等症状，服用“莉芙敏”后症状改善；慢性胃炎病史；荨麻疹病史。

中医诊断：咽痛（肝肾阴虚）。

西医诊断：慢性咽喉炎。

治则：补益肝肾，滋阴清热。

膏方处方：生地120g，熟地120g，酒萸肉100g，温山药300g，茯苓120g，丹皮100g，女贞子120g，旱莲草120g，制首乌120g，泽泻60g，炒米仁300g，莲子100g，淫羊藿300g，石斛90g，炒枣仁150g，川芎100g，炒白芍120g，赤芍120g，当归90g，炒白术120g，甘草90g，柴胡60g，郁金100g，香附120g，杜仲150g，川牛膝150g，沙苑子120g，蒺藜120g，枸杞子150g，青皮90g，陈皮90g。一料。

水煎浓缩，加入黄酒250g，冰糖250g，龟甲胶405g，灵芝破壁孢子粉40g，收膏，再加入核桃仁100g，芝麻100g制成小包装，冷藏备用。早晚服用一小包，外感或腹泻时停用。

按 咽喉肿痛是临床常见病症，多发于一年中的寒冷季节，感冒、扁桃体炎、鼻窦炎、百日咳、咽喉炎及病毒感染等均可引起咽喉肿痛，临床表现常为咽喉红肿疼痛，吞咽不适，多因起居不慎，肺卫失固，致风热邪毒乘虚侵犯，由口鼻而入直袭咽喉，以致咽部红肿疼痛而发为风热咽痛。若因失治误治，或平素肺胃积热，则邪热传里而出现肺胃热盛的重症。素体虚寒者，风寒之邪犯于皮毛，内应于肺，壅结于咽喉，则可表现为风寒咽痛。其病位在咽喉，咽通于胃，喉为肺系，肾经上循喉咙，结于廉泉，故本病与肺、胃、肾等脏腑关系密切。其基本病机是火热或虚火上灼咽喉。

宣老师认为，治疗咽痛需辨病新久，分清虚实。从咽部症状及病程长短分新久，根据伴随症状辨证施治。本案患者虽仅年过四十，但11年前有双侧卵巢切除病史，雌激素水平下降明显导致出现更年期症状，潮热盗汗，关节酸楚疼痛等，肝肾阴亏症状明显，加之平日劳累、情绪不佳耗伤气血，致虚火上炎，出现舌干咽痛的症状。故膏滋以补益肝肾、滋阴清热为主方兼以疏肝解郁。方用六味地黄丸合女贞子、旱莲草、制首乌、杜仲、沙苑子、枸杞子补肝益肾，龟甲胶滋阴养血，柴胡疏肝散疏肝解郁。正值冬令之际，考虑患者患病日久，故以膏方徐徐调之。

四、视歧

【验案】

李某，女，41岁，2018年12月28日初诊。

主诉：双眼复视1年，右眼斜视8个月。1年前患者用眼过度后出现双眼复视，伴视物模糊，休息后不可缓解，至西医医院就诊，考虑与患者10年前鼻咽癌接受放射治疗相关，予甲钴胺、注射用鼠神经生长因子、胞磷胆碱钠片对症处理，疗效不显。8个月前患者右眼出现内斜视，伴双眼眶麻木，严重时头皮麻木，右眼眶为著，于上海五官科医院就诊，诊断为“蝶窦囊肿”并进行手术，术后仍有双眼复视及右眼斜视。近来患者于我院行针灸治疗，自觉双眼疲劳感好转，仍有复视和斜视。胃纳尚可，夜寐安，二便调。舌红苔少，脉弦细。

中医诊断：视歧（肝肾亏虚）。

西医诊断：①复视；②鼻咽癌放化疗术后。

治则：补益肝肾，养血明目。

针灸处方：体针取穴，双侧阳白、攒竹、太阳、四白、臂臑、曲池、合谷、足三里、光明、三阴交、太溪、太冲，留针30分钟。

中药处方：熟地15g，生地6g，当归15g，萸肉6g，丹皮6g，泽泻6g，枸杞子12g，天麻9g，川芎9g，炒白芍9g，赤芍9g，炙甘草6g，青葙子9g，菟丝子9g。7剂，水煎服，日1剂，早晚温服。

按 复视，中医学又称为“视歧”，以视一为二为主要临床症状。《素问·大惑论》曰：“五脏六腑之精气皆上注于目而为之精……精散则视歧，视歧见两物。”正常的情况下，五脏精华之血、六腑清阳之气，皆上注于目，目窍得其濡养，则可睛明眼亮。《素问·痿论》云：“阳明者，五脏六腑之海。”《类经》谓：“阳明为合，谓阳气畜于内，为三阳之里也。”阳明经在里，蓄纳阳气充养内脏，故而五脏六腑精气不足皆可从阳明经入手治疗。

本案患者10年前有鼻咽癌病史，加以放射治疗，耗伤气血，加之平日作息无规律，病久累及肝肾，肝开窍于目，肝血亏虚，肾水不足，水不涵木，故见双眼复视，视物模糊。故予中药六味地黄丸、枸杞子、菟丝子补肝益肾，滋水涵木，川芎、炒白芍养血柔肝，天麻引药上行，使气血上荣于目。同时配合针灸治疗，取阳明经穴四白、足三里、曲池、臂臑、合谷，旨在通达阳明经气，因为阳明经为多气多血之经，针之可使气血旺盛，精气充足上荣于目则目明。阳白、攒竹、四白、太阳四穴分布于眼的四周，可疏通眼睛局部的经络气血，再配以阴经的三阴交、太溪滋补肝肾之精血。诸穴相合，局部与远道穴位相辅相成，使脉络得通，精气得充，眼目得养则症状自除。

五、耳聋病

【验案】

何某，女，56岁，2018年11月2日初诊。

主诉：右耳耳鸣伴听力下降1个月余。患者1个月余前因长期劳累出现右耳耳鸣，无头痛头晕等不适，当时未重视未治疗，后耳鸣逐渐消失，右耳听力开始下降，耳部闷塞感明显，时有心烦，腰膝酸软，夜寐一般。2018年10月22日于浙江省中医院耳鼻喉科就诊，诊断为“神经性耳聋”，予激素静脉滴注、营养神经药物治疗5天后，未见明显好转。舌红苔薄白，脉细。既往史：8年前输卵管腺癌手术史。

中医诊断：耳聋病（肝肾阴虚）。

西医诊断：①感音神经性耳聋；②输卵管恶性肿瘤术后。

治则：补益肝肾，升清聪耳。

针灸处方：体针取穴，耳门、听宫、听会、翳风、三阴交、太溪。

中药处方：熟地15g，萸肉12g，温山药15g，茯苓12g，泽泻9g，丹皮9g，牛膝12g，煅磁石30g，煅龙骨12g，菟丝子9g，炒白术9g，炒白芍6g，炙甘草6g。7剂，水煎服，日1剂，早晚温服。

按 感音神经性耳聋，是指听觉障碍或听力减退的一种疾病，多由于先天或后天性原因引起的耳蜗、听觉神经和听觉中枢的病变，使传入内耳的声波不能感受而致，尤其是暴聋者，病势急骤，可于片刻内达全聋，病变亦往往呈不可逆性。

耳聋之病名最早见于马王堆出土的《足臂十一脉灸经》，在《黄帝内经》中亦多有论述，并已把耳聋之病因分为外感和内伤两大类，还提及多种耳聋的针刺辨治。在病因上隋代巢元方在《诸病源候论》中认为耳聋虽有外感、内伤之别，但无不与肾虚有关，指出无论何因，皆“损伤肾藏而精脱”。宋代严用和在《济生方》中补充了七情所伤之因。金元之后，认识更趋深入，如朱丹溪从“热”立论，张景岳则以“闭”立论，把耳聋分为火闭、气闭、邪闭、窍闭、虚闭五种。从不同角度阐述和补充了耳聋的脉因证治。

本案患者年近花甲，有输卵管恶性肿瘤手术史，肝肾亏虚日久，精血不足不能上荣耳窍，故见耳鸣、耳聋，肝肾不足故有腰膝酸软，阴虚虚火上扰心神，故见夜寐不佳。主方以耳聋左慈丸加减，加以菟丝子增强补肝肾之效，炒白术、炒白芍养血柔肝，煅龙骨平肝潜阳。再加以针灸治疗，听宫穴为手、足少阳和手太阳三经之会，配合耳部足少阳胆经经穴听会，手少阳三焦经经穴耳门、翳风，共同开耳窍、通经络。三阴交为足少阳胆经、足太阴脾经、足少阴肾经的交会穴，配合太溪共奏补肝肾之效。针药配合，症状渐除。

六、瘖哑

【验案】

杜某，女，61岁，2018年11月20日初诊。

主诉：声音低弱半年。患者长期自觉身体不佳，中气不足，近半年来声音低弱，时有头晕，说话时间长时感乏力，胃纳偏少，大便偏干，小便无殊。睡眠每日4～5个小时，口干，易掉发。舌淡红，苔薄，脉沉细。既往史：曾手指麻木，颈部酸胀不适；有腰椎间盘突出病史，时有腰部酸痛乏力，伴有双侧大腿麻木，双膝怕冷。

中医诊断：瘖哑（肺气不足，肝肾亏虚）。

西医诊断：慢性喉炎。

治则：益气养血，补益肝肾。

膏方处方：别直参片20g，麸白术120g，茯苓120g，甘草60g，熟地120g，当归120g，川芎100g，麸白芍120g，赤芍120g，桔梗60g，柴胡60g，蜜黄芪300g，萸肉100g，山药300g，丹皮90g，制首乌120g，枸杞子150g，泽泻60g，女贞子120g，旱莲草120g，沙苑子120g，白蒺藜120g，石斛90g，淫羊藿300g，菟丝子90g，莲子90g，炒薏苡仁200g，炒酸枣仁150g，麸枳壳100g，郁金100g，陈皮90g，炒青皮90g，盐杜仲150g，牛膝150g，制狗脊120g。一料。

水煎浓缩，加入黄酒250g，东阿阿胶250g，龟甲胶250g，冰糖250g收膏，再加入芝麻100g，核桃仁100g制成小包装，冷藏备用。早晚服用一小包，外感或腹泻时停用。

按 瘖哑是指发音嘶哑甚至不能发声的疾病，《黄帝内经》称之为“瘖”。中医学认为，瘖哑与肺肾关系密切。古人认为“金水互生，病在肺肾”，又“肺为声音之门，肾为声音之根”。叶天士说：“金实则无声，金破碎亦无声。”以上都说明了这个道理。《景岳全书·杂证谟·声瘖》中提到，“瘖哑之病，当知虚实。实者其病在标，因窍闭而瘖也，虚者其病在本，因内夺而瘖也”。中医学认为本病多由脏腑功能失调所致。如调治失宜，耗伤阴精，咽喉失养，虚火上浮，或外感之邪壅结日久，气滞血瘀，伤阴耗液，皆可产生本病。

本案患者年过花甲，气血渐亏，肺气亏虚故见声音低，中气不足，头晕、乏力、脱发，津液不能上承，故有口干。肝肾不足，肝主筋、肾主骨，筋骨失养，故见颈腰部酸痛乏力、双侧大腿麻木、双膝怕冷等症。正值冬令时节，予膏方徐调之，八珍汤益气养血，桔梗开宣肺气，六味地黄丸、枸杞子、女贞子、旱莲草、沙苑子、菟丝子、淫羊藿补肝益肾，炒酸枣仁、制首乌养血生发，牛膝、制狗脊、盐杜仲补肝肾强筋骨。诸药合用，共奏益气养血、补益肝肾之效。

七、面痛

【验案】

谢某，女，70岁，2018年12月17日初诊。

主诉：右侧三叉神经痛反复发作1年，加重1周。患者1年前劳累后出现右侧面部疼痛，受寒、刷牙、进食均可诱发，休息后症状稍缓解。1周前疲劳后疼痛发作频率增加，右侧颞骨处至下颌电击样疼痛，口服卡马西平治疗，疼痛未见明显缓解。患者面色㿠白，疼痛发作时心情烦闷，胃纳一般，二便调，舌淡红苔薄白，脉弦。

中医诊断：面痛（血虚动风）。

西医诊断：三叉神经痛。

治则：养血柔肝，熄风止痛。

中药处方：甘草6g，葛根6g，川芎9g，柴胡6g，郁金9g，炒白芍12g，陈皮6g，当归12g，茯苓15g，炒白术12g，生地12g，羌活9g，全蝎2g，石斛6g。7剂，水煎服，日1剂，早晚温服。

次诊：患者诉三叉神经痛发作次数减少，疼痛程度较前减轻。夜寐易醒，舌淡红苔薄白，脉弦。遂以上方增减，处方：首乌藤15g，甘草6g，葛根6g，川芎9g，柴胡6g，郁金9g，炒白芍12g，陈皮6g，当归12g，麦冬9g，茯苓15g，炒白术12g，生地12g，全蝎2g，石斛9g。7剂，水煎服，日1剂，早晚温服。

后随访患者诉三叉神经痛发作次数及程度较前明显改善，故未再至医院就诊。

按 三叉神经痛是最常见的脑神经疾病，以一侧面部三叉神经分布区域内反复发作的阵发性剧烈疼痛为主要表现，女性略多于男性，发病率可随年龄而增长。三叉神经痛多发生于中老年人，以女性多见，右侧多于左侧。该病的特点是在头面部三叉神经分布区域内，发病骤发、骤停，闪电样、刀割样、烧灼样、顽固性、难以忍受的剧烈性疼痛。说话、洗脸、刷牙或微风拂面，甚至走路时都会导致阵发性的剧烈疼痛。疼痛历时数秒或数分钟，疼痛呈周期性发作，发作间歇期同正常人一样。

中医学认为三叉神经痛属于“面痛”范畴，又称为“面风痛”“面颊痛”。面痛的发生常与外感邪气、外伤、情志不调等因素有关。病位在面部，与手足三阳经、足厥阴肝经有密切关系。

本案患者年已古稀，气血渐亏，加之劳累耗伤更甚，气血亏虚不能濡养头面部，血虚肝无所养，虚风内动，上扰头面，故见电击样疼痛。面色㿠白、舌淡苔白均是血虚之象。治以四物汤养血活血，羌活、全蝎祛风通络止痛，生地、石斛养阴柔肝，柴胡、郁金、陈皮疏肝解郁，葛根引药上行至头面部。组方标本兼治，疼痛自解。

八、面瘫

【验案1】

李某，男，9岁，2018年8月5号初诊。

主诉：右侧口眼㖞斜1个月。患儿1个月前无明显诱因下出现右侧口眼㖞斜，右眼闭合欠佳，抬眉、耸鼻均受限，伴有右耳后疼痛，右眼泪多，无耳鸣耳聋、听觉过敏，无味觉减退，无四肢活动障碍，在当地中药外敷3天后，症状无明显缓解，后至某人民医院住院治疗，诊断为“右面神经麻痹”，予泼尼松、阿昔洛韦口服，甲钴胺肌内注射等药物治疗后，患者右耳后疼痛症状减轻，右侧口眼㖞斜症状无明显改善。小儿面色㿠白，体型瘦弱，平素胃纳欠佳，夜寐尚可，二便正常。舌淡红，苔薄，脉沉细。专科检查：右侧额纹消失，右眼闭合不全，眼裂0.1cm，右侧耸鼻不能，口角向左㖞斜，示齿右上1颗，鼓腮右侧漏气，右耳后压痛（-），四肢肌力5级，肌张力不高，腱反射（++），病理反射未引出。患者既往有5次面瘫病史，经头颅磁共振检查未见明显的颅内病变。

中医诊断：面瘫（气虚血瘀）。

西医诊断：面神经麻痹。

治则：益气养血，通络牵正。

中药处方：黄芪9g，当归3g，川芎3g，赤芍3g，地龙6g，红花3g，乌梢蛇6g，太子参9g，全蝎1g，僵蚕6g，六神曲6g，麦芽9g，炒稻芽9g，茯苓9g，甘草3g。7剂，水煎服，日1剂，早晚温服。

针灸处方：体针取穴，患侧攒竹、阳白、迎香、颊车、地仓。浅刺留针30分钟，一周2次。

服药配合针灸治疗一周后，患儿右侧面部症状逐渐改善。1月后已基本恢复正常。

【验案2】

任某，女，45岁，2017年5月29日初诊。

主诉：右侧口眼㖞斜1天。患者1天前疲劳后，晨起出现右侧口眼㖞斜，伴有右耳后疼痛，舌体麻木，无耳鸣、听觉过敏，无耳道疱疹，右眼眼泪不多。舌红苔薄白，脉浮。专科检查：右侧额纹浅，右眼闭合不全，眼裂0.1cm，左眼闭目欠紧，耸鼻差，口角向左㖞斜，示齿右上1颗，左上3颗，鼓腮右侧漏气，右耳后压痛（+），四肢肌力5级，肌张力不高，腱反射（++），病理反射未引出。辅助检查：2017年6月3日面听神经（含颞骨段）3T磁共振平扫+增强示双侧面神经脑池段周围未见明显占位性病变，右侧面神经膝状神经节及颞骨段较左侧增粗增强。既往史：7个月前曾有左侧面神经麻痹病史，留有后遗症状。

中医诊断：面瘫（风热袭络）。

西医诊断：面神经麻痹。

治则：疏风清热，牵正通络。

中药处方：全蝎3g，僵蚕9g，制关白附子5g，金银花9g，连翘9g，淡竹叶6g，葛根6g，甘草6g，络石藤12g，茯苓15g，米仁30g，丹皮6g。7剂，日1剂，水煎服，早晚分服。

中药治疗同时配合督脉神道穴粗针平刺治疗，每次留针2个小时，每周2次。

次诊：患者自觉右侧口眼㖞斜较前明显改善，右侧耳后及后枕部疼痛有所好转，遂以上方加减，处方：全蝎3g，僵蚕9g，制关白附子5g，淡竹叶6g，桑枝10g，葛根6g，甘草6g，络石藤12g，茯苓15g，米仁30g，丹皮6g，白芍12g，陈皮6g，川芎9g，羌活9g。7剂，日1剂，水煎服，早晚分服。

三诊：患者自觉右侧口眼㖞斜改善明显，已无右侧耳后及后枕部疼痛，查体：双侧额纹基本对称，双眼无明显眼裂，闭合欠紧，双侧耸鼻基本对称，示齿右上4颗，左上4颗。针灸治疗辅以中草药7帖，以疏风活血、牵正通络为主，处方：全蝎3g，僵蚕9g，郁金10g，桑枝10g，甘草6g，石菖蒲10g，石斛9g，茯苓15g，炒白术12g，米仁30g，白芍12g，川芎9g，陈皮6g，柴胡5g，炒当归10g。7剂，日1剂，水煎服，早晚分服。

【验案3】

肖某，女性，56岁，2018年2月26日初诊。

主诉：右侧口眼㖞斜2个月。患者2个月前无明显诱因下出现右眼发红、流泪、咽稍痛，当时无头晕头痛，无肢体活动异常，无感冒发热等不适。于当地诊所就诊考虑结膜炎，予抗感染治疗。次日患者出现右侧口眼㖞斜，伴右眼异物感，无耳后疼痛，无耳鸣耳聋，无听觉过敏，至当地医院诊断为"右面神经麻痹"，予口服激素、抗病毒药物及营养神经药物治疗并配合针灸治疗，上述症状未见明显改善。后予住院治疗1个月，患者面瘫症状较前改善。目前患者发病近2个月，右侧口眼㖞斜症状仍较明显。患者常有神疲乏力，平素胃纳一般，二便尚调，舌暗红苔薄白，脉细弦。专科检查：右侧额纹浅，右侧抬眉弱，右眼闭合不全，眼裂0.1cm，眼睑无发红，偶有流泪，右侧耸鼻不明显，口角向左㖞斜，示齿右上0颗，右下1.5颗，鼓腮右侧漏气，右耳后压痛（-），四肢肌力5级，肌张力不高，腱反射（++），病理反射未引出。

中医诊断：面瘫（气虚血瘀）。

西医诊断：右面神经麻痹。

治则：益气活血，通络牵正。

中药处方：黄芪30g，全蝎3g，川芎9g，赤芍12g，地龙6g，桃仁9g，红花6g，茯苓15g，陈皮6g，蕲蛇6g，炒当归12g，石斛9g，僵蚕9g。7剂，日1剂，水煎服，早晚分服。

【验案4】

王某，女，59岁，2018年8月25日初诊。

主诉：左侧口眼㖞斜4个月。患者4个月前疲劳后出现左耳疼痛，次日左侧口眼㖞斜，5天后出现耳郭内疱疹，至浙江省立同德医院就诊，予地塞米松磷酸钠、甲钴胺、阿昔洛韦静脉滴注治疗，现阿昔洛韦改为口服。目前左耳后仍有疼痛，无耳鸣，舌麻，味觉下降，左眼干，自觉时有乏力感，纳差，二便尚正常。舌体胖大，舌质暗苔薄白腻，脉细弦。既往有高血压病史。专科检查：左侧额纹微动，左眼闭合欠紧，耸鼻差，噘嘴差，鼓腮左侧漏气，示齿左上露尖。

中医诊断：面瘫（气虚血瘀）。

西医诊断：亨特综合征。

治则：益气活血，疏经通络。

中药处方：全蝎3g，赤芍9g，黄芪30g，炒白术9g，当归12g，地龙6g，桃仁9g，红花6g，陈皮6g，川芎9g，佛手9g，枳壳9g，厚朴6g，姜半夏9g。7剂，水煎服，日1剂，早晚温服。

按 宣老师治疗面瘫学验俱丰，对不同的面瘫患者通常采用分期辨证施治，难治的患者采用针药并用的方法。在方药方面，如风寒外袭型：患者多有面部受凉史，常表现为面紧拘急，僵滞不舒，或瞬目流泪，畏风无汗，或耳后疼痛，舌淡，苔薄白，脉浮紧等，治以疏风散寒通络，常以桂枝加葛根汤合牵正散加减。风热侵袭型：多有感冒发热、咽部感染、耳部疱疹等病史，伴有面部松弛无力，或耳后乳突疼痛、压痛，或咽喉疼痛，或耳鸣，舌木无味，舌红，苔薄黄，脉浮滑或浮数。治以疏散风热、通经活络，以牵正散合银翘散加减。气虚血瘀型：常有口眼㖞斜，日久不愈，闭眼无力及露白，患侧面肌虚胀无力，患侧口颊滞留食物或漏水，舌淡红，苔薄白，脉沉细弱。治以益气活血、通络止痉，方用补阳还五汤合牵正散加减。痰瘀阻络型：患者常表现为口眼㖞斜，日久不愈，说话或笑时口歪明显，眼闭不实或迎风溢泪，或面部板滞抽动，日久口角歪向患侧，舌红或暗红，苔薄白，脉弦细。治以化痰散瘀、通络牵正，方用牵正散合二陈汤、桃红四物汤加减。阴虚生风型：这一类型常见于后遗症期，表现为口眼㖞斜，日久不愈，面颊痉挛，拘急抽搐，兼见心烦、心悸、失眠、舌红、苔薄、脉弦细。治以滋阴熄风、通络止痉，方用六味地黄丸合牵正散加减。

验案1患者年仅9岁，先后有5次面瘫病史。初诊见患儿面色㿠白，体型瘦弱，平素胃纳不佳，考虑患儿“稚阳未充，稚阴未长”，肠胃柔弱，血气未充，经脉未盛，卫外功能未固。加之该患儿长期脾胃失运，气血生化乏源，机体卫外功能差，故致反复面瘫。该次面瘫，经辗转治疗1个月症状无明显改善。考虑应以扶正为先要，补气养血为主兼以活血通络牵正治疗，方以补阳还五汤合牵正散加减，黄芪补气，当归、川芎、赤芍、红花养血活血，全蝎、僵蚕、乌梢蛇、地龙搜风通络，六神曲、麦芽、炒稻芽助脾胃健运，消食化积，以生气血。并配合面部浅刺治疗，症状速愈。宣老师认为，小儿为“纯阳之体”，脏气清灵，对药物及针刺均反应敏捷，如能对症治疗，疗效较佳。

验案2患者7个月前曾有左侧面瘫病史，尚未完全恢复，留有后遗症，这次又由于疲劳后出现右侧面瘫症状，就诊时处于右侧面瘫的急性期，伴有耳后疼痛，舌红，苔薄白，脉浮数，此为风热袭络之象。故治拟急则治其标，缓则治其本为原则，先以疏风清热、通络牵正治之，以牵正散合银翘散为主方随症加减。同时考虑患者卫外不固、反复面瘫的情况，予配合粗针督脉神道穴平刺，疏通督脉经气，激发一身之阳，使阳气有效行使卫外功能，治疗面瘫的同时预防再发，以此标本兼顾。

验案3患者年近花甲，气血渐衰，加之平素胃纳不佳，气血生化乏源，故常见神疲乏力，面瘫治疗逾2个月，处于面瘫恢复期，经西药、针灸治疗症状改善不明显。考虑久病入络，气虚不能推动血行，面部失于气血濡养，故迁延不愈。舌暗红苔薄白，脉细弦，乃气虚血瘀之象。故治疗以益气活血、牵正通络方法，方用补阳还五汤合牵正散加减，黄芪味甘性温为补气之要药，方中重用黄芪以大补元气。气为血之帅，血液的正常运行，有赖于气的正常推动，若元气亏虚，无力行血，则血行缓慢，停留而瘀。《医林改错》云："元气既虚，必不能达于血管，血管无气，必停留而瘀。"故以补阳还五汤补气益气为主，兼以活血行血。诸药合用，可使气旺血行、瘀去络通。

验案4患者年逾花甲，劳累后出现左侧口眼㖞斜，西医予抗病毒、消炎治疗后，症状仍未缓解。患者年事已高，加之劳累后耗气太过，气虚明显，气虚不能推动血行，故兼见血瘀，神疲乏力、耳后疼痛不能缓解、舌体麻木均为气虚血瘀之象。予补阳还五汤为主方益气活血并加用全蝎搜风通络，诸药合用症状渐除。

以上4例面瘫患者，虽都以中药治疗，因病程、年龄不同，治法也不尽相同。宣老师在临证时，患者处于面瘫的急性期时多以祛邪通络为主，患者处于恢复期及后遗症期时多以扶正为主兼以通络治疗，中药配合针灸治疗常能收获良效。

九、痹证

【验案】

钱某，女，65岁，2017年6月22日初诊。

主诉：颈部不适20余年，加重2个月。患者20余年前因长时间伏案久坐后出现颈部酸胀疼痛，无上肢放射痛。患病期间自行予药膏贴敷、口服中成药，未系统治疗，颈部症状疲劳及受风受寒湿后加重，休息后可稍缓解。2

个月前患者疲劳后出现反复落枕，颈部疼痛症状加重，伴四肢无力、腰膝酸痛，睡眠不佳，无头晕头痛，无恶心呕吐。曾至当地医院就诊，予物理疗法、牵引治疗后症状缓解不明显。现患者颈、肩部酸痛，活动受限，时有腰膝酸痛，疼痛夜间加重，夜寐不佳。舌淡红苔薄白，脉细弦。专科检查：颈部生理曲度变直，活动受限，颈肩部肌肉紧张伴压痛，双肩关节活动明显受限，臂丛牵拉试验（+），双上肢前臂肌肉压痛，四肢肌力5级，肌张力不高，腱反射（++），双霍夫曼征（-），双巴宾斯基征（±）。辅助检查：颈椎MR示颈椎生理性曲度变直，颈5～7椎间隙狭窄，颈5～6椎间盘向后偏右突出，局部椎管继发性狭窄，颈6～7椎间盘膨出，颈椎退行性改变；肌电图示未见明显异常。

中医诊断：痹证（肝肾亏虚，风湿痹阻）。

西医诊断：颈椎病。

治则：补益肝肾，祛风除湿。

中药处方：独活10g，羌活9g，槲寄生12g，米仁30g，茯苓12g，苍术9g，川牛膝10g，杜仲10g，炒当归9g，川芎9g，炒赤芍12g，柴胡6g，炒白术12g，陈皮6g，蕲蛇3g。7剂，水煎服，日1剂，早晚温服。

按 颈椎病又称为颈椎综合征，是由于颈椎间盘退变，导致椎间隙变窄、椎间失稳、椎间盘突出或骨质增生，刺激或压迫颈神经根、脊髓、椎动脉或交感神经而引起的综合症候群。轻者头、颈、肩臂麻木疼痛，重者可致肢体酸软无力，甚至大小便失禁、瘫痪。病变累及椎动脉及交感神经时则可出现头晕、心慌等相应的临床表现。本病是中老年人的常见病、多发病。

颈椎病在中医学上属于“痹证”范畴。痹证是以肢体筋骨、关节、肌肉等处发生疼痛、酸楚、重着、麻木，或关节屈伸不利、僵硬、肿大、变形及活动障碍为主要表现的病症。因其发病多与风、寒、湿、热之邪相关，故病情呈反复性，病程有黏滞性、渐进性等特点。《素问》设“痹论”专篇，对痹证的病因及证候分类有明确的认识。就病因学而言，其认为本病的发生与感受风寒湿邪有关，如《素问·痹论》云：“所谓痹者，各以其时，重感于风寒湿之气也。”在痹证的分类上，可根据风寒湿的偏胜将其分为行痹、痛痹、着痹，如《素问·痹论》云：“其风气胜者为行痹，寒气胜者为痛痹，湿气胜者为着痹也。”

颈椎病是针灸科的常见疾病，对于急性的颈部疼痛，通过针灸治疗常能达到很好的疗效，而对于病久迁延的患者，针灸常能起到缓解作用，但症状容易反复。宣老师认为，这类患者在针灸的同时，配合中药内服治疗，标本兼治，可达良效。本案患者为老年女性，年过六旬，加之长期伏案工作劳伤筋骨，肝肾渐亏，气血不足，疾病迁延20余年。起居调护不慎，致风寒湿邪侵袭机体，致症状加重不能缓解，出现全身肢体酸痛症状。治以益肝肾、补气血、祛风湿、止痹痛之法，方以独活寄生汤为主方加减。羌活入太阳经去上部风湿，独活去下焦风寒湿邪，炒白术、米仁、茯苓健脾渗湿，槲寄生、川牛膝、杜仲补肝肾，炒当归、川芎、炒赤芍养血活血，蕲蛇通络止痛，柴胡升阳，诸药合用，症状渐除。

十、腰痛

【验案1】

吴某，女，64岁，2016年5月8日初诊。

主诉：反复右侧腰腿部疼痛伴右下肢麻木6年余。患者6年前因劳累受风寒后出现右侧腰腿部疼痛伴右下肢后外侧麻木，休息后稍缓解，劳累后加重，近日腰痛发作频繁，无法行走。经西药口服及推拿、牵引等治疗效果不明显。目前纳眠可，二便调。舌淡红，苔薄白，脉沉细。查体：腰椎生理曲度略直，右侧直腿抬高40°试验（+），右侧跟腱反射减弱，右足跟压痛，右踇趾背伸力下降，左侧正常。腰椎磁共振示腰4～5椎间盘突出、变性，腰5、骶1椎间盘突出，椎管狭窄。

中医诊断：腰痛（肝肾两虚，风湿痹阻）。

西医诊断：腰椎间盘突出症。

治则：滋补肝肾，祛风除湿。

针灸处方：中脘、下脘、气海、关元深刺，水分、气旁中刺，外陵（右）、下风湿点（右）浅刺，留针30分钟，然后针刺肾俞、大肠俞、次髎，得气即止，不留针。

中药处方：独活9g，桑寄生9g，当归10g，川芎9g，赤芍12g，山药30g，茯苓12g，盐杜仲10g，川牛膝10g，醋龟甲10g，陈皮7g，续断10g，生地12g，佛手12g。7剂，水煎服，日1剂，早晚温服。

针刺治疗后，患者直腿抬高右腿试验可至70°，腰腿痛明显减轻，右下肢麻木症状减轻。配合药物治疗加2次针灸后腰腿痛已除，右下肢麻木减轻。后继续巩固治疗，诸症消除。

【验案2】

缪某，男，51岁，2018年12月3日初诊。

主诉：腰背酸痛1年余。患者平素工作劳累，作息不规律，1年余前开始出现腰背部酸痛，无活动障碍，伴有视物模糊，偶有耳鸣、头晕症状，未至医院就诊。夜寐安，胃纳可，二便调。舌红苔薄白，脉弦。查体：血压198/110mmHg。初诊发现患者血压偏高，平素未接受血压控制治疗，建议同时心血管科就诊。

中医诊断：腰痛（肝肾阴虚）。

西医诊断：①腰痛；②高血压。

治则：滋阴益肾，疏肝养血。

膏方处方：酒萸肉100g，温山药300g，丹皮90g，泽泻90g，生地120g，茯苓150，熟地120g，旱莲草120g，炒白术120g，甘草60g，当归120g，女贞子120g，川芎90g，炒赤芍120g，炒白芍120g，沙苑子120g，枸杞子150g，川牛膝150，杜仲150g，制首乌150g，蒺藜120g，独活120g，槲寄生120g，续断120g，狗脊120g，千年健120g，石斛90g，羚羊角片15g，柴胡90g，郁金100g，香附120g，天麻100g，钩藤120g，三七片60g，丹参120g，石决明300g，陈皮90g，青皮90g，米仁300g，莲子90g。一料。

水煎浓缩，加入黄酒250g，木糖醇250g，龟甲胶405g收膏，再加入芝麻100g，核桃仁100g制成小包装，冷藏备用。早晚服用一小包，外感或腹泻时停用。

按 在腰痛的治疗中，《证治汇补》指出，“惟补肾为先，而后随邪之所见者以施治，标急则治标，本急则治本，初痛宜疏邪滞，理经隧，久痛宜补真元，养血气”，此处说明腰痛治疗需分清标本先后缓急的治疗原则，指导临床用药。《杂病源流犀烛》指出，“腰痛，精气虚而邪客病也……肾虚其本也，风寒湿热痰饮，气滞血瘀闪挫其标也，或从标，或从本，贵无失其宜而已”，说明肾虚是发病关键所在，风寒湿热的痹阻不行，常因肾虚而客，否则虽感外邪，亦不致出现腰痛。诚如《诸病源候论》云：“凡腰痛有五：一曰少阴，少阴申也，七月万物阳气伤，是以腰痛。二曰风痹，风寒着腰，是以痛。三曰肾虚，役用伤肾，是以痛。四曰腰，坠堕伤腰，是以痛。五曰寝卧湿地，是以痛。其汤熨针石，别有正方，补养宣导，今附于后。”

宣老师认为治疗腰痛应辨证施治，轻者可单以针灸或药物治疗，病久者可针药结合，针灸疏通经络，药物内调脏腑，使疗效持久。如《万病回春》曰："新痛宜疏外邪、清湿热；久则补肾，兼补气血。"《景岳全书》云："所以凡病腰痛者，多由真阴之不足，最宜以培补肾气为主。其有实邪而为腰痛者，亦不过十中之二三耳。"同时腰痛的治疗和康复密不可分，对于腰痛的危险因素采取预防性干预措施，如不坐卧湿地、夜宿室外、贪冷喜凉等，应注意保暖，免受风寒湿邪侵袭等。重要的是在日常生活中要保持正确的坐、卧、行体位，劳逸适度，不可强力负重，减少腰痛的发生风险。

验案1患者年逾六十，肾气渐衰，腰为肾之府，肾府失养。加之劳作损伤，耗伤阳气，风寒湿邪内袭，而致腰腿部疼痛、麻木。故先以针刺治疗，中脘、下脘、水分、气海、关元为主穴，气海、关元培肾固本，中脘、下脘、水分健脾利湿除痹。气旁增补肾气，外陵疏通经气，下风湿点祛风除湿，诸穴标本兼顾。治疗后患者症状明显好转，考虑患者患病日久，予中药口服巩固疗效。独活善治伏风，除久痹，且性善下行，以祛下焦与筋骨间的风寒湿邪。山药、佛手、茯苓健脾利湿。桑寄生、盐杜仲、川牛膝、续断以补益肝肾而强壮筋骨。当归补血行血，川芎、赤芍以活血止痛。诸药合用，共奏滋补肝肾、祛风除湿散寒之效。

验案2患者年逾五十，加之工作繁忙生活作息不规律，耗伤肝肾之阴，肝主筋、肾主骨，肾精亏虚，腰府失养，故见腰背酸痛。肝开窍于目，肾开窍于耳，故有视物模糊、耳鸣等症状。肝肾阴亏，不能制阳，阳亢于上，故见头晕。以六味地黄丸、四物汤加补益肝肾药物为主方滋补肝肾之阴，加以天麻钩藤饮平肝潜阳，辅以柴胡疏肝散等疏肝理气，三七片、丹参养血活血。诸药合用，共奏滋阴益肾、疏肝养血、平肝潜阳之效。

十一、月经先期病

【验案】

马某，女，40岁，2018年12月17日初诊。

主诉：每月月经提前4年。患者4年前生育二孩后，因照顾两个孩子起居而长期处于疲劳状态，月经每月提早10天，一般5天净，月经量少，色红，无血块。近期面部少量痤疮，面色潮红，食用羊肉等易发物后加重，手足心热，偶有心烦。胃纳可，二便调，夜寐一般。舌红苔薄少，脉细数。既往有面瘫史9年，现受风寒颈部及耳后有不适感。

中医诊断：月经先期病（阴虚动血证）。

西医诊断：月经不规则。

治则：滋阴凉血，补肾填精。

膏方处方：酒萸肉120g，温山药300g，丹皮90g，泽泻90g，生地120g，茯苓150g，熟地120g，女贞子120g，旱莲草120g，枸杞子150g，淫羊藿300g，沙苑子120g，蒺藜120g，炒白术120g，甘草60g，当归120g，炒白芍120g，川芎90g，炒米仁300g，莲子90g，石斛90g，制何首乌120g，太子参150g，柴胡90g，郁金100g，香附120g，陈皮90g，玫瑰花60g，代代花60g，青皮90g。一料。

水煎浓缩，加入黄酒250g，冰糖300g，龟甲胶405g，灵芝破壁孢子粉40g收膏，再加入芝麻150g，核桃仁150g制成小包装，冷藏备用。早晚服用一小包，外感或腹泻时停用。

按 月经周期提前7天以上，甚至10余天一行，连续3个周期以上者，称为“月经先期”，亦称“经期超前”“经行先期”“经早”“经水不及期”等。月经先期属于以周期异常为主的月经病，常与月经过多并见，严重者可发展为崩漏，应及时进行治疗。

《妇人大全良方》指出本病的病机是“过于阳则前期而来”，《普济本事方》中提出“阳气乘阴则血流散溢……故令乍多而在月前”。后世医家多宗“先期属热”之说，如朱丹溪有“经水不及期而来者，血热也”的见解，《傅青主女科》也提出，“妇人有先期经来者，其经甚多，人以为血热之极也，谁知是肾中水火太旺乎！夫火太旺则血热，水太旺则血多，此有余之病，非不足之症也，似宜不药有喜。但过于有余，则子宫太热，亦难受孕，更恐有烁干男精之虑，过者损之，谓非既济之道乎！然而火不可任其有余，而水断不可使之不足”。根据经血量的多少以辨血热证之虚实，有临证参考价值。

本病的病因病机主要是气虚和血热。气虚则统摄无权，冲任不固；血热则热扰冲任，伤及胞宫，血海不宁，均可使月经先期而至。月经先期的辨证重在观察月经量、色、质的变化，并结合全身症候及舌脉，辨其虚、实、热。一般而言，月经先期，伴见量多、色淡、质稀者属气虚，其中兼有神疲肢倦、气短懒言等为脾气虚，兼有腰膝酸软、头晕耳鸣等为肾气虚；伴见量多或少、色红、质稠者属血热，其中兼有面红口干、尿黄便结等为阳盛血热，兼有两颧潮红、手足心热者为阴虚血热，兼有烦躁易怒、口苦咽干等为肝郁血热。

宣老师认为月经以肾为本，以肝为养，因此需肝肾同调。本案患者生育二孩后，气血损耗严重，产后又照顾两个孩子起居，劳伤太过，肝肾阴血亏虚，虚热内生，故见月经先期，五心烦热，皮肤痤疮频发。故以六味地黄丸为主方配合枸杞子、沙苑子滋补肝肾，女贞子、旱莲草补肝肾清虚热，柴胡疏肝散合玫瑰花、代代花疏肝理气，莲子益肾固精等。患者阴血亏虚日久，正值冬令时节，故以膏方徐徐调之。

十二、月经过少病

【验案】

叶某，女，44岁。2018年12月14日初诊。

主诉：月经过少1年余。患者1年前因长期工作压力大，工作繁忙出现月经周期每次提前2～4天，月经前1周易感冒，经前1～2天偶有腹胀、腹痛，行经时月经量少，有少量血块；常有咽喉疼痛，伴少量痰，色黄；平素易上火、便秘，且怕冷，近年加重，便秘时痔疮易发作；胃纳可，夜寐安；舌红苔薄，脉细。月经周期24～26天，经期4天左右，末次月经：2018年11月18日。辅助检查：2018年9月21日子宫B超示宫颈囊肿。

中医诊断：月经过少病（肝肾不足，阴虚内热）。

西医诊断：月经不规则。

治则：补益肝肾，滋阴清热。

膏方处方：酒萸肉120g，怀山药300g，丹皮90g，泽泻60g，生地120g，茯苓120g，熟地120g，旱莲草120g，炒白术120g，甘草60g，当归120g，女贞子120g，川芎90g，赤芍120g，炒白芍120g，沙苑子120g，蒺藜120g，西洋参片60g，知母60g，黄柏60g，淫羊藿300g，杜仲150g，柴胡90g，牛膝150g，制何首乌120g，麦冬100g，乌元参90g，石斛90g，枳壳100g，枸杞子150g，郁金100g，香附120g，陈皮90g，青皮90g，佛手100g。一料。

水煎浓缩，加入黄酒250g，冰糖250g，龟甲胶405g收膏，再加入芝麻100g，核桃仁100g制成小包装，冷藏备用。早晚服用一小包，外感或腹泻时停用。

按 月经周期正常，经量明显少于平时正常经量的1/2，或少于20ml，或行经时间不足2天，甚或点滴即净者，称为“月经过少”，又称“经水涩少”“经水少”“经量过少”。

王叔和《脉经》中有“经水少”记载，认为其病机为“亡其津液”。《素问病机气宜保命集》以“四物四两加熟地黄、当归各一两”，治疗“妇人经水少血色和者”。《万氏妇人科》根据体质虚实，提出“瘦人经水来少者，责其血虚少也，四物人参汤主之”，以及“肥人经水来少者，责其痰碍经隧也，用二陈加芎归汤主之”。《医学入门》认为因寒因热均可导致月经过少，处理也有差别，如“来少色和者，四物汤。点滴欲闭，潮烦脉数者，四物汤去芎、地，加泽兰叶三倍，甘草少许……内寒血涩来少……四物汤加桃仁、红花、牡丹皮、葵花”。《女科证治准绳》指出“经水涩少，为虚为涩，虚则补之，涩则濡之”。

本病病机有实有虚，虚者精亏血少，冲任气血不足，经血乏源；实者寒凝痰瘀阻滞，冲任气血不畅。月经过少的辨证重在月经色、质的变化，并结合全身证候及舌脉，辨其虚、实、瘀。一般而言，月经过少，伴经色暗淡、质稀，或兼有腰膝酸软、头晕耳鸣等属肾虚；伴见经色淡、质稀，或兼有头晕眼花、心悸怔忡等属血虚；伴见经色紫暗、有血块，或兼有经行腹痛、舌紫暗或有瘀点等属血瘀；伴见经色淡红、质黏腻如痰，或兼有形体肥胖、胸闷呕恶等属痰湿。本病的治疗原则重在补肾养血，活血调经，虚者补之，实者泻之。

本案患者长期工作压力大，工作繁忙，耗伤人体阴液，加之年过四旬，肝肾渐亏，月经先期、量少，经前易感冒，常发咽痛、便秘等均为肝肾阴虚、虚火内扰的表现。治以补益肝肾、滋阴清热为主，方用知柏地黄丸合旱莲草、女贞子等补肝肾滋阴清虚热，牛膝、杜仲补肝肾，淫羊藿补肾阳，为“善补阴者必于阳中求阴”；四物汤养血活血，增液汤养阴增液行舟，兼以郁金、柴胡、香附疏肝行气，陈皮、青皮、佛手使人体气机正常，同时使养阴膏滋不会厚重而滞肠胃。诸方合用，补而不滞，清热而不寒。

十三、带下病

【验案】

唐某，女，41岁，2018年12月10日初诊。

主诉：白带偏多2年余。患者2年前出现白带偏多，至当地多家医院就诊，考虑“盆腔炎”，经治疗后白带偏多症状稍改善，现白带色透明、质稠，有时增多，月经正常。患者形体消瘦，面色苍白，诉时有腰膝酸冷，平时易疲劳，畏寒，工作与家庭压力均较大；夜寐安，胃纳可，二便调；舌淡红苔薄白，脉沉细；怀孕4次，顺产2孩；月经周期正常，经期5天左右，末次月经：2018年11月28日，无痛经。既往有双侧乳腺增生伴多发结节病史；右乳纤维腺瘤病史；宫颈多发囊肿病史。

中医诊断：带下病（肾阳亏虚，带下不摄）。

西医诊断：盆腔炎。

治则：温肾助阳，涩精止带。

膏方处方：酒萸肉120g，怀山药300g，丹皮90g，泽泻90g，生地120g，茯苓120g，熟地120g，旱莲草120g，炒白术120g，甘草60g，当归120g，淫羊藿300g，川芎90g，炒赤芍120g，炒白芍120g，沙苑子120g，冬虫夏草40g，女贞子120g，生晒参60g，蒺藜120g，炒米仁300g，莲子100g，柴胡90g，郁金100g，香附120g，枳壳100g，陈皮90g，青皮90g，佛手100g，独活100g，枸杞子150g，槲寄生120g，杜仲150g，川牛膝150g，鹿角片90g。一料。

水煎浓缩，加入灵芝破壁孢子粉40g，黄酒250g，冰糖250g，龟甲胶270g，阿胶150g收膏，再加入芝麻100g，核桃仁100g制成小包装，冷藏备用。早晚服用一小包，外感或腹泻时停用。

按 带下病是指带下量明显增多或减少，色、质、气味发生异常，或伴全身或局部症状者。带下明显增多者称为带下过多；带下明显减少者称为带下过少。带下量过多，色、质、气味异常，或伴全身、局部症状者，称为“带下过多”，又称“下白物”“流秽物”等。

本病始见于《素问·骨空论》中“任脉为病……女子带下瘕聚”。《诸病源候论》明确提出了“带下病”之名，并分“带五色俱下候”。《傅青主女科》认为“带下俱是湿证”，并以五色带下论述其病机及治法。古云“十女九带”就是说带下病为妇科常见疾病。

带下俱是湿证，故治疗以祛湿止带为基本原则。宣老师以辨证论治为基础，依据带下的量、色、质、气味特点，结合全身症状及舌脉，辨明阴阳虚实之证，再予中药对症治疗。在临床治疗上，根据患者不同的证型，或用清热解毒或清热利湿止带之法；或用健脾除湿止带之法；或用温肾固涩止带之法；或用滋肾益阴、除湿止带之法。因此，选方用药必须在辨证论治的基础上灵活应用。产后出现带下过多应考虑产后气血亏虚，冲任失调，任脉不固，带脉失约，而为带下量多。同时在诊疗过程中，需先明确带下过多的原因，若发现有赤带、五色杂下等情况，应当行妇科检查及必要的辅助检查，排除恶性肿瘤。

本案患者孕4胎，产2胎，反复胎产，损伤冲任，肾阳亏虚，封藏失职，阴液滑脱而下，故带下量多，时有腰膝酸冷、畏寒；肾精不足、脾胃失养，故见形体消瘦，面色苍白，易疲劳。故治疗以温肾助阳、涩精止带为法，方以龟鹿二仙胶血肉有情之品大补真元，淫羊藿、冬虫夏草、六味地黄丸补肾助阳，四物汤养血活血，川牛膝、杜仲补肝肾，强筋骨；并兼以柴胡疏肝散加减以疏肝解郁，炒米仁健脾渗湿，莲子收涩止带。诸方合用，滋阴填精，益气壮阳，带下得以固涩。

十四、产后病

【验案】

章某，女，52岁，2018年9月6日初诊。

主诉：小便失禁26年。患者26年前顺产1孩，产后半个月出现尿频，尿失禁，走动、下蹲、咳嗽均可引起小便自出，痛苦不堪，影响生活。经过浙江省中医院针灸及药物治疗后，症状较前改善。目前患者自觉时有神疲乏力，腰酸，腹部下坠感，颈肩部酸胀，夜尿频，量不多，近20年来性欲低下；疲劳时易头痛，心烦，平素怕冷，胃纳可，大便偏烂，一天2次。舌淡红，苔薄腻，脉沉细。月经史：产后月经量少，经期2～3天，周期正常，49岁绝经，白带正常。

中医诊断：产后病（脾肾阳虚，膀胱失约）。

西医诊断：盆底功能障碍性疾病。

治则：温肾助阳，健脾益气。

针灸处方：关元、气海、气穴（双）、气旁（双）、外陵、水分。

中药处方：龟板12g，鹿角片10g，炒党参15g，茯苓15g，怀山药30g，炒白术12g，陈皮6g，米仁30g，桔梗3g，甘草6g，莲子9g，菟丝子15g，淫羊藿15g，佛手10g，枸杞子12g，牛膝10g，杜仲10g。7剂，水煎服，日1剂，早晚温服。

治疗1个月后，患者诸症改善明显，小便失禁情况基本未出现，精神状态较前也大为改善。

按 女性盆底功能障碍性疾病，是指由于盆底支持结构缺陷薄弱、损伤及功能障碍等多种因素造成的盆腔脏器移位并引起各种盆腔器官功能异常的一组疾病，患病妇女可出现盆腔器官脱垂、尿失禁及性功能障碍。

流行病学调查显示，妊娠和分娩是女性盆底功能障碍性疾病的主要诱发因素。妊娠期随着子宫增大，重力作用对盆底的慢性牵拉造成不同程度的软组织损伤；妊娠期激素水平变化改变了盆底结缔组织的胶原代谢，导致盆底支持结构减弱；分娩时盆底受胎头挤压，盆底拉伸延长，肌肉高度扩张，使盆底发生去神经改变，结缔组织间连接发生分离等变化；难产、器械助产等易引起盆底及尿道周围组织及阴部神经的机械性损伤，这些都在女性盆底功能障碍性疾病发生过程中起重要作用。

压力性尿失禁是指喷嚏或咳嗽等腹压突然增高时导致的不自主的尿液自尿道外口渗漏，症状表现为咳嗽、喷嚏、大笑等腹压增加时不自主溢尿。压力性尿失禁是妇女，尤其是中老年妇女的常见疾病，严重影响患者的生活质量。90%的压力性尿失禁是解剖型压力性尿失禁，即尿道的高运动性引发的腹压增加时的不自主溢尿。早在2000多年前的《黄帝内经》中就有压力性尿失禁的记载，《素问·咳论》曰："膀胱咳状，咳而遗溺。""咳而遗溺"即"咳嗽遗尿""咳嗽遗溺"；"膀胱咳状"即咳嗽引起膀胱的遗溺症状，而不是膀胱病变引起咳嗽症状，说明压力性尿失禁与肺、膀胱关系密切。

宣老师认为在进行辨证施治后，产后早期进行盆底康复训练具有重要的预防意义。近年来盆底康复相当火热，因为经历妊娠、分娩的女性，盆底的肌肉、血管、神经、骨骼都会有不同程度的损伤，盆腔器官脱垂、尿失禁和性功能障碍等盆底功能障碍性疾病的发生率大大增加，严重影响生活质量。预防盆底功能障碍性疾病，加强盆底功能训练、及早发现治疗是关键。女性患者可通过改变不良生活方式、积极治疗慢性腹压增高类疾病（如慢性咳嗽、长期便秘等）或进行盆底肌训练来锻炼盆底功能。对于无法掌握盆底肌训练，无法坚持自行盆底功能锻炼的女性，可以到医院进行盆底康复治疗，加强盆底功能，预防肌萎缩，减少压力性尿失禁和盆腔器官脱垂等情况的发生，或在医生的专业指导下使用药物治疗。如出现疑似盆底功能障碍疾病时，应及时去医院确诊治疗，以免延误最佳治疗时间。

本案患者在产后半个月即出现尿频，实属产后病未及时治疗而致迁延不愈。中医学没有盆底功能障碍的概念，但是在治疗尿频、尿失禁上面中医学的辨证论治能有很好的疗效。本案患者因产后气血亏虚，未及时正确治疗，尿频尿失禁症状持续20余年，随着年岁渐长，久病耗损脾肾之阳气。脾阳不足，故见神疲乏力，大便稀烂，一日2行。肾元虚衰，肾失固摄，膀胱失约，故小便长期不能自控，下腹坠胀，夜尿频，肾阳不足，见性功能下降，月经量少，畏寒。故治以温肾助阳、健脾益气法，方用龟鹿二仙胶加淫羊藿、杜仲、菟丝子温补肾阳，参苓白术散益气健脾。配合腹针疗法，气海、关元大补元气，气穴增补肾气，水分利水祛湿，气旁疏通下焦经气，外陵活血化瘀。针药合用，共奏补益培本之效。

十五、绝经前后诸病

【验案】

郑某，女，56岁，2018年11月26日初诊。

主诉：颈腰部酸胀10余年。低头工作后颈椎处酸胀明显，无头晕，无手麻。久坐后腰部酸胀不适，无双下肢放射痛；平素手足冰冷，夜间睡眠差，凌晨2～4点易醒，醒后能再次入睡，易乏力；无潮热盗汗，无心烦；胃纳可，二便无殊，舌淡红，苔薄白，脉沉细。停经7年，无子宫肌瘤。既往史：颈椎、腰椎间盘突出史，髋关节滑膜炎病史，乳房结节病史。

中医诊断：绝经前后诸证（肝肾不足）。

西医诊断：更年期综合征。

治则：补益肝肾，强筋壮骨。

膏方处方：酒萸肉100g，怀山药300g，丹皮90g，生地120g，熟地120g，茯苓150g，泽泻60g，炒党参150g，枸杞子150g，炒白术120g，甘草60g，炒当归120g，川芎100g，炒赤芍120g，炒白芍120g，米仁300g，柴胡90g，独活120g，槲寄生120g，杜仲150g，川牛膝150g，续断120g，狗脊120g，淫羊藿300g，女贞子120g，旱莲草120g，炒枣仁150g，夜交藤150g，陈皮90g，青皮90g，郁金90g，香附120g。一料。

水煎浓缩，加入灵芝破壁孢子粉40g，黄酒250g，冰糖250g，龟甲胶405g收膏，冷藏备用。早晚各一匙开水冲服，遇感冒或腹泻时停服。

按 本案患者年近花甲，天癸竭，地道不通，肝肾渐亏。肝主筋，肾主骨，肝肾亏虚，则经脉无所养，加之长期伏案工作，出现颈腰部酸痛不适。患者平素夜寐差，凌晨2～4点容易醒，因女性一过七七之年，太冲脉衰，肝肾不足，肝血亏虚，阳不入阴，夜寐易醒。故以六味地黄丸、女贞子、旱莲草、杜仲、淫羊藿补益肝肾，续断、川牛膝、狗脊强筋骨，兼以炒白芍养血柔肝、柴胡疏肝散疏肝行气，炒枣仁、夜交藤养心安神。正值冬令时节，故以膏方徐徐调之。宣老师认为，女性绝经后，雌激素下降明显，骨质代谢紊乱，易出现颈肩腰背疼痛，甚者出现骨质疏松的情况，需要加强调摄，注意饮食补充、加强锻炼。症状严重者可配合中药、针灸治疗，可显著改善更年期的症状。

十六、阳痿

【验案】

应某，男，44岁，2018年12月17日初诊。

主诉：性功能障碍1年。患者对性生活欲望不足，自诉与妻子性生活约两三个月一次，经多院检查，无器质性病变；平素思虑较多，工作压力大，时有心烦，工作久坐后腰酸乏力明显，面部有少量痤疮，夜间睡眠易醒、梦多；胃纳可，二便调，舌淡红，苔薄白，脉细弦。

中医诊断：阳痿（肝郁气滞，肾精不足）。

西医诊断：勃起功能障碍。

治则：疏肝解郁，补肾填精。

膏方处方：酒萸肉120g，怀山药300g，丹皮90g，泽泻90g，生地120g，茯苓150g，熟地120g，女贞子120g，旱莲草120g，枸杞子150g，淫羊藿300g，菟丝子90g，别直参片60g，炒白术120g，甘草60g，当归120g，川芎90g，炒赤芍120g，炒白芍120g，炒枣仁150g，知母60g，沙苑子120g，蒺藜120g，柴胡90g，杜仲150g，牛膝150g，郁金100g，香附120g，炒米仁300g，首乌藤150g，陈皮90g，青皮90g，佛手100g。一料。

水煎浓缩，加入灵芝破壁孢子粉50g，黄酒250g，冰糖300g，龟甲胶370g，阿胶125g收膏，再加入芝麻150g，核桃仁150g制成小包装，冷藏备用。早晚服用一小包，外感或腹泻时停用。

按　勃起功能障碍是最常见的一种男性性功能障碍，男性除未发育成熟或已到性欲衰退时期外，性交时阴茎不能勃起，或虽勃起但勃起不坚，或勃起不能维持，以致不能进行或完成性交全过程的一种疾病，病程3个月以上。

本病《黄帝内经》中称为“阴痿”“筋痿”，直至明代周之干首次以“阳痿”命名该病，在《周慎斋遗书》中有“阳痿多属于寒”的记载。张景岳认为，此病“火衰者十居七八，火盛者仅有之耳”。傅青主说：“乃平日过于琢削，日泄其肾中之水，而肾中之火亦日消也，盖水去而火亦去，必然之理。如一家人口，厨下无水，何以为炊？必有水而后取柴炭以煮饭，不则空铛也。”此是水火相因、阴阳互根之理。至于思虑惊恐，损伤心肾，或湿热下注而致此病者，并不多见。现代医学认为，在临床上除极少数患者有器质性病变外，绝大多数系属功能性改变所引起。可知心肾亏损，水火不能相济，形成功能性改变，即命门火衰、宗筋弛纵之意也。

宣老师认为此疾病需先明确诊断，因为阳痿有功能性与器质性之别。除常规检查尿液、性激素外，还可做夜间阴茎勃起试验，或进行多普勒超声、阴茎动脉测压、阴茎海绵体造影等检查，确定有无阴茎血流障碍。排除器质性疾病之外，再进行辨证施治。

本案患者年过四十，平素工作压力大，心情烦闷，久之肝气郁结，致肝木不能疏泄条达，长期高强度工作耗伤精气，致肝肾精血不足，故出现宗筋失养而痿软不用。阴虚不能制阳，故虚火上炎，见面部散发痤疮，虚火上扰心神，夜间睡眠易醒、梦多。男子阴器为肝经循行部位，因此宜养肝血、疏肝行气；肾主藏精，内寓真阴真阳，故治疗男性勃起功能障碍应从肝肾入手。故治以疏肝解郁、补肾填精之法，方用逍遥散合六味地黄丸加减，加以别直参片大补元气、强身壮体，女贞子、旱莲草、知母养阴清热，枸杞子、沙苑子、淫羊藿补肾填精，杜仲、牛膝补肝益肾、强筋壮骨，佛手、陈皮、青皮疏肝理气；辅以龟甲胶、阿胶血肉有情之品，滋阴补血涵木益水，八珍汤、首乌藤、炒枣仁养气血宁安神。正值冬令时节，以膏方徐图之。

十七、汗证

【验案】

王某，男，63岁，2018年11月26日初诊。

主诉：容易出汗10余年。患者10余年前因长期疲劳，作息不规律出现动辄汗出症状，着急、说话后易出汗；体型消瘦，平素自觉乏力，常有腰部酸痛，足踝、右膝疼痛，脾气急躁，易动怒，胃纳一般，大便偏烂，1天2次，小便次数4～5次，夜间起夜2～3次，夜寐一般，舌淡红，苔薄白，脉弦细。既往有高血压病史，服药控制，目前血压控制稳定；有颈椎病病史30余年；体检发现血尿酸升高。

中医诊断：汗证（脾肾两虚）。

西医诊断：自发性多汗症。

治则：健脾补肾，益气固表。

膏方：炒白术120g，防风90g，制黄精150g，熟地120g，生地120g，酒萸肉100g，怀山药300g，泽泻90g，丹皮90g，茯苓150g，桂枝60g，炒白芍150g，柴胡60g，赤芍100g，川芎90g，郁金90g，炒米仁300g，莲子100g，生晒参90g，炒扁豆100g，甘草60g，陈皮90g，青皮90g，淫羊藿300g，夜交藤150g，炒枣仁120g，知母90g。一料。

水煎浓缩，加入灵芝破壁孢子粉40g，黄酒250g，冰糖250g，龟甲胶270g，鹿角胶108g收膏，冷藏备用。早晚各一匙开水冲服，遇感冒或腹泻时停服。

按　汗证是指由于阴阳失调，腠理不固，而致汗液外泄失常的病证。其中，不因外界环境因素的影响，而白昼时时汗出，动辄益甚者，称为自汗；寐中汗出，醒来自止者，称为盗汗，亦称为寝汗。

早在《黄帝内经》中即对汗的生理及病理有了一定的认识，明确指出汗液为人体津液的一种，并与血液有密切关系，所谓血汗同源。故血液耗伤的人，不可再发其汗。《景岳全书》对汗证做了系统的整理，认为一般情况下自汗属阳虚，盗汗属阴虚，但“自汗盗汗亦各有阴阳之证，不得谓自汗必属阳虚，盗汗必属阴虚也”。《临证指南医案》谓：“阳虚自汗，治宜补气以卫外；阴虚盗汗，治当补阴以营内”“尝因是而究之，汗者、津之泄也，津与气同类，气之所至，津即有之，以故知《内经》之言心为汗者，大矣哉。盖心是主阳之脏，阳乃火也，气也。故五脏六腑表里之阳，皆心脏主之，以行其变化。是故津者，随其阳气所在之处而生，亦随其火扰所在之处泄出为汗，其汗尽由心出也”。

本案患者年过花甲，长期劳作加生活调摄不当致脾肾两虚，阳气虚衰，卫表不固，故见动辄汗出。脾胃为后天生化之源，脾气虚衰，故见形体消瘦，神疲乏力，脾虚失运，故见大便偏烂，1天2次。肾气不足，则见腰部酸痛，足踝、右膝疼痛，夜尿频多。治以健脾补肾、益气固表法，方用参苓白术散益气健脾，合玉屏风散益气固表止汗，六味地黄丸、制黄精、淫羊藿补肾填精，兼以柴胡等药疏肝行气，炒枣仁、夜交藤、莲子养心安神。正值冬季，以膏方缓调之。

十八、不寐

【验案1】

贺某，男，65岁，2017年12月11日初诊。

主诉：睡眠障碍5年。患者5年前开始无明显诱因下出现睡眠障碍，夜间易醒，少量盗汗，时有咳嗽，晨起时自觉胸中有痰，不易咳出，痰色白，时有头晕，胃纳一般，时有胃胀，大便每天1～3次，有肩关节疼痛，舌质红，苔薄少，脉细弦。既往史：体检发现肺部结节，胆囊壁毛糙；血压偏高7年，未服药。

中医诊断：不寐（肝肾阴亏，虚热内扰）。

西医诊断：睡眠障碍。

治则：补益肝肾，清热安神。

膏方处方：萸肉90g，熟地120g，山药300g，丹皮90g，泽泻90g，茯苓150g，炒枣仁300g，川芎90g，知母90g，生地120g，夜交藤150g，沙苑子120g，白蒺藜120g，姜半夏100g，炒白术120g，天麻90g，当归120g，炒白芍150g，柴胡90g，女贞子120g，旱莲草120g，甘草60，香附120g，佛手片100g，郁金100g，枳壳100g，炙紫菀120g，杜仲150g，牛膝90g，制狗脊120g，桑枝60，川朴90g，赤芍120g，陈皮90g，小青皮90g，葛根60g，枸杞子150g，钩藤120g，石斛120g。一料。

水煎浓缩，加入黄酒250g，冰糖300g，龟甲胶405g，灵芝破壁孢子粉40g收膏，再加入芝麻150g，核桃仁150g制成小包装，冷藏备用。早晚服用一小包，外感或腹泻时停用。

患者服药后睡眠较前改善，咳嗽咳痰明显减少。

【验案2】

朱某，女，47岁，2018年11月13日初诊。

患者反复入睡困难5年余，多梦易醒，无明显出汗及发热，每天睡眠时间约3个小时，甚则彻夜不眠，醒后觉头昏、乏力，时发口疮，其间病情时有反复，平素性情急躁，无明显头痛，无耳聋耳鸣，无视物旋转，胃纳一般，二便调，舌淡红，苔黄，脉弦。

中医诊断：不寐（气血两虚，心肾不交）。

西医诊断：睡眠障碍。

治则：补气养血，交通心肾。

中药处方：党参10g，炒白术12g，黄芪12g，当归10g，甘草3g，茯神15g，制远志10g，炒枣仁15g，木香8g，大枣10g，黄连3g，肉桂3g。7剂，水煎服，日1剂，早晚温服。

患者服药后睡眠情况明显改善，入睡时间增加，有5～7个小时，醒来次数减少。

按 不寐是以经常不能获得正常睡眠为特征的一类病证，主要表现为睡眠时间、深度的不足。轻者入睡困难，或寐而不酣，时寐时醒，或醒后不能再寐；重则彻夜不寐。

不寐《灵枢·大惑论》中称为“不得卧”“目不瞑”，认为是邪气客于脏腑，卫气行于阳，不能入阴所致。直至东汉时期，张仲景丰富了《黄帝内经》对不寐的临床证候和治法的论述，补充了阴虚火旺及虚劳病虚热烦躁的不寐证，首创黄连阿胶汤及酸枣仁汤，一直沿用至今。宋代许叔微在《普济本事方》中论述了肝经血虚，魂不守舍，心神不安而发生不寐的病机，在服药上提出“日午夜卧服”的观点。延至明代，张介宾在《景岳全书》中将不寐病机概括为有邪、无邪两种类型，并归纳总结了不寐的病因病机及辨证论治方法。李中梓《医宗必读》指出不寐的病因有气虚、阴虚、水停、胃不和、痰滞五种，并根据病因的不同采用不同的治法。明代戴元礼《证治要诀》提出“年高人阳衰不寐”之论，说明不寐病因与阳虚有关。

宣老师治疗失眠以补虚泻实、调整阴阳为原则。验案1患者年过花甲，肝气渐衰，疏泄、条达失职，肝阴暗耗，营血不足，虚火上扰，肾阴同虚，精血不能互生，故症见夜寐不安，睡时盗汗，关节疼痛。肝失条达，肝木乘土，导致脾胃运化失常，故见痰湿内盛，虚火灼伤津液，故痰黏不易咳出，时有胃部胀满。治以补益肝肾、清热安神法，方用六味地黄丸滋阴补肾，天麻钩藤饮补益肝肾，镇肝熄风清热安神，酸枣仁汤养血安神、清热除烦，柴胡疏肝散合逍遥散疏肝和胃、理气健脾，二陈汤燥湿化痰、理气和中。诸方合用，以膏滋缓缓图之。

验案2患者长期彻夜不眠，醒后自觉头晕，乏力，心藏神而主血，长期不寐，耗伤心血，心失所养，肾水不能上济心火，虚火内扰，故见夜间多梦易醒，口中生疮。治以补气养血、交通心肾法，方用归脾汤益气补血、养心安神，交泰丸交通心肾，黄连苦寒，主入心经，擅泻心火，故能清心、降火、除烦，肉桂主入肾经，性主下行，引火归元，化气生津，同时又能制约黄连苦寒伤阴之性。两方合用，效如桴鼓。

十九、郁病

【验案1】

钱某，男，69岁，2017年9月20日初诊。

1月余前患者服用少量山豆根后出现胸闷头痛头晕，伴有心悸、心慌，恶心呕吐，无胸痛，无视物旋转，无意识障碍，遂至天台县人民医院住院治疗，查头颅CT示未见明显异常，予甲泼尼龙40mg静脉滴注一天2次，麝香保心丸、黄芪生脉饮等治疗后上述症状未见缓解。后就诊于浙江省中医院下沙院区针灸科，经住院检查及多科会诊后，考虑“焦虑状态”。经住院治疗后患者呼吸不畅，恶心呕吐缓解，但仍偶有头痛头晕、胸闷心悸，夜寐不安，舌淡红，苔薄，脉弦。专科检查：神志清，精神软，查体合作，眼球震颤（-），伸舌居中，颈2棘突旁轻压痛，臂丛牵拉试验（-），四肢肌力5级，肌张力不高，腱反射（++），双霍夫曼征（-），双巴宾斯基征（-）。

中医诊断：郁病（肝郁气滞，心神不宁）。

西医诊断：①焦虑状态；②颈椎病。

治则：疏肝理气，宁心安神。

中药处方：柴胡12g，郁金12g，陈皮12g，小青皮9g，枳壳12g，姜半夏9g，石菖蒲12g，益智仁15g，炒枣仁15g，夜交藤15g，当归12g，川芎12g，党参15g，熟地15g，白芍15g，茯苓15g。7剂，水煎服，日1剂，早晚温服。

二诊：患者诉头痛头晕较前稍轻，无明显胸闷心悸，遂继予上方增减，处方：柴胡12g，郁金12g，陈皮12g，小青皮9g，枳壳12g，姜半夏9g，石菖蒲12g，益智仁15g，当归12g，川芎12g，党参15g，熟地15g，白芍15g，茯苓15g。7剂，水煎服，日1剂，早晚温服。3个月后随访，患者基本无头痛头晕。

【验案2】

潘某，女，43岁，2018年10月22日初诊。

患者胸闷憋气、胃脘不适、咽喉部梗阻感半年，咽干口干，胸闷气短，善叹息，时有心烦，手指麻木，大便难解，3～4日1行。患者自述已行喉镜、胃镜、24小时动态心电图、心脏B超检查均无殊；雌激素、子宫、卵巢B超检查无殊。已就诊于浙江大学医学院附属邵逸夫医院、浙江省新华医院精神卫生科，诊断为“交感神经兴奋、自主神经紊乱”，服用氟哌噻吨美利曲辛片、乌灵胶囊后无明显改善。晚上睡眠佳、情绪不起伏时症状改善。舌红苔黄腻，脉滑。

中医诊断：郁病（肝郁内热，痰凝气滞）。

西医诊断：焦虑状态。

治则：疏肝清热，行气化痰。

中药处方：柴胡10g，黄芩9g，姜半夏9g，厚朴10g，苏梗10g，茯苓15g，陈皮10g，川芎10g，桃仁10g，丹参15g，葛根30g，蝉衣5g，僵蚕9g，制大黄3g，片姜黄6g。7剂，水煎服，日1剂，早晚温服。

按 焦虑症，又称为焦虑性神经症，是神经症这一大类疾病中最常见的一种，以焦虑情绪体验为主要特征，可分为慢性焦虑，即广泛性焦虑，以及急性焦虑，即惊恐发作两种形式。其主要表现为无明确客观对象的紧张担心，坐立不安，还有自主神经功能失调症状，如心悸、手抖、出汗、尿频等，以及运动性不安。

中医学将焦虑症归为郁病，考虑多由于情志不舒、气机郁滞所致，是以心情抑郁、情绪不宁、胸部满闷、胁肋胀痛，或易怒易哭，或咽中如有异物梗阻等症为主要临床表现的一类病证。郁有积、滞、结等含义。郁病由精神因素所引起，以气机郁滞为基本病变，是内科病证中最为常见的一种。而郁病中的脏躁发作时出现的精神恍惚、悲哀哭泣、哭笑无常，以及梅核气所表现的咽中如有炙脔、吞之不下、吐之不出等症，是郁病中具有特征性的证候。郁病日久，则常出现心、脾、肝、肾亏损的虚证症状。

绝大多数郁病患者发病缓慢，发病前均有一个情志不舒或思虑过度的过程。气机郁滞所引起的气郁症状，如精神抑郁、情绪不宁、胸胁胀满疼痛等，为郁病的各种证型所共有，是郁病的证候特征。郁病所表现的胸胁胀满疼痛，范围比较弥散，不易指明确切部位，一般多以胸胁部为主；以满闷发胀为多见，即有疼痛一般也较轻，胀满的感觉持续存在。郁病表现的各种症状，其程度每随情绪的变化而增减。随着社会压力的日益增加，在临床的诊疗中越来越多地可见以各种症状就诊的焦虑抑郁症患者。通常这类患者会以各种形式否认自己的焦虑抑郁情况，故在诊疗中问诊显得尤为关键，只有在不断的交流中才能发现疾病的真正原因，抓住疾病的本质，才能获得满意的疗效。

验案1患者，通过询问病史了解到患者平素脾气暴躁，常易动怒多疑，加之近日家中稍有纠纷，致气机不畅，肝郁气滞，气郁日久化火，上扰心神，故见胸闷心悸、夜寐不安；气机不畅，故有头痛头晕、呼吸不畅的症状。治以疏肝理气、宁心安神之法，方用柴胡疏肝散疏肝理气活血，酸枣仁汤养心安神、清热除烦，两方合用症状自除。

验案2患者年长期忧思过度，肝气郁结，肺胃失于宣降，津液不布，聚而为痰，痰气相搏，结于咽喉，故见咽中如有物阻、咯吐不出、吞咽不下；肺胃失于宣降，可致胸中气机不畅，而见胸胁满闷，胃脘不适；气郁日久化火，肠道津液烧灼，腑气不通。故治宜疏肝清热、行气化痰，方以大柴胡汤加减疏肝清热除满，方中柴胡、黄芩疏肝清热，制大黄清泻肠腑内热；合半夏厚朴汤行气散结，降逆化痰，方中主药姜半夏化痰散结、降逆和胃，厚朴行气开郁、下气除满。患者手指麻木，多因气滞血瘀结于经脉，故加以川芎、丹参、片姜黄、桃仁等养血活血化瘀。诸药合用共奏条达肝气、清泻里热、行气化痰之功。

第五章 学术成就

第一节 熟谙经典重病机

宣老师在临床上十分注重对中医经典著作的反复研读，她认为中医经典的理论思想是我们中医临床的基础，通过临证-学习-再临证的方式，才能真正感悟其中的含义，进一步引领我们进入新的理解层面。她认为针灸医师除了要阅读针灸的专著外，对于中医的经典基础也绝不能丢弃，她尤其推崇反复研读《黄帝内经》《伤寒论》《金匮要略》等。她认为很多经典理论对临床有非常大的指导意义，灵活运用得当将会受益无穷。现将她对部分经典理论的理解及与针灸临床的结合运用罗列一二。

一、“生病起于过用”的理解及临床指导意义

“生病起于过用”出自《素问·经脉别论》，经文指出，“故饮食饱甚，汗出于胃；惊而夺精，汗出于心；持重远行，汗出于肾；疾走恐惧，汗出于肝；摇体劳苦，汗出于脾。故春秋冬夏，四时阴阳，生病起于过用，此为常也”。张介宾注“五脏受气，强弱各有常度，若勉强过用，必损其真，则病之所由起也”，所谓“过用”即指超越常度，本意虽指五脏过劳而致病，事实上其在发病学上有着普遍意义，因而应将“过用”视为人体致病的普遍规律，人体疾病的产生，与外感六淫、内伤七情、饮食失节、起居失常、劳倦过度等因素密切相关，它是由于内在或外界各种因素发生异常变化，超过了人体的适应限度，损伤脏腑气血经络所导致的，而产生疾病的关键在于“过用”，此乃以整体观念为基础，以辨证论治为指导思想的疾病观，对于中医病因分析、病机阐释、养生防病，以及疾病论治各环节都具

有重要的指导意义。

（一）“过用”致病的主要因素

1. 劳倦“过用”

“形劳而不倦”，即人体适当的活动是维持健康的必要保证，正常的劳作与活动可以使人体气血通畅，筋骨强健，从而增强体质和抗病能力。“劳”指过度劳累，“倦”即倦乏，当劳累过度会产生形体、精神疲倦和脏腑功能的损乏，久而积劳成疾，包括形劳、神劳和房劳。《灵枢·九针论》谓：“久视伤血，久卧伤气，久坐伤肉，久立伤骨，久行伤筋，此五久劳所病也。”《素问·举痛论》则解释了劳倦致病的机制，劳则使人喘息汗出，外内皆越，故“劳则气耗”。《灵枢·大惑论》谓：“神劳则魂魄散，志意乱。”《素问·生气通天论》说：“阳气者，烦劳则张。”因而会造成精绝，反复积累到夏天可滋生煎厥。《素问·腹中论》提到“若醉入房中，气竭伤肝”，易导致妇女月事衰少不行。《灵枢·邪气脏腑病形》云：“若入房过度，汗出浴水，则伤肾。”以上均是劳倦伤身之例。

目前社会竞争压力日益增加，各年龄段人群都面临着不同的负担。学生学业压力大，长期伏案学习；中青年人工作节奏快，负担重；老年人协同抚养幼儿，负责家务，体力常超支。劳累过度，均易耗损阳气，长此以往，易生疾病。因此，注意劳逸结合，才能保持“正气存内，邪不可干”的状态。

2. 情志“过用”

《素问·阴阳应象大论》云：“人有五脏化五气，以生喜怒悲忧恐。”七情是人体对客观外界的反映，是人体与外界环境沟通的一种方式，也是人体与外界客观事物协调和谐的情感交流，但剧烈的情绪波动或长期持续的不良情感刺激，超过生理正常调节能力则属过用，成为内伤致病因素。《灵枢·百病始生》告诫人们，忧思伤心，愤怒伤肝，“喜怒不节则伤脏”，导致病从内生。《素问·阴阳应象大论》云：“暴怒伤阴，暴喜伤阳。”再如“怒伤肝”“喜伤心”“思伤脾”“忧伤肺”“恐伤肾”等。《素问·生气通天论》载“大怒则形气绝”，造成血郁于上，使人发生薄厥。《素问·举痛论》将七情致病影响脏腑气机的规律归纳为“怒则气上，喜则气缓，悲则气消，恐则气下，惊则气乱，思则气结”，指出“百病生于气也”。不言而喻，从生理之“人有五脏化五气，以生喜怒悲忧恐”，到病理之“喜怒不节”，愁忧不解，喜乐无极，盛怒不止，揭示了“过用”乃情志致病与演变为致病因素的前提条件，过激的情感，过重的精神压力，过多的欲望追求可直接导致脏腑气血的失调，气机失常而使精神情感病变，造成对人体的损伤，产生疾病。

现代社会繁重的压力，高涨的物欲，常使生活在其中的人们罹患精神问题，此类过用尤应引起重视。

3. 饮食“过用”

《素问·六节藏象论》云：“天食人以五气，地食人以五味。”水谷饮食乃人类生存的必要条件，《素问·六节藏象论》指出“五味入口，藏于肠胃，味有所藏，以养五气，气和而生，津液相成，神乃自生”。饮食过用致病一方面指饮食过量损伤脾胃，如《素问·痹论》中“饮食自倍，肠胃乃伤”；另一方面指偏嗜五味，日久形成体质因素，好发某些疾病。《素问·生气通天论》曰：“阴之所生，本在五味，阴之五宫，伤在五味。”此处说明五味偏嗜，不仅可影响本脏，造成五脏之气偏盛偏衰，而且可涉及其他脏腑变生多病；又曰：“膏粱之变，足生大丁”“因而饱食，筋脉横解，肠澼为痔，因而大饮，则气逆”。《素问·奇病论》云：“此人必数食甘美而多肥也，肥者令人内热，甘者令人中满，故其气上溢，转为消渴。”《素问·热论》则进一步指出“热病少愈，食肉则复，多食则遗”，认为热病患者饮食不当，可使疾病迁延不愈，提示人注意疾病康复过程中的饮食宜忌。由此可见饱食大饮、过食肥甘厚味及偏嗜五味等饮食过用是多种疾病发生或复发的原因。

现代医学认为，饮食过用不仅是胃肠道疾病的重要病因，也是营养性疾病、代谢性疾病、肿瘤、心脑血管疾病等的病因或诱发因素。临床上因饮食过用致病的例子随处可见，如过多摄食高脂肪高热量的食物，会引起高脂血症、肥胖症等；饮食不洁或不节可引起急性胃肠炎、急性胰腺炎、急性胆囊炎等；过量饮酒可引起酒精性肝硬化甚至肝癌。由此可见，人体依赖五味之滋养而生存，而“膏粱之变”“饮食自倍”等则表达了五味“过用”又反过来对人体造成伤害。

4. 气候“过用”

《灵枢·岁露论》曰：“人与天地相参也，与日月相应也。”人与自然界关系密切，自然界的变化对人体健康及疾病产生重要影响。《素问·生气通天论》认为人顺应自然界清净之气则阳气固密，虽有邪气外袭，也不能损害人体，其关键在于注重“因时之序”。《素问·至真要大论》指出“百病之生也，皆生于风寒暑湿燥火，以之化之变也”，正常的风、寒、暑、湿、燥、火六气可促进万物之生长发育，若太过或不及，如冬寒过甚，夏热过甚，秋燥过甚，春温过甚，使人体无法适应而呈现为“过用”时，即成为“六淫”，《素问·阴阳应象大论》所谓“风胜则动，热胜则肿，燥胜则干，寒甚则浮，湿胜则濡泄”。此时的六气就因“过用”而成为致病因素，此即《素问·六微旨大论》之“亢则害”。《素问·气交变大论》记载，五运太过与不及皆可成为致病因素，“善言应者，同天地之化”，强调了人体必须顺应四时阴阳变化。现代医学研究认为，气候异常往往为病原体提供了滋生和蔓延的条件，有时成为某些疾病复发、急性发展或流行的因素。

5. 医源“过用”

临床治疗疾病过程中应遵循《黄帝内经》中反复强调的“中病即止”“以平为期”和勿犯“过当则伤和”之误的告诫，如无用药指征而用药，用法和剂量不合理，用药非个体化，药物配伍不合理，不遵医嘱擅自用药等，均为不合理用药。药物过用，轻则损伤脏腑气血，重则致病，甚则死亡。《素问·五常政大论》谓：“大毒治病，十去其六；常毒治病，十去其七；小毒治病，十去其八；无毒治病，十去其九；谷肉果菜，食养尽之，无使过之，伤其正也。”目前，因药物过用所致药源性疾病已成为临床亟待解决的问题，像临床上滥用广谱抗生素引起致病菌耐药及真菌感染，国外滥用阿片类药物，引起的阿片危机等都是很典型的例子。医源性过用致病对医生和患者提出了要求，只要对症适用，此种过用致病是完全可以避免的。

（二）“生病起于过用”对临床的指导意义

1. 养生防病

过用则导致疾病，保持身体健康，应积极主动养生、预防疾病发生，处处要注意勿使“过用”，必须顺应自然界的阴阳变化，遵循客观规律，《素问·上古天真论》指出，“上古之人，其知道者，法于阴阳，和于术数，食饮有节，起居有常，不妄作劳，故能形与神俱，而尽终其天年，度百年乃去”，可见养生的重要原则是要做到“食饮有节，起居有常，不妄作劳”，说明“度”在养生中的重要性。在外应“虚邪贼风，避之有时”；在内宜保持“恬淡虚无，真气从之”，强调“精神内守，病安从来”，要求做到“志闲而少欲，心安而不惧，形劳而不倦”，《灵枢·本神》亦强调，养生“必顺四时而适寒暑，和喜怒而安居处”。《素问·生气通天论》倡导“谨和五味”，可使骨正筋柔，气血以流，腠理以密，谨道如法，则有利于健康长寿。《灵枢·九针论》谆谆告诫，口嗜而欲食之，“不可多也，必自裁也”，说明生活保健要注重适寒温，调五味，防疲劳，切勿“过用”。

2. 合理治疗

临床治疗中，首先应针对“过用”致病之病因、部位、性质，有的放矢，扶正祛邪，“以平为期”，使之恢复正常。《素问·至真要大论》云：“审察病机，无失气宜。”补不足，损有余，虚者补之，实者泻之，临床诊治须密切关注病因与人体疾病变化的内在联系。

其次，临证遣方用药、针刺等治疗的施用，亦应当适度，勿使之“过用”或“不及”，补偏救弊，更宜时刻不忘顾护脏腑阴阳气血的平衡。《素问·六元正纪大论》倡导“用寒远寒，用凉远凉，用温远温，用热远热，食宜同法”，将药食的使用与天时结合，告诫“反是者病”，文中还强调在治疗中，即使是“大积大聚”可攻之邪，也宜“衰其大半而止”，勿使过之而遗后患，倡导“无使过之，伤其正”的指导思想。

二、“肺合大肠”“肺与大肠相表里”的理解和针灸临床体会

（一）理论基础

脏腑相合、互为表里是中医藏象学说的重要组成部分。《灵枢·本输》曰：“肺合大肠。”“合”有相匹配、适合、聚合之意，在此可理解为肺与大肠之间生理功能相辅相成，这是《黄帝内经》对肺与大肠相关性的论述。脏腑相合中，脾与胃，肝与胆，肾与膀胱均是解剖位置相近的脏腑，惟“心肺独去大肠、小肠远”（《难经·三十五难》）。从解剖学的角度，肺居于上，而大肠居于下，两者相距甚远。而《黄帝内经》在论述肺与大肠之间到底是一种什么关系时，却并未直接论述，而是通过经络间接表明了二者之间的关系。《灵枢·经脉》关于手太阴肺经及手阳明大肠经的循行描述为“肺手太阴之脉，起于中焦，下络大肠，还循胃口，上膈，属肺……其支者，从腕后直出次指内廉，出其端”“大肠手阳明之脉，起于大指次指之端……下入缺盆，络肺，下膈，属大肠”，由此可见手太阴经属肺络大肠，手阳明经属大肠络肺，两经分别循行于上肢相对的内外两侧，并在食指端处交接。《灵枢·经别》中云：“手阳明之正，从手循膺、乳……走大肠，属

于肺，上循喉咙，出缺盆，合于阳明也。手太阴之正，别入渊腋少阴之前，入走肺，散之太阳（大肠）。上出缺盆，循喉咙，复合阳明。”两经又通过经别的离、合、出、入沟通了肺与大肠两脏腑，加强了经脉与脏腑的联系。《素问·血气形志》曰：“阳明与太阴为表里。”《灵枢·九针论》曰：“手阳明太阴为表里。”由此可见，早在《黄帝内经》中就已经提出了“肺与大肠相表里”的思想，即虽然肺和大肠在解剖结构上未直接相连，但手太阴经和手阳明经在经脉循行路线上内外相对、相伴而行、互相络属实现了脏腑的“肺合大肠”。

肺与大肠通过经络彼此络属，互为表里，因此肺和大肠在生理上密切相关，病理上相互影响。肺为华盖，在脏腑中居最高位，主宣发和肃降功能，肺主宣发则能使气血、津液输布全身，以发挥滋养濡润所有脏腑的作用；大肠最重要的生理功能是传化糟粕，因此有“传导之官”之称，大肠的气机宜通宜降。两者功能之间有着密切的联系，如《素灵微蕴》曰：“肺与大肠，表里同气。肺气化精，滋灌大肠，则肠滑便易。”肺气宣发，精微津液输布正常，大肠得以濡养，则肠滑而传导有力。肺主宣发，大肠主通降，宣降相对，才能保证肺与大肠的正常生理功能。否则，肺不宣发，可导致大肠通降过度；大肠通降不足，亦可导致肺气上逆，如《医经秘旨》曰：“肺气壅，大便频。”肺与大肠气机升降相对，互相牵制。

再者，肺与大肠的气机升降也是统一的。肺主肃降，肺吸入自然界之清气，行气于大肠，肠腑通降，可传导糟粕，实现大肠“传导之官，变化出焉”的功能。如《杂病源流犀烛》中提到，“肺主气，上连喉系，下通心肝之窍。司呼吸出入居上以镇诸脏，而压糟粕，以行于大肠，出纳清气，以出浊物，所受者太阳之阴，以固阳气”；《中西汇通医经精义》曰：“大肠之所以能传导者，以其为肺之腑。肺气下达，故能传导。”《妇人大全良方》说：“肺主气，肺气不降，则大肠不能传送。”《医旨绪余》有“肺色白，故大肠为白肠，主传送浊秽之气下行，而不使上干于心肺，所谓传泻行道之府也”之记载。大肠以通为用，肺气以降为和，通、降相互影响、互为根本。

最后，大肠的另一项功能是主津液，即大肠参与水液代谢。大肠接受小肠泌别清浊之后，对传入大肠中的水分进行气化作用。有用的水液经气化作用被人体重新吸收，无用的水液则被排出体外。同时大肠只有保持足够的津液，才能完成传导功能。肺则通过宣发作用将从大肠重新吸收的津液输布全身，同时通过肃降作用将津液传导至大肠，保证大肠的水液代谢平衡，两者共同协作调节人体的津液传化。正如唐容川在《中西汇通医经精义》中所说："肺气传输大肠，通调津液，而主制节，制节下行，则气顺而息安……大便调。"肺失宣降，大肠传导功能受限，均能影响彼此的正常功能。如大肠实热秘结，肺气不利而喘咳满闷；肺阴不足，则肠枯便秘，肺气虚而无力推动，也引起排便困难。亦如《血证论》曰："肺移热于大肠则便结……肺气不降则便结。"

（二）临床应用体会

宣老师将"肺合大肠""肺与大肠相表里"理论应用于临床中呼吸系统、消化系统及相关疾病的治疗，脏病可以治腑，腑病可以治脏，或脏腑同治。

1. 脏病治疗

呼吸系统如反复呼吸道感染、哮喘、慢性阻塞性肺疾病等治疗时都需要考虑肠道功能是否正常，这些疾病的急性期因肺失肃降，影响大肠传导功能，导致腑气不通，而肠道壅滞，浊气不降，使咳嗽、气急等症状加重，缓解期往往会表现为脾肺气虚的现象，如咳嗽咳痰，伴大便溏薄或便秘，使咳嗽、气急等症状日久不愈，治疗时须时时顾及脏与腑。

肺者主气，司呼吸，开窍于鼻，易受外邪侵袭，邪犯于肺，肺失宣降，气机壅遏上逆，而致咳嗽咳痰等症，反复发作耗伤肺气，肺气虚弱则更易感受外邪，日久影响脾肾。针刺治疗咳嗽时，除了应用止咳化痰的肺经经穴，还可以选用大肠经穴位，如大肠经的合穴曲池。肺与大肠相表里，针刺曲池可以宣通肺气、通腑泻热。还可以加太冲治疗木火刑金，久病者需要用足三里、三阴交等穴健脾和胃扶正、培土生金。如此用穴得当才能使咳嗽速愈。

2. 腑病治疗

腑病治疗主要是用于肠道疾病的治疗，尤其是各种原因引起的便秘，可以考虑结合从肺论治，有良好效果，如哮喘痰热壅肺伴便秘，需要宣肺泻热通腑，气虚型习惯性便秘则需要补肺气调五脏，有利于促进大肠蠕动功能，气足则便得以通。

"大肠者，传导之官，变化出焉"，大肠司传送糟粕而排泄之职，因肠道受损，气机阻滞，大肠传导功能失常而致便秘，病变日久，伤及五脏六腑，功能难以恢复，"肺合大肠"，肺主气，当久病伤及肺气，影响大肠的传导功能时，针刺肺俞，补肺气有助于宣通全身气机，达到促进大肠传导的作用。选用相关的督脉穴位、夹脊穴、膀胱经穴，能提升全身的阳气，调节五脏六腑的功能，从而促使便秘等疾病痊愈。

3. 相关疾病治疗

肺开窍于鼻，肺主皮毛，当治疗鼻炎、慢性荨麻疹、痤疮等疾病时根据“肺合大肠”理论，注意调节肺、大肠功能，往往能提高临床疗效 。中医学认为“鼻为肺之窍，咽为肺之门”，鼻与喉接通于肺，故是呼吸道的门户。鼻的嗅觉、喉的发音均与肺气的强弱有关。《灵枢·脉度》曰：“肺通气于鼻，肺和，则鼻能知臭香矣。”故临床上发现肺脏有病，鼻和喉的病变往往首当其冲，且风热易缠于鼻咽之间，可以说鼻塞、咽痒或痛，是呼吸系统的主要兼症，甚则久留不解，成为再发肺系疾病的祸根。因此，呼吸系统疾病发作缓解期必须注意鼻咽部炎症的治疗。又《素问·痿论》云：“肺主身之皮毛。”《素问·咳论》曰：“皮毛者，肺之合也，皮毛先受邪气，邪气以从其合也。”《素问·经脉别论》曰：“肺朝百脉，输精于皮毛”“肺者，气之本，魄之处也，其华在毛，其充在皮”。金代张元素《医学启源》曰：“肺者……外养皮毛，内荣肠胃，与大肠为表里。”皮肤的疾病往往是内脏失于调理的外在表现，“有诸内必形诸外”，因此皮肤病的治疗可以从肺和大肠论治。鼻咽部的疾病和皮肤病不及时治愈往往也会引起肺与大肠的相关疾病。

宣老师认为“肺合大肠”“肺与大肠相表里”理论有其明显的科学性和实用性，但在临床应用中不能拘泥，当审因论治，辨证运用，方能提高临床疗效。

三、“病痰饮者，当以温药和之”的理解与针灸临床运用

“病痰饮者，当以温药和之”，语出张仲景的《金匮要略》。它非常精辟地揭示了痰饮的病因病机、治疗原则和方法，并成为后世医家治疗广义痰饮病的总则。但后世多将其运用于中药的治疗上，鲜有将其运用于针灸临床。现将宣老师对此的理解与临床应用做一整理，以供后人参考。

（一）痰饮的病因病机

《素问·经脉别论》曰：“饮入于胃，游溢精气，上输于脾。脾气散精，上归于肺，通调水道，下输膀胱。水精四布，五经并行。”这是人体水

液正常的输布与代谢过程，是肺、脾、肾、三焦、膀胱等脏腑相互协调配合的结果。肺气的宣化，可以通调水道；脾气的运化，可使津液上行，濡养心肺，水湿下行，渗入膀胱；肾气的温化，既可助脾运化水湿，又可加强膀胱气化功能。若阳气衰微，肺不能通调水道、脾不能运化水湿、肾不能温化水液，水湿停留于局部则形成痰饮病。其中尤以脾阳不运为病之关键。脾病既不能助肾以治水，又不能散精以归肺，中州失运，则升降失常；清浊相混，则湿聚为饮；饮发于中，随处留积，而成痰饮。如《素问·汤液醪醴论》所说“五脏阳以竭也，津液充郭，其魄独居”。

（二）《金匮要略》中痰饮的含义及分类

“痰饮”的病名最早见于《金匮要略》，古时“痰”字本作“淡”，在晋唐时，如《脉经》《千金翼》中，均作“淡饮”。唐代释玄应《一切经音义》云：“淡饮，谓膈上液也。”淡与澹通，是水液摇动的意思。《说文解字》云：“澹，水摇也。”故丹波元坚《杂病广要》谓：“痰本作淡，淡，澹通，澹水动也，故水走肠间，名为淡饮。今之痰者，古之云涕、云唾、云涎云沫是也。”不可不知。直到宋代杨仁斋《仁斋直指方》，将饮与痰的概念做了明确区分，饮清稀而痰稠浊。东汉末年所著的《金匮要略》中的“痰饮”即饮邪为病，且偏于寒饮，“痰”仅作“饮”的修饰语。

痰饮有广义和狭义之分，广义的痰饮是指《金匮要略·痰饮咳嗽病脉证并治》所划分的四饮：痰饮、悬饮、溢饮、支饮。狭义的痰饮是指四饮之中的痰饮。

“以温药和之”适用于广义的痰饮还是狭义的痰饮，医家们有不同的理解。有学者认为“病痰饮者，当以温药和之”中的痰饮指狭义痰饮。《金匮要略·痰饮咳嗽病脉证并治》提出“病痰饮者，当以温药和之”的同时，还提出了“病溢饮者，当其发汗，大青龙汤主之，小青龙汤亦主之”“病悬饮者，十枣汤主之”，故“温药和之”乃狭义痰饮的治疗大法。这样就得出在此篇中一种病对应一种治疗大法的结论。但通观《伤寒论》和《金匮要略》，仅此一例，因此可能不符合张仲景本意，也不太符合辨证论治的基本原则。同时从“温药和之”的对象上来看，饮邪是肺脾肾功能失常致体内水液运行障碍所引起的，其性属阴，遇寒则凝，得温则行，且最易伤阳。“寒者热之，热者寒之”，故当用温药，以达到治病求本的目的。虽然四饮之为病，各有不同，但基本病因病机是一致的。故宣老师认为“病痰饮者，当以温药和之”中的“痰饮”应该是指广义的痰饮。

（三）“当以温药和之”中“温”的内涵

痰饮的形成总由人体阳气虚弱或受遏，运化失司，气化无力所致，而痰饮多属阴邪，易伤阳气。所以治疗痰饮，须从根本出发，而温药恰有振奋阳气、开发腠理、通行水道之作用，使人体恢复正常的水液运化状态，则痰饮的生成自然减少，此乃求本之法，是对本虚而创，故用温药是其治本大法。正如秦伯未老先生提到的，善治痰饮者，首先当使痰饮不生或少生，此其一。对于已成之饮邪，用温药使人体阳气得以振奋，三焦得以通利，大气得转，水精四布，五经并行，痰饮自然得消，饮不复聚，则病证自愈。故此“温”亦是针对饮邪性质所提出的治则，使饮邪得化，而达到祛除邪气的目的，此其二。温药属四性中的温性，但不一定局限是温性的药物，辛温、苦温、甘温等温性方剂也当包括在内。且按照饮停部位的不同，可选用不同的温性方药。如饮停上焦胸胁，可用桂枝、细辛等；饮停中焦肠胃，可用生姜、干姜、半夏、白术；饮停下焦，可用附子、肉桂、细辛，此其三。因此，“温”字既揭示了饮邪的性质和致病特点，又简练地概括出了治疗饮邪的基本原则和根本大法，对后学者的启示极大。

（四）对“和之”的理解

关于“和”在此句中的理解，无论是以前，还是现在，争论都很多。有学者研究表明：《伤寒论》中使用“和”字50多处，《金匮要略》中所用的“和”字，除了表示混合药物的意思之外，还有13处。有用作形容词，表示身体处于一种健康状态，如“口中和、表和、自和、胃和、津液自和”等词汇，如果人体某处阴阳平衡失调，出现疾病表现，就称为不和，如“里未和、睛不和、胃不和”等词汇；有用作动词，表示用药物使身体不和之处归于“和”的状态，共有5处：“可与小承气汤，微和胃气”“以小承气汤和之”“与小承气汤，和之愈”“以小承气汤，少少与，微和之”“当和胃气，与调胃承气汤”。“病痰饮者，当以温药和之”中的“和”应该属于后面一种。

“和之”言下之意有三：①温药虽能温脾复阳，振奋全身阳气，运化水湿，但过用亦燥烈伤阴，因此切勿攻之太过，补之太急。攻之太过则更伤人体阳气，致旧邪虽去，痰饮复生；补之太急则标实太盛，犯实实之诫，反致留邪。因此治痰饮不可过用大辛燥烈之品，只宜用药性较平和之温药，以病去为度，这也是张仲景在治疗痰饮时常用桂枝、干姜、白术，而少用附子、肉桂大辛大热之品的原因。②在温阳的同时，还有行、消、开、导之意，从而使温而不燥，温而不腻，而水有出路。正如魏念庭在《金匮要略方论本义》中论述“言和之则不专事温补，即有行消之品，亦概其义例于温补之中，方谓之和之，而不可谓之补之益之也。盖痰饮之邪，因虚而成，而痰亦实物，必少有开导。总不出温药和之四字，其法尽矣”。③治疗痰饮的目的是使人体阴阳平衡，脏腑功能恢复正常。虽然温法是治疗此疾的治疗大法，但只要能使人体达到和的状态，根据具体情况，其他的治疗方法也可应用。

“和”字不仅体现出一种治病的方法，更重要的是它在强调一种中医思想。《素问·生气通天论》中云：“凡阴阳之要，阳密乃固，阳强不能密，阴气乃绝。故曰阴在内，阳之守也，阳在外，阴之使也，两者不和，若春无秋，若冬无夏，因而和之，是为圣度。”从这可以看出，处于一种和谐平衡的状态对于五脏六腑来说最为重要。只有他们各守其位，各司其职，人体才能有“阴平阳秘，精神乃治”的健康状态。而当人体处于疾病状态时，这种和谐就不复存在。在痰饮中运用“温”法治本，“行、消、开、导”四法治标，使肺、脾、肾、三焦、膀胱等脏腑恢复到相互协调配合的“和”的状态，则病愈。《金匮要略》中论述了根据痰饮的标本虚实、表里寒热、病变部位、病情趋势得出的相应治法，以及用药和服药后的护理中均体现出了“和”的思想，其目的都是尽快让患者恢复至健康时阳气振奋、三焦通利、大气得转、水精四布、五经并行的阴阳平衡状态。因此“和”不仅高度概括了仲景治疗疾病的组方原则，而且集中体现了中国传统的天人合一、中庸之道的思维方式和他的辨证论治思想，可以说“和”是张仲景学术思想的核心。

（五）该理论的临床应用

“病痰饮者，当以温药和之”一直以来是后世治疗痰饮病的准绳。张仲景不仅在痰饮的形成和性质上给后人以指示，在治疗方法上也提示我们，治疗痰饮要以“温药和之”。故“痰饮”治法重在温化，所有开肺行气、涤痰、祛饮、攻下逐饮、发汗等“行、消、开、导”之法均属治标之法，两者既要区别，又要联系，不可偏废。同时，治标治本之法的应用既要有度，又不能局限。临床上要根据病情的轻重缓急，辨证论治，根据具体情况采用不同的治法以祛除疾病。中药方剂治疗痰饮内容丰富，著述繁多，各有特色，同时针灸治疗痰饮疾病时也有其独特疗效。针灸在温补治本时，可选用足太阳膀胱经、任脉和督脉及临近经脉上的腧穴，如气海、关元、足三里、中脘、阴陵泉、水分、天枢、命门、腰阳关、脾俞、气海俞、关元俞、大肠俞、肾俞等腧穴，祛痰治标时可取足阳明胃经和足太阳膀胱经中化痰穴位，如人迎、水突、气舍、缺盆、气户、梁门、归来、足三里、丰隆、内庭、膈俞、脾俞、胃俞、三焦俞、委中等，其他“行、消、开、导”之法均能取相应的穴位而达到较好的治疗作用。因此，只要能准确辨证论治，灵活取穴，针灸并用，治疗痰饮的疗效亦十分显著。

痰饮总属阳虚阴盛、本虚标实之候。其本为脾肾虚寒，其标为饮邪充斥肺胃，治疗应以“温药”温补脾肾、益气化饮，以“和”为度，强调在痰饮治疗过程中对邪正双方“度”的动态把握，以及祛除痰饮、恢复机体生理功能的调和要领。“温药和之”既包括治本之原则，又涵盖了治标之法度。在临床上运用时，应辨别其标本缓急及兼夹症，详审病机，分辨饮停部位，抓住痰饮本虚标实这一特点，结合患者的具体情况，灵活运用。

四、学术成果

相关论文：

（1）六经辨证与针灸疗法关系探析（2008年）。

（2）金文华针灸经验撷菁（2008年）。

（3）针刺胃肠下合穴治疗消化系统疾病举隅（2009年）。

（4）“肺合大肠”理论在针灸临床的应用（2010年）。

（5）“病痰饮者，当以温药和之”的认识与运用（2012年）。

（6）浅谈《黄帝内经》药熨（2014年）。

第二节　凡刺之真先治神

“凡刺之真，必先治神”出自《素问·宝命全形论》，其意在于强调治神在针刺中的重要性，旨在表明治神是针刺取得良好疗效的基础和前提。学习和运用经典理论，正确理解和应用治神理论对提高针灸疗效、促进针灸事业的发展有着非常重要的意义。

一、治神之含义

1. 治的本义

治字，部首：氵，从水，基本字义包括管理、处理、整理、安定等。引申义包括治水、整治、修治等。《辞源》注释：①管理，如治国、治家。②有秩序，安定，与乱相对，如大治、治世。③治理、整理，如治河。④研究，如治学。⑤医疗，如治病。⑥惩处、扑灭，如治罪、治蝗。《孟子・告子下》曰："禹之治水，水之道也。"此处做"修治"讲。《周礼・大宗伯》曰："治其大礼。"注："治，犹简习也"，原本指的是道家的修炼手段。故纵观《黄帝内经》的成书年代，《黄帝内经》中的治神之治应是长期的修炼、训练、调节之义。

2. 神的含义

神，其原始含义是指天神。早在春秋战国时期神被升华至哲学意义。神的概念在中医理论体系中，被赋予诸多与生命密切相关的特征，生命活动所主要涉及的精神意识、思维活动、情感表达及相关生理功能与病理变化等几个方面，在中医理论体系中均可以"神"统称之。《素问・八正神明论》云："帝曰：何谓神？岐伯曰：请言神，神乎神，耳不闻，目明心开而志先，慧然独悟，口弗能言，俱视独见，适若昏，昭然独明，若风吹云，故曰神。"

学习和总结《黄帝内经》有关神的论述，宣老师认为主要包括以下几个方面：①"两精相搏谓之神"，神是人体生命活动的原动力；②"神者，水谷之精气也""血气者，人之神"，神有赖于后天水谷精微的滋养；③"两精相搏谓之神；随神往来者谓之魂；并精而出入者谓之魄；所以任物者谓之心；心有所忆谓之意；意之所存谓之志；因志而存变谓之思；因思而远慕谓之虑；因虑而处物谓之智""心藏神，肺藏魄，肝藏魂，脾藏意，肾藏志"。人的精神、意识、思维活动等通称为神。④"神者，正气也""痛则神归之，神归之则热，热则痛解""或神动而气先针行"，神指人体正气抵抗病邪的反应，还用来指患者由于针刺刺激后机体所激发的抗病能力和现象。⑤"以母为基，以父为楯，失神者死，得神者生也……百岁，五脏皆虚，神气皆去，形骸独居而终矣"，神是生命活动中最基本要素之一，也是人生命存在的表现。

一般认为神有广义与狭义之分。广义的神是人的生命活动现象的总称，即人的生命力的外在表现；狭义的神是指人的精神、意识、思维及情绪活动等。神具体体现在人的生老病死等过程中。

3. 治神的目的

根据治和神的含义，笔者认为治神包含了身心修炼内容。清代医家高士宗说："人之一身，神气游行，内外传使，功不立者，神不使也。"若要达到神使而功立，就必须治神。治神非仅是一般的集中精神，而是要求达到一种较高水平的精神安定、心境平静状态。治神是针灸医师需要重视和进行的一项基本训练。

现代治神的含义就是在针刺操作过程中，通过集中医生的精神意识和调整患者的心理状态，调和患者的经气运行和提高医生的手法质量，从而达到提高临床疗效的目的。

二、治神是提高针刺疗效之关键

《素问·宝命全形论》提出"凡刺之真，必先治神"，更将治神列为针法的首要法则，"故针有悬布天下者五……一曰治神，二曰知养身……"《金针梅花诗钞》又曰："用针者人也。医者之精神治，则造化通，料事明，决断果，使之临危则不乱，卒遇大恐而不能惊。病者之精神治，则思虑除，气血充，使之信针不移，信医不惑，则取效必宏，事半而功倍也。"此处可见治神在针灸治疗过程中具有重要意义。

治神与针刺疗效之间具有内在联系，治神以利于得气，行针时得气与否，是取得针刺效果的前提。《灵枢·九针十二原》曰："刺之要，气至而有效。"张志聪在《黄帝内经灵枢集注》中说："气行则神行，神行则气行，神气之相随也，夫行针者，贵在得神取气。"气至有效是《黄帝内经》对针刺治疗的总结，且气速效速，气迟效迟，不得气则不会产生疗效。

治神能调节医患双方的精神，医患双方精神意识活动与针刺疗效有重要关系。取得良好的针灸临床疗效不仅仅需要医生聚精会神行针，也需要患者精神调摄，需要患者对自身感觉的及时反馈、配合。窦汉卿在《标幽赋》中写道："凡刺者，使本神朝而后入；既刺也，使本神定而气随。神不朝而勿刺，神已定而可施。"意即要求在患者精神会聚和安定的情况下针刺。医生全神贯注，患者心境平静，以利得气。其原因在于医生只有在注意力高度集中的情况下，才有可能捕捉到患者经气产生的非常细微的感应和变化，并及时对其进行手法操作，进一步守神。《灵枢·九针十二原》中“粗守形，上守神”“粗守关，上守机”的描述实际上强调的也是这一点。

三、治神之道

治神不仅仅是对医者医疗技能的要求，还包括医患双方精神状态，重要的是在针刺过程中医生要营造出一种使医患双方身心皆处于有利于针刺疗效产生的良好治疗状态。治神思想贯穿于医者诊治疾病的整个过程，治神之道甚为重要。

1. 平素宜养神

凡治人之神者必先治己神。医生用针之时精神务要专一，因此其本身的气血盛衰，精力旺盛与否，直接影响针刺调治气血的效果。当医生自己精神体力不支，或自己有病在身，反应迟钝，或内力不足，或是心情不佳时，则在诊治过程中，就很难做到注意力高度集中，不能做出正确的诊断和治疗方案，在针灸操作得气的效应上，很难做到气至病所，而影响临床效果。因此医者要想提高针刺疗效，必须重视调养自身的功力，强健自己的体魄，调节自己的心态，做到自己先有神，而后才能更好地运用针刺为患者治神。

医生治神并不是心神集中就容易达到的，医生平时要加强修炼，即养神。《灵枢·官能》有云：“语徐而安静，手巧而心审谛者，可使行针艾。”现代针灸名家承淡安先生早在二十世纪五十年代就提出针灸医生应该注重练气功，以提高临床疗效。国医大师贺普仁也非常注重练气练功，每天练八段锦，以使临床疗效不断提高。

另外，医者在施术后，大多有疲惫感，即消耗了能量，医生尤其要及时调神养气，恢复体力，为日后进行的医疗活动做好治神的准备。

2. 进针前审神

医生在进针前先要审神，要注重望神，医者必先敏锐地观察患者的精神、意识、思维的反应、面部表情、语言、气息等方面的表现，并要全面掌握和分析四诊所得的资料，根据患者的精神、左右上下、阴阳表里、气血变化、脉象变化、五脏虚实，辨明病证所属，《灵枢·本神》强调，“是故用针者，察观病人之态，以知精神魂魄之存亡，得失之意，五者以伤，针不可以治之也”。因此我们在临床中务必全面掌握患者机体现状，从而正确地辨证处方，灵活地运用刺法，有效地补虚泻实，调理气机，平衡阴阳，使神归其室，达到神形合一。

3. 行针时调神

《灵枢·终始》提出医者要“专意一神，精气不分，毋闻人声，以收其精，必一其神，令志在针”。针灸医生在临床中要有高度集中的注意力，要有高度的责任心，要真正做到“神存于心手之际”“神无营于众物”“如临深渊，手如握虎”。医生进针时要聚神，意念集中到指尖，力量直达于针尖，有助于迅速进针，避免或减轻患者疼痛，进针后手不离针，运针行气，体会得气时“如鱼吞钩饵”指下的感觉，得气后要守神，视病情的不同行针补泻。根据中医辨证、疾病特点选择最佳的刺激手法及刺激量，并维持适宜的刺激时间，方可充分发挥针刺的作用。因此守神需要维持一定的时间，在留针过程中应根据病情再运针，加强守神。同时还要密切留意患者的眼神、表情等，如指下滞涩，且患者有痛苦之神情，及时调整行针，如《灵枢·九针十二原》所言之“持针之道，坚者为宝，正指直刺，无针左右，神在秋毫，属意病者”。《灵枢·小针解》所云：“调气在于终始一者，持心也。”笔者认为出针时也要聚神，可以避免疼痛，使得气的效应保持更长的时间。医生施术的过程正如《标幽赋》所说“目无外视，手如握虎，心无内慕，如待贵人”，才能达到预期的治疗效果。

4. 治患者之神

在临床工作中，医者既要观察疾病的表现，又要了解患者的精神状态和思想情绪，及时调治患者之神。

在针刺前，首先要向患者说明病情和治疗方式，同时医生要缓解患者的紧张情绪，特别是初次接受针刺治疗的患者，还要向患者说明针刺过程中可能会出现的感觉，需要采用较特别的针刺手法时，也要向患者解释清楚，获得患者的信任，避免其产生不必要的恐惧，使心气浮动，不利于导气行气至病所。对于有些久治不愈或年老体弱、长期的疾病痛苦使其情绪低落，对治疗信心不足的患者，遵循《灵枢·师传》中“告之以其败，语之以其善，导之以其所便，开之以其所苦”，关心和鼓励患者，提高战胜、治愈疾病的信心。当患者或饥，或劳，或惊，或怒，或气喘吁吁时，先让其静坐休息片刻。在行针、留针过程中，医生要让患者始终保持最佳心态、放松状态接受治疗。

患者针刺后需要安神定志，最好能休息片刻后再离开。医生还应指导患者在家自行调养神气，必要时操练太极拳等锻炼，可巩固疗效，利于康复。

5. 医患两神相得益彰

在现代社会，医患之间互动越来越受重视，而治神的过程，就是一个医患之间的交流过程，一个相互配合的过程，正如《针灸大成》云："医者之心，病者之心，与针相随上下。"这不仅包括肢体活动，还包括精神活动。虽然疾病发生在患者身上，医生依据患者病情做出诊断和治疗，但治疗措施能否发挥作用，需要患者密切配合。《素问·汤液醪醴论》曰："针石，道也。精神不进，志意不治，故病不可愈。"《素问·五脏别论》曰："恶于针石者，不可与言至巧。病不许治者，病必不治，治之无功矣。"当患者对医生充满信任，患者的主观能动性被调动，内在抗病潜能被激发，针刺治疗的疗效就能提高。

承淡安先生认为针灸医生和患者之间在针刺过程中会产生生物电感应，有感应效果好，无感应效果差。因此医生之神和患者之神相合，不是简简单单地相加，其产生的效能是不可估量的，若医患双方通过治神产生感应，即是两神相得，可提高临床疗效。

四、结语

"凡刺之真，必先治神"高度概括了针灸治病防病的秘诀，治神是针灸治病获效之关键，并贯穿于针灸临床治病的全过程。治神有利于针刺得气行气，能调摄医患双方的精神。治神主要包括治医者之神、患者之神，现代社会更应该重视医患结合治神，其中医者占主导地位， 医者平素应重视养神，不仅调养自身的体质，更应该调养自己的心理素质，行针时重视审神、调神，心无旁骛，神聚于手，同时调治患者之神，获得患者的信任，增强患者治愈疾病的信心，医患配合，提高临床疗效。

虽然现在医生的工作压力大，患者众多，环境也不是很理想，常有喧嚣噪扰，医者只有处乱不变，从己做起，带动患者，坚持治神，才能达到"上工"的境界。

第三节　通温督脉以扶阳

通温督脉扶阳法是宣老师通过30余年临床学习、观察进而总结出的一种针灸治疗方法。她在临证中常以督脉为中心，通过针刺、艾灸等方法来治疗人体阳气郁遏或阳气不足的疾病。

一、督脉与人体阳气之间的关系

王冰注《素问》曰："督脉者，以其督领经脉之海也。"《素问·骨空论》曰："督脉者，起于少腹以下骨中央，女子入系廷孔，其孔，溺孔之端也，其络循阴器合篡间，绕篡后，别绕臀，至少阴与巨阳中络者，合少阴上股内后廉，贯脊属肾，与太阳起于目内眦，上额交巅上，入络脑，还出别下项，循肩髆内，夹脊抵腰中，入循膂络肾。"督脉起源于胞中，下出于会阴部，向后循行于脊里，上达项后风府，进入脑内，上行巅顶，沿前额下行鼻柱，且借其分支两络于肾。从督脉的循行可见，既有正中的主要通道，又有两旁的支络，分支中有通过足太阳以沟通各阳经和通过足太阴以沟通各阴经。《针灸大成》中有云："以人之脉络，周流于诸阳之分，譬犹水也，而督脉则为之都纲，故名曰海焉。"由于督脉和全身阳经均交会于大椎，又借肾与元阳密切相联，故督脉总督一身之阳气，为阳脉之海。而阴阳互根，相为表里，阳生阴才能长，因此督脉也是十二经的根本。

同时督脉和脑与脊髓有密切联系。《难经·二十八难》曰："督脉者，起于下极之俞，并于脊里，上至风府，入属于脑。""头为诸阳之会""脑为元神之府"，由于督脉主干行于背部正中，经脊里而属于脑，人体一切神气活动都受大脑支配。《灵枢·海论》曰："脑为髓之海……髓海有余，则轻劲多力，自过其度，髓海不足，则脑转耳鸣，胫酸眩冒，目无所见，懈怠安卧。"王清任在《医林改错》中云："灵机记性在脑者，因饮食生气血，长肌肉，精汁之清者，化而为髓，由脊骨上行入脑，名曰脑髓。"故督脉空虚可致脑髓失养，髓海不足，多见头晕目眩、失眠健忘、耳鸣耳聋、痴呆等诸症。像帕金森病、血管性痴呆等老年多发疾病，此类患者多处于督脉空虚、阳气虚衰、脑髓失养的阶段。根据督脉的循行，督脉经穴可以治疗脑及与脑相关的疾病，所谓"经脉所过，主治所及"。

再者督脉与五脏六腑均有密切的联系，《脏腑证治图说人镜经》中云："其脊中生髓，上至于脑，下至尾骶，其两旁附肋骨，每节两向皆有细络一道，内连腹中，与心肺系，五脏通。"同时督脉与足太阳膀胱经相交于目内眦，而五脏六腑的背俞穴均分布于足太阳膀胱经背部循行路线上，体内各脏腑通过足太阳经的背俞穴与督脉经气相通，接受督脉经气的涵养。清代张志聪《黄帝内经灵枢集注》曰："五脏之俞，皆本于太阳，而应于督脉也。"焦顺发认为督脉位于脊骨空里，系总督全身之脉，其上通于脑，内连脏腑经络，外络肢节经络，是经络系统的总枢纽。通过督脉统帅诸经，从而能调节五脏六腑的阳气运行输布，进而调节脏腑的功能。当督脉经气痹阻或督脉空虚时则五脏六腑的功能会受到影响，同时五脏六腑的病变也会在督脉经穴上有所反应。

督脉作为阳经之海，其循行过程中联络全身所有的阳经，对全身阳经的气血起溢蓄、渗灌和调节作用，因此只有督脉通达、畅和，阳气才能正常输布。故全身诸经尤其阳经的病机变化多涉及督脉。如督脉痹阻，气化不畅，则阳气不通，脏腑经络皆无所养。

二、扶阳理论的源流

扶阳理论以阴阳为总纲，重视阳气，主张阳主阴从。《素问·生气通天论》云："阳气者，若天与日，失其所则折寿而不彰，故天运当以日光明。是故阳因而上，卫外者也""凡阴阳之要，阳密乃固"。《黄帝内经》中所说的阳气对于人体而言的重要性就如同自然界的天与日。其具体表现，首先是阳气充足可以抵御邪气的侵犯，《素问·生气通天论》云："是故阳因而上，卫外者也""阳气固，虽有贼邪，弗能害也"。《素问·阴阳应象大论》又曰："阴在内，阳之守也；阳在外，阴之使也。"由此可见人体对外邪抵抗作用的强弱主要是由阳气的盛衰决定的，当人体阳气旺盛时，抗御病邪的能力就强，虽遇"虚邪贼风"也不容易发病，当人体阳气虚弱时就容易发病。另外，阴阳之间贵在"阳密"，《素问·生气通天论》曰："凡阴阳之要，阳密乃固。"阳气具有向外向上运动的特征，强调"阳密乃固"，一是为了防止其外越，二是只有阳气致密于外，阴气才能固守于内，若失于固密，耗散过度，阴精也会随之走泄而衰竭，故《素问·生气通天论》曰："阳强不能密，阴气乃绝。"《素问·生气通天论》云："阳气者，烦劳则张，精绝，辟积于夏，使人煎厥""阳气者，大怒则形气绝，而血菀于上，使人薄厥"，说明人体在烦劳、大怒时，都会导致阳气功能失常，使阳气受损、逆乱，产生疾病。

自《黄帝内经》以后，后世医家均十分重视治疗中对人体阳气的顾护。在《伤寒论》一书中，虽未明确提出扶阳为其立法之本，但扶阳思想却贯穿于六经病的始终，正如吴鞠通所言："伤寒一书，始终以救阳气为主。"从阳气的体用关系而论六经，则三阳为用，主阳气的宣发；三阴为体，主阳气收藏。阳气的宣发功能异常，则为三阳病；敛降收藏功能异常，则为三阴病。书中398条中因汗、吐、下等法误治者共123条，其中明显伤阳的就有75条。在这些组方中大量运用有扶阳作用的桂枝、附子等药物，可见张仲景对阳气的重视。而真正提出"扶阳理论"的是清末名医郑钦安，他说："气者阳也，阳行一寸，阴即行一寸，阳停一刻，阴即停一刻，可知阳者阴之主也，阳气流通，阴气无滞，自然百病不作。阳气不足，稍有阻滞，百病丛生。"他认为在人体的生命活动中，阳气起着主导作用，在疾病的治疗中常用姜桂附等大辛大热之品，直补元阳。

三、通温督脉扶阳法的概述

通温督脉扶阳法是宣老师根据督脉的生理、病理特性，在扶阳思想的指导下提出的治疗大法，可概括为通阳和温阳两个方面。她的通温督脉扶阳法主要是以针刺或艾灸的方法，通调人体经络而达到治疗疾病的目的。人体经络"内属于脏腑，外络于肢节"，遍布全身，纵横交错，沟通表里，联系上下，形成了人体气血运行的通路，维持着正常的生理功能，只有经络功能正常，气血运行顺畅，人体才不会出现各种病症。

通阳法主要是指运用各种治疗方法，疏通阻滞阳气运行的障碍，使其运行正常，通达上下内外，从而达到治疗疾病的目的。这是宣老师针对人体"阳气郁遏"的情况所提出的，临证时主要采用粗针督脉经穴平刺的方法来疏通人体阳气。温阳法则是使用温热之性的药物或者针灸推拿等方法来温补人体阳气，使人体阳气渐充、运行正常、功能恢复的方法。这是她针对人体"阳气不足"的情况所提出的，治疗时她常根据阳气虚衰的程度，采用督脉经穴的温和灸、麦粒灸、铺灸等方法来温补不足之阳气。

而临床上通常"阳气郁遏"与"阳气不足"是同时存在并相互影响的。当"阳气郁遏"时，阳气的温煦、濡养功能不能发挥，会出现类似"阳气不足"的症状。而当"阳气不足"时，阳气的正常运行会受到影响。同时阳气通达条畅，有助于阳气的生发；阳气充沛满盈，有利于阳气的运行。故治疗时常根据病情需要，选以通阳或温阳的方法，两者之间常需要相互配合协同使用。

在督脉穴位的选择上，根据《素问·气府论》的记载督脉共有28个穴："项中央二，发际后中八，面中三，大椎以下至尻尾及傍十五穴。至骶下凡二十一节，脊椎法也"。而此28个穴位，根据其分布位置不同，其主治功能也稍有区别。在临床应用中宣老师将其大致分为两组穴位，即一，长强穴至筋缩穴：包括长强、腰俞、阳关、命门、悬枢、脊中、中枢、筋缩共8穴，主治证候有下肢动脉硬化、帕金森病、瘫痪、腰脊强痛、脱肛、痔疮、阴囊湿疹、腹泻、阳痿、女子带下、月经不调、尿频、肝胆胃疾病等。二，筋缩穴至大椎穴：包括至阳、灵台、神道、身柱、陶道、大椎共6穴，主要治疗面瘫、皮疹、痤疮、痴呆、心脏疾病、哮喘、咳嗽、胸胁支满、胸背痛、发热、中暑、肩背痛等。临证根据不同的疾病选择不同的经穴。同时宣老师强调要注重辨证准确，有是证选是法，方能达到最佳疗效。

四、通督扶阳法的临床应用

（一）面神经炎

面神经炎多由于人体正气不足，卫外不固，脉络空虚，风邪乘虚入中头面阳明脉络，使颜面一侧营卫不和，气血痹阻，经脉失养，肌肉迟缓不收而发病。除了外邪的原因外，宣老师认为从人体自身的角度看面神经炎包括眼部和口颊部的症状。由于足太阳经筋为"目上纲"，足阳明经筋为"目下纲"，故眼睑不能闭合为足太阳和足阳明经筋功能失调所致；口颊部主要为手太阳和手、足阳明经筋所主，因此从经络角度看面神经炎的症状主要系该四条经筋功能失调所致。临床发现面神经炎常由于患者长期疲劳，伴有气虚作为体质基础，再感受风寒热湿等外邪而引起。而督脉总督一身之阳经，六条阳经都与督脉交会于大椎，督脉有调节阳经气血的作用。若督脉气化正常，通过督脉的调节，营卫宣散肌表腠理，则不会发病。若人体气虚，督脉气化功能减弱，外邪侵袭，中于头面部，与督脉相连的太阳、少阳、阳明经经气不能温煦头面部，就能出现面部神经麻痹的症状。

宣老师在临床中通过对大量面神经炎患者经络触诊后发现，这类患者在督脉神道穴附近常有多处压痛，皮下时可摸到条索状结节。结合面神经炎患者的发病机制，宣老师常使用通温督脉扶阳法进行治疗。

在面神经炎的初期，常由于患者正气不足，风邪入络起病，根据发病特点给予粗针督脉神道穴平刺留针，常可起到通阳祛风的功效使疾病迅速得愈。张元素《奇经八脉考》云：“督脉为病，主外感风寒之邪。”而神道穴位于背部督脉上，神，天之气也；道，通道也，又以本穴旁平心俞，心藏神，因名“神道”。此名最早见于《黄帝明堂经》中“神道，在第五椎节下间，督脉气所发，俯而取之。刺入五分，留五呼，灸三壮，主身热头痛，进退往来”。粗针督脉平刺后，其针体粗且长，但由于针刺表浅，通过较长时间留针，使患者获得小剂量且长时间的刺激作用，从而达到疏通督脉经气的作用。通过神道穴，督脉之阳气在此循其固有通道而上行至头面部。因此在面神经炎的早期采用粗针督脉神道穴平刺的方法可以激发督脉经气，振奋全身阳经经气，而宣通一身在表的阳气，达到益气通络、疏风散邪的功效。同时通过阳气温煦头面部，起到通阳利水消肿的作用，促进面神经损伤的恢复。

在面神经炎的恢复期，许多患者常是阳气不足的状态，非振奋阳气而无以使入络之邪外出，此时采用通温督脉扶阳法治疗，可根据情况选用通阳、温阳或两者相结合的方法治疗面神经炎，能起到提挈所有阳经的作用，从而抓住疾病的关键。在面神经炎的恢复期常可见到病程1～3个月，使用各种中医西医结合方法治疗无效的患者。此类患者常为基础体质较差或者面神经早期损伤严重，采用通温督脉扶阳法配合局部的普通针刺或电针治疗，常可使这类患者迅速进入恢复阶段，缩短治疗疗程，同时使面部均衡恢复。

而在面神经炎的后遗症期，中医学认为“久病必虚”“久病必瘀”，若久治不愈或失治误治，正气损耗，气虚血瘀，颜面部长期缺乏足够的气血濡养而枯槁萎缩，难以恢复。血虚不能濡养经脉、肌肉，血虚生风而成抽搐痉挛的内风之象。如林珮琴《类证治裁》曰：“口眼㖞斜，血液衰涸，不能荣润筋脉。”此时属于虚实兼夹，外风与内风常相互影响，外风可以引动内风，内风亦可兼夹外风，后遗症期的面瘫多属于虚实夹杂或虚证。在临床中应权宜患者的体质、病因和症状情况，辨证施治。故在此类患者的治疗中，针灸取穴根据病情而变化，使用通温督脉扶阳法可起到培补正气，濡养面部阳经气血，扶阳祛风的效果。对于气虚血瘀明显的患者，可采用督脉艾灸的方法，温通督脉，调畅气血，起到养血活血祛风的功效。

同时通温督脉扶阳法也非常适合临床上难于配合传统针刺治疗的面神经炎患者，如小儿或者有认知障碍的成人。由于粗针督脉平刺取穴简单，背部本身的活动度较小，针刺后活动无太大影响；督脉艾灸则无创无疼痛感，温热舒适，这两种方法患者均易配合。

（二）帕金森病

帕金森病是一种常见的中老年人神经系统变性疾病，也是神经系统的疑难病症，临床主要表现为以静止性震颤、肌肉强直、运动迟缓为主的运动症状及认知障碍、神经功能紊乱、睡眠障碍等非运动症状，随着病情的发展，症状逐渐加重，影响正常的工作和生活。目前药物治疗主要以左旋多巴制剂、单胺氧化酶B抑制剂和多巴胺受体激动剂等来缓解肌肉僵直，但药物治疗仅是改善症状的对症治疗，并不能改变帕金森病的自然病程，而且随着应用时间的延长和用量的加大，会出现运动并发症，如运动波动和异动，而手术治疗适用于对左旋多巴治疗敏感但出现严重的运动症状波动或顽固性震颤的帕金森病患者。

帕金森病的震颤属于中医学“颤证”的范畴，帕金森病的肌僵直又与“强直”“振掉”“瘛疭”“拘挛”等症状极为相似。《素问·至真要大论》云：“诸暴强直，皆属于风”“诸风掉眩，皆属于肝”。本病多于肝肾两脏亏损有关，属于本虚标实，兼见风、火、痰、瘀之标证。后世医家对此理论做了系统的阐述和补充，一般认为，多因肝肾不足，上不能充养髓海，下不能濡润肢体，虚风内动，出现肢体的震颤和筋脉的拘急。中医药尤其针灸在帕金森病肌僵直的治疗上具有明显的优势，主要方法有头皮针、体针、电针等方法。

督脉关联五脏，下络于肾，与肾关系密切。同时督脉与脑和脊髓有重要联系。故在帕金森病的治疗上宣老师选用通温督脉扶阳法中的通阳法，通过粗针针刺督脉经穴，来激发督脉经气，振奋一身之阳，补益肝肾，并影响脑髓的化生和灌注，使髓海得以充养，起到通阳祛风的作用。在针刺时，她常选用陶道穴、身柱穴、筋缩穴等。陶道穴，《针灸大成》曰：“陶道主痎疟寒热，洒淅脊强，烦满、汗不出、头重、目瞑、瘛疭、恍惚不乐。”《针灸甲乙经》载“……瘛疭，身柱主之”，

《会元针灸学》云："身柱穴……关系全身之气脉……通脑，是诸阳之台柱。"《百症赋》曰："脊强兮，水道筋缩。"通过多年的临床运用与观察，宣老师发现通温督脉扶阳法对帕金森病患者的震颤及肌僵直有独特的治疗优势。

（三）血管性痴呆

血管性痴呆是又一发生于中老年人的神经系统变性疾病，系指各种脑血管疾病引起的以认知功能障碍（如语言、记忆、视空间技能、情感、人格和计算力、抽象判断力等认知功能的受损）为主要临床表现的疾病。有研究表明，65岁以上人群中痴呆的患病率约为5%，其中血管性痴呆占20%左右。其发病率与年龄呈正相关。随着世界人口老龄化的加速和环境污染及饮食结构等的变化，其发病率呈上升趋势，将成为国家、社会和家庭的一个严重问题。

本病属中医学"健忘""善忘""呆病""文痴""痴呆"等范畴，《景岳全书》载"痴呆证，凡平素无痰，而或以郁结，或以不遂，或以思虑，或以疑惑，或以惊恐，而渐至痴呆"，首次提出了痴呆病名。虽然目前各医家对血管性痴呆的发病并没有形成系统的认识，但大多数医家认识到该病的基本病机本虚标实，虚实错杂，宣老师较认同，本病多由于随着年龄的增长，人体阳气渐衰，督脉空虚，脑髓失养，神明无主所致。治疗时可选用通温督脉扶阳法，采用通阳法或温阳法，阳虚甚者还可两法兼用。治疗时可选身柱、神道、灵台、至阳等穴，《经穴释义汇解》云："神道……应心，心藏神，穴主神……"，灵台穴为心灵居处，内应心，心藏神；至阳穴在七椎之下，为阳气至极之处，具有振奋宣发全身之阳气、疏通经血、安和五脏的功用。诸穴合用可激发督脉经气，振奋、温补全身阳气，并影响脑髓的化生和灌注，并助精髓上输达脑，脑髓足则有助于元神恢复，从而改善大脑的功能状态。

（四）脑卒中后偏瘫痉挛状态

对于脑卒中偏瘫痉挛状态的患者，通温督脉扶阳法亦可达到良好的临床疗效。偏瘫痉挛状态是脑卒中主要后遗症之一，在老年患者群体中发生率较高，痉挛性偏瘫日久，造成严重肢体功能障碍，同时，其伴随的疼痛等症状也会加重患者的焦虑、悲观情绪，常合并失眠甚至抑郁症，导致患者社会活动参与度降低，加重患者家庭负担和社会负担。研究认为脑卒中导致上运动神经元损坏，中枢系统运动功能失调，运动神经元之间相互作用、相互制约的功能失衡，因此出现肌肉过度活跃发生痉挛，运动神经元失衡还能导致拮抗肌肌力下降，肌肉活动紊乱，临床表现为肢体难以控制、调节和维持准确的运动，严重时患者可能失去运动功能。对脑卒中发生偏瘫痉挛状态患者采取有效的治疗方法控制痉挛、恢复肢体功能尤为重要。

从卒中后肢体痉挛的病机来看，一方面，《素问·生气通天论》曰："阳气者，精则养神，柔则养筋。"故卒中后肢体痉挛的病机是经脉不得阳气濡养而致；另一方面，《难经·二十五难》曰："阴跷为病，阳缓而阴急，阳跷为病，阴缓而阳急。"意即阴阳脉气失调，会出现肢体两侧或弛缓或拘急的不平衡状态。从脑卒中痉挛性瘫痪的特征性改变来看，表现为上肢伸肌（阳经所在）相对弛缓，屈肌（阴经所在）相对拘急；下肢伸肌（前为阴）相对拘急，屈肌（后为阳）相对弛缓。根据经络辨证，此为阴阳失于平衡之"阴急阳缓"的证候，治当调节阴阳平衡，使"阴平阳秘"。宣老师在临床治疗卒中后肢体痉挛状态常采用粗针督脉身柱穴平刺的方法。身柱穴属督脉，为督脉之脉气所发，位于上背部正中，第3胸椎棘突下，接近肺脏，通于脑髓，名为身柱，含有全身支柱之意。《针灸甲乙经》曰："身热狂走，谵语见鬼，瘛疭，身柱主之；又癫疾怒欲杀人，身柱主之。"《针灸说约》曰："身柱可治头、项、颈、背、肩疼痛，癫痫，暴怒以及小儿惊风。"由此可见身柱穴具有通督柔筋的作用。通过粗针针刺督脉身柱穴，可鼓舞督脉之阳气，使诸经阳气皆充，达到阴阳平衡、脏腑调和的状态，从而起到治疗中风后痉挛性瘫痪的作用。

（五）慢性荨麻疹

荨麻疹是皮肤科最常见的疾病之一，俗称"风疹块"。临床表现为先出现皮肤瘙痒，然后出现水肿型红斑和风团，风团块呈苍白色、皮肤色或是鲜红色。风团和红斑的形态大小均不同，发作时间也不固定，症状持续时间数分钟至数小时不等，可自行消退，消退后不留任何痕迹。症状每周反复发作两次及两次以上，并连续6周以上者称为慢性荨麻疹。慢性荨麻疹病史较长，病因复杂，一般认为是由多种因素（感染性、物理性、过敏性、自身免疫性等）引起的皮肤反应。现代医学主要以抗组胺对症治疗，病程较长的患者易形成药物依赖，停药易复发。

本病属中医学“瘾疹”“风疹”的范畴。《金匮要略·水气病脉证并治》曰：“风气相搏，风强则为隐疹，身体为痒。”故宣老师认为风邪为荨麻疹的主要病因，当机体表虚不固，风寒、风热、风湿之邪客于肌表，营卫不和，风与气血相搏，发生风团。或因饮食不节，或肝郁犯胃，胃肠湿热不能疏泄，外不能透达，郁于肌肤而发生瘾疹；这类患者常因久病迁延或失治误治，使阳气不升，气化功能失常，湿热内蕴或气血阻滞所致。

宣老师在临床中发现，慢性荨麻疹患者在神道穴上下区域常有明显压痛，用粗针在此处进针时阻力较大。对于慢性荨麻疹患者，采用粗针平刺督脉（神道穴）长时间留针的方法，可以疏通阳经气血，通阳化气，使脏腑气化正常，阴阳平衡，清泻郁于肌肤的热邪，培补人体正气，内外兼顾，从根本上使疾病得愈，通常治愈后病情不再反复。此类患者宣老师认为根据病情轻重可以调整留针的时长，病情轻者每次留针2个小时即可；病情重病程长的患者，如果患者可以配合，单刺留针可至4～6个小时。

（六）痤疮

痤疮是另一类常用通温督脉扶阳法治疗的皮肤类顽疾。痤疮是一种发生于毛囊皮脂腺的慢性皮肤病，多发于头面部、颈部、前胸、后背等皮脂腺丰富的部位，患者表现为面部疱疹、粉刺、黑头、丘疹等，严重的甚至会出现增生性瘢痕。该病病因多且复杂，常发于青春期，有研究表示，该病的发生可能与自身的内分泌失调、皮脂腺功能亢进及皮脂排泄异常等有关。调查显示长期食用过甜或辛辣食物的人群，痤疮发病率也偏高。痤疮病程长，复发率高，会给患者的日常生活及学习造成严重的影响，严重者可形成一定的社交障碍。

中医药治疗痤疮历史悠久，古籍中称痤疮为“肺风粉刺”“面疮”“酒刺”。《肘后备急方》曰：“年少气充，面生疱疮。”《医宗金鉴》云：“此证由肺经血热而成。每发于面鼻，起碎疙瘩，形如黍屑，色赤肿痛，破出白粉汁，日久皆成白屑，形如黍米白屑。”《外科大成》记载“肺风由肺经血热郁滞不行而生酒刺也”。故前人认为痤疮发生多因肺经蕴热，外感风邪，内热不得透达，致使血热蕴蒸于面部，或过食辛辣及肥甘厚味，脾胃湿热，内蕴上蒸于面部而形成。但宣老师在临床中发现，痤疮患者的体质为发病的基础，除了与肺、脾、胃相关，常与心、肝也有密切关系。临床常见的类型有肺经郁热、心肝火旺、胃肠湿热、热毒夹瘀、痰瘀互结和冲任失调等证型，因此需要辨证论治，才能收获很好的临床疗效。粗针督脉神道穴平刺可有效宣通阳气，调节脏腑功能，清泻各经亢盛之热。对于冲任失调的患者，因督脉与任脉、冲脉"一源三歧"，又可以起到通调冲任的功效。她建议痤疮的患者在治疗出针时可不按压针孔，让其放1～2滴血疗效更佳。

五、学术成果

1.专利

国家发明专利：针灸短柄粗针及其制作方法，专利号：ZL200610154467.7（2009年12月）。

2. 课题研究

（1）"中医药传统知识与技术挖掘示范研究（一）——民间特色诊疗技术方法评价与应用示范研究子课题——粗针神道穴平刺治疗面神经炎"，国家中医药公益性行业科研专项。

（2）"粗针督脉平刺对缺血性面瘫大鼠局部血循环的影响及其相关机制"，浙江省自然科学基金面上项目。

（3）"粗针神道穴平刺对不同损伤程度不同病程面神经炎的临床研究"，浙江省中医药科技计划重点项目。

（4）"粗针神道穴平刺促进不同节段面神经炎恢复的临床研究"，浙江省"重中之重"学科（针灸推拿学）开放基金。

（5）"粗针神道穴平刺治疗面神经炎临床多中心研究"，浙江省中医药科技计划项目。

（6）"神道穴粗针平刺对周围性面瘫豚鼠电生理的影响"，浙江省中医药科技计划项目。

（7）"粗针神道穴平刺促进面神经炎面肌功能恢复的研究"，浙江省教育厅课题。

（8）"神道穴粗针平刺对急性面神经炎治疗效果的研究"，浙江省中医药科技计划项目。

（9）“粗针身柱穴透刺改善帕金森病症状学的疗效评价”，浙江省中医药科技计划项目。

（10）“粗针平刺督脉穴配合体针治疗中风后痉挛性瘫痪的临床研究”，浙江省中医药科技计划项目。

3. 获奖情况

（1）浙江省中医药管理局项目：“粗针神道穴平刺促进面神经炎面肌功能恢复的研究”，获2007年浙江省科学技术奖二等奖，该课题同时获2006年浙江省中医药科学技术创新奖二等奖。

（2）浙江省自然基金面上项目：“粗针督脉平刺对缺血性面瘫大鼠局部血循环的影响及其相关机制”，获2018年浙江省中医药科学技术创新奖一等奖。

（3）浙江省中医药管理局课题：“粗针身柱穴透刺改善帕金森病症状学的疗效评价”，获2010年浙江省中医药科学技术创新奖三等奖。

（4）浙江省中医药管理局课题：“粗针平刺督脉穴配合体针治疗中风后痉挛性瘫痪的临床研究”，获2010年浙江省中医药科学技术创新奖三等奖。

4. 相关论文

（1）神道穴粗针平刺治疗面神经炎30例（2004年）。

（2）粗针刺督脉穴治疗顽症举隅（2005年）。

（3）粗针神道穴平刺促进面神经炎面肌功能恢复的研究（2007年）。

（4）粗针神道穴平刺对面神经炎患者瞬目反射的影响（2010年）。

（5）粗针神道穴平刺治疗面神经炎临床多中心研究（2012年）。

（6）粗针神道穴平刺与传统针刺治疗不同损伤程度面神经炎的比较研究（2012年）。

（7）粗针、传统针刺、西药对周围性面瘫大鼠面神经电生理的影响（2012年）。

（8）粗针神道穴平刺对周围性面瘫大鼠面神经电生理的影响（2013年）。

（9）粗针督脉平刺对周围性面瘫大鼠口唇微循环的影响（2013年）。

（10）粗针督脉平刺对周围性面瘫大鼠口唇血流速度的影响（2014年）。

（11）粗针神道穴平刺与传统针刺治疗不同病程面神经炎疗效比较（2015年）。

（12）粗针督脉平刺治疗缺血性面瘫大鼠的机制探讨（2015年）。

（13）粗针神道穴平刺对周围性面瘫大鼠面神经基因表达谱的影响（2016年）。

（14）粗针督脉平刺对缺血性面瘫大鼠血清NO、ET含量的影响（2016年）。

（15）粗针神道穴平刺治疗不同损伤节段面神经炎：随机对照研究（2017年）。

（16）粗针平刺神道穴治疗面神经炎的中医理论探讨（2018年）。

（17）粗针治疗帕金森病临床观察（2008年）。

（18）粗针治疗帕金森病30例疗效观察（2009年）。

（19）粗针治疗卒中偏瘫痉挛状态的临床研究（2009年）。

（20）粗针治疗血管性痴呆ADL-R评价（2011年）。

（21）粗针平刺身柱穴配合体针治疗中风后痉挛性瘫痪的临床研究（2011年）。

（22）粗针治疗血管性痴呆疗效评价（2011年）。

（23）粗针平刺身柱穴治疗肌张力增高验案举隅（2013年）。

（24）粗针治疗帕金森病肌僵直31例（2013年）。

（25）粗针身柱穴透刺对帕金森病肌僵直的影响（2013年）。

第四节　不治已病治未病

一、“治未病”的学术思想

宣老师十分推崇“治未病”的思想，“不治已病治未病”早在《黄帝内经》中就被提出来作为防病养生谋略。她认为这是一种预防思想，也是一种治疗思想。随着社会与科学的进步，医学关注的对象已从单纯“已病”人群向“未病”人群转移，医学干预的切入点逐渐提前，将治未病思想临床运用于疾病的防治是具有明显特色和优势的举措。

《素问·四气调神大论》云：“是故圣人不治已病治未病，不治已乱治未乱，此之谓也。夫病已成而后药之，乱已成而后治之，譬犹渴而穿井，斗而铸锥，不亦晚乎！”《灵枢·玉版》曰：“故圣人自治于未有形也，愚者遭其已成也。”此后历代医学家对于治未病的学术思想非常重视，在此基础上不断有所发挥。唐代医家孙思邈在《备急千金要方》中提出“古之善为医者……上医医未病之病，中医医欲病之病，下医医已病之病”，并指出要“消未起之患，治未病之疾，医之于无事之前”。元代医家朱丹溪说：“与其救疗于有疾之后，不若摄养于无疾之先；盖疾成而后药者，徒劳而已。”在已病防传上，早期可见《难经·七十七难》中“见肝之病，则知肝传之于脾，故先实脾气，无令得受肝之邪，故曰治未病矣”。清代名医叶天士也研究颇深，他在《温热论》中指出，“务在先安未受邪之地”。这种治未病思想在后世一直有深远的影响，它是中医学重要的理论基础。

宣老师认为所谓“治未病”，其含义包括：一是没有病，体内虽有病因存在但尚未致病，此时的治未病为预防以养生；二是各种潜在的病情和病机已存在，而病未发作，或疾病已发但还未到危重阶段，此时治未病为有病早治，已病防传、防危；三是大病初愈的患者，稍有不慎，疾病易复发，此时治未病是瘥后防复。因此临床治未病思想的内涵可概括为未病先防、既病防变和瘥后防复三大方面。治未病的目的在于及时调整人体的阴阳平衡和脏腑功能，使机体经常处于“阴平阳秘，精神乃治”的健康状态。

中医药治未病的方法很多，如针灸治疗、“冬病夏治”穴位贴敷防治呼吸系统疾病、中药内服调理、冬季的膏滋治疗等，当机体尚处于“未病”阶段时及时介入这些安全简便的方法，不仅疗效好、痛苦小，并且从整体的经济效益而言也是大有益处的。

二、针灸在“治未病”中的应用

关于针灸治未病，最早见于《灵枢·逆顺》曰：“上工，刺其未生者也；其次，刺其未盛者也，其次，刺其已衰者也……故曰，上工治未病，不治已病，此之谓也。”东汉张仲景指出“太阳病，头痛至七日以上自愈者，以行其经尽故也。若欲作再经者，针足阳明，使经不传则愈”。至明代高武，他在《针灸聚英》中提到“无病而先针灸曰逆。逆，未至而迎之也”，指出在机体未发生疾病时进行针灸可有效激发经络之气，提高机体抵御疾病的能力，防止疾病发生，减轻外邪对机体的损害并发挥延年益寿的功效。

在众多治疗方法中，艾灸常被用作是有效的保健强身、延年益寿的手段。《灵枢·经脉》曰：“灸则强食生肉。”说明灸法具有增进食欲、改善脾胃消化功能的效果。窦材在《扁鹊心书》中曰：“保命之法，灼艾第一，丹药第二，附子第三。人至三十，可三年一灸脐下三百壮；五十，可二年一灸脐下三百壮；六十，可一年一灸脐下三百壮，令人长生不老”“人于无病时，常灸关元、气海、命门、中脘，虽未得生长，亦可保百年寿矣”。《医说》中云：“若要安，三里常不干。”历代医家都充分肯定了灸法在强身保健、延年益寿中的重要作用。气海、关元、中脘、命门、足三里等穴都是作为艾灸保健的主要穴位。

同时，古人预防疾病也常用艾灸。孙思邈在《备急千金要方》中写道：“凡入吴蜀地游官，体上常须三两处灸之，勿令疮暂瘥，则瘴疠、温疟、毒瓦斯不能着人也。”其强调在进入疾病易感地区之前进行直接灸，可增强机体抵御病邪侵犯的能力，防止疾病的发生。在疾病的先兆期进行艾灸，可防范疾病的发生。明代杨继洲《针灸大成》中有记载“但未中风时，一、两月前，或三四月前，不时足胫发酸发重，良久方解，此将中风之候也，便宜急灸三里、绝骨四处，各三壮”，这是古人在疾病的未成期进行治疗的例子。

宣老师认为，针灸作为有效的治未病手段，其介入治疗的时机非常关键。选择机体处在某个特殊的时期或特定的年龄阶段进行治疗往往能收获良效。如中老年人，机体的功能正在衰退，若此时对机体进行适当的针灸治疗，可有效激发机体的自我修复能力，起到调整体内阴阳平衡，延缓衰老，提高抵御病邪的能力。同时随着现代年轻人工作生活环境的压力增大，很多人长期处于亚健康状态，如精神倦怠、失眠、焦虑、抑郁、肥胖等。这些状态如不加管理和治疗，就可能会迅速发展成疾病。通过针灸治疗，可有效改善这些亚健康状态，阻断疾病的发展。某些疾病的缓解期也是针灸介入治疗的重要时机，如一些呼吸系统疾病（慢性支气管炎、哮喘、过敏性鼻炎、感冒、咳嗽等），都好发于春、秋、冬三季，一到夏季伏暑高温，人体阳气充沛，虚寒型的呼吸系统疾病常能得到缓解。在此时进行冬病夏治穴位贴敷治疗可有效改善患者的呼吸系统症状，减少疾病的发作次数。宣老师认为选择好合适的治疗时机和治疗手段，可起到强身健体、防病治病的目的。

三、冬病夏治穴位贴敷“治未病”

“冬、夏”是正常气候的转变，由立春后温暖而至夏至后炎热，乃是阴气渐消，阳气渐长发展至极盛的现象，故称春夏为阳。春天是阳气开始升、散之时，万物生长，人体的阳气也开始散发，腠理开泄，开始有汗。到了夏季腠理更是大开，由汗来调节体温和阴阳。宣老师认为人存天地间，不能脱离自然规律而孤立存在，应“天人相应”，在春夏时节采取“春夏养阳”的摄生方法，抓住长夏三伏天至秋分之时补足卫外的阳气，在秋冬能防御寒邪而不发生呼吸系统疾病，所以遵循《黄帝内经》“春夏养阳”的原则，冬天易发生的呼吸系统疾病，在夏季得到暂时缓解后，取三伏天或夏至到秋分一年中太阳光照最充足、天气最热的阶段，运用中医的各种治疗方式（中药、外治、针灸等）配合天气以达到天人相应，补足人体阳气，起到扶正固本的效果，从而使冬季减少发病或减轻症状，或达到临床缓解。她非常擅长穴位贴敷的临床运用，在“冬病夏治”穴位贴敷的治疗上有深入的研究。该方法对呼吸系统及免疫系统疾病疗效最好，其中支气管哮喘和过敏性鼻炎是结合了两个系统的疾病，也是最为常见的病种，宣老师对两者进行了深入的研究。

（一）穴位贴敷治疗支气管哮喘

支气管哮喘作为一种呼吸道慢性炎症性疾病，以呼吸道变态反应性炎症和呼吸道高反应性为特征，其症状反复难愈，严重影响患者的身心健康。支气管哮喘在中医学中属于“哮病”范畴，多因肺有伏痰宿邪，复为外邪引动而起。痰随气升，气因痰阻，相互搏击气道而致喉中哮鸣。本病反复发作，导致肺气日益耗散，并累及脾肾，且宿痰的产生与肺、脾、肾亏虚有关，肺脾肾虚弱，则是导致本病反复发作迁延不愈的原因。而支气管哮喘缓解期以虚证为主，在治疗上，应遵循“缓则治其本”之原则。治病求本，顺其生机，因势利导，扶正固本，复其生机。将“不治已病治未病，不治已乱治未乱”的治未病思想运用于该病的治疗中是一种积极的举措。宣老师认为，通过中医学的辨证施治、扶正祛邪的治疗原则，不仅可以直接控制哮喘发作期症状，更重要的是通过缓解期的治疗，改善脏腑功能，祛痰化瘀，益气固表，达到减少哮喘发作次数、减轻症状、改善生活质量的目的，许多患者还可以达到临床痊愈。

宣老师应用治未病理论，将疾病的防治重心前移，分清哮喘未病、已病和新愈人群，即易患哮喘人群、已患哮喘人群、临床控制人群，因人因病防治，研制“治未病”贴膏冬病夏治穴位贴敷，或结合药物，或结合穴位注射，达到了良好的治未病效果。

1. 易患哮喘人群

有些患者直系亲属中有哮喘病史，自身是特异性体质，或有过敏性鼻炎、湿疹、荨麻疹等过敏性疾病，或对香烟、尘螨、霉菌、花粉、动物皮毛及某些药物或食物等过敏，或容易反复呼吸道感染，当有外感、疲劳等引起体质下降时，易诱发哮喘，因此，对有此类因素的患者应采取积极的中医学干预措施，调整体质，治疗原发病，预防哮喘，未病先防。

2. 已患哮喘人群

这类人群包括哮喘急性期和缓解期患者，急性期患者应予中西医结合治疗，以迅速控制症状为先，以防疾病传变或加重；该病缓解期患者更适合中医治未病，此时患者症状轻微或无症状，如何保持长时间的缓解是医生和患者的共同目标。然而哮喘既属已病，患者必然存在脏腑阴阳气血的盛衰变化，这也是哮喘反复发作的内在基础，因此必须辨证施治和采取相应干预手段，可以针药结合、内服外治结合，或中西医结合，达到有病早治、已病防发的目的，使哮喘发作减少、减轻，最终达到缓解。

3. 临床控制人群

许多患者经正确治疗，哮喘达到临床控制，即不需任何平喘药物，保持无症状1年以上。但哮喘是非常顽固的疾病，此时患者人体阴阳平衡还没有完全恢复，机体功能还没有完全康复，如果不注意调摄，不注意巩固调治，会有哮喘复发的可能，因此仍应坚持适当治疗，巩固疗效，达到病愈防复。

宣老师认为将中医学的治未病思想运用于哮喘的防治中具有明显的重要意义， 在临床中应用治未病思想防治哮喘，应把握时机，正确施治，才能达到治未病的目的。

（二）穴位贴敷治疗过敏性鼻炎

过敏性鼻炎又称为变应性鼻炎，是指发生在鼻腔的Ⅰ型变态反应性疾病，以反复发作阵发性鼻痒、喷嚏、流大量清涕和发作时鼻黏膜苍白为特点。过敏性鼻炎是机体接触变应原后，产生特异性的血清免疫球蛋白E结合在鼻黏膜浅层和表面的肥大细胞、嗜碱性粒细胞的细胞膜上，此时鼻黏膜处于致敏状态，当变应原再次被吸入鼻腔时，变应原即与鼻腔的肥大细胞、嗜碱性粒细胞表面的免疫球蛋白E“桥连”，继而引发细胞膜一系列的生化反应，导致以组胺为主的多种介质的释放，从而产生鼻痒、喷嚏、流清涕、鼻塞等临床症状。目前现代医学以非特异性的对症治疗、避免疗法和免疫治疗为主，疗效不佳，疾病容易反复发作。

该病属于中医学“鼻鼽”“鼽嚏”“鼽水”等范畴，主要由于肺气虚，卫表不固，风寒之邪乘虚而入，侵犯鼻窍，邪正相搏，肺气不通，津液内停，遂致鼻窍壅塞，故频打喷嚏，流清水涕。《素问玄机原病式》曰：“鼽者，鼻出清涕也……嚏，鼻中因痒而气喷作于声也”。该病虽然病位在鼻，但病变脏腑与肺、脾、肾相关，其标在肺，其本在脾肾。肺开窍于鼻，主气，司呼吸，鼻为肺窍，是呼吸出入的门户；且肺主皮毛，肺气虚，则致卫表不固，腠理疏松，风寒、异气等外邪乘虚而入，侵犯鼻窍，正邪相争而致鼻痒、喷嚏、流清涕。鼻位居中央，当属脾土。《薛生白医案》云：“脾为元气之本，赖谷气以生；肺为气化之源，而寄养于脾者也。”肺气的充实也有赖于脾气的输布，脾气虚则无以生肺气，肺脾之气不升，则发本病。同时，肺气的充实又靠肾气的温养。肺属金，肾属水，金水同源。脾肾阳虚，摄纳无权，气不归元，耗散于上，则喷嚏频发，清涕涟涟。

对于过敏性鼻炎的治疗，宣老师在临床上常以肺俞、心俞、膈俞、脾俞、肾俞、大椎、关元等穴作为主穴进行临床加减。肺俞为足太阳膀胱经穴，是肺脏之气输注于背部的穴位，为治疗肺系病证之要穴，能调理肺气、通利鼻窍、益气固表；心俞是心之背俞穴，位于上焦，可宽胸理气；膈俞属足太阳膀胱经，八会穴之血会，具有理气宽胸、活血通脉的功效，与心俞相配伍，共同调理一身气血。在此基础上，再选取大椎、脾俞、肾俞、关元。大椎属督脉，是“三阳五会”之穴，手、足三阳经与督脉交会于此，其内可通行督脉，外可走流于三阳，既能调节本经经气，又可调节六腑经气，使人体脏气充沛，达到扶正的目的。脾为生气之源，肺为主气之枢，肺气充实，依赖于脾气的化源滋养作用；督脉之阳气根于肾，肾寓命门之火，一身之阳，故督脉所率之阳气主要来源于肾中真阳，肾气充沛，则肾精充足，肾阳健旺，则摄纳正常，使气机宣畅，水道通调，营卫调和。选用脾俞、肾俞，通过实脾益肾，从而达到补阳固肺的功效。关元穴有培元固本、补益下焦之功，可补益元气，提升人体正气，正气存内，则邪不可干。前后相配，气血同调，补后天以助先天，滋先天以补后天，既可扶正固本，又可祛邪外出。选择在三伏期间进行治疗能温养肺、脾、肾三脏之阳，提高人体免疫力，天人合一，顺应自然，使“正气存内，邪不可干”，从而降低该病冬季发作率，以达到治未病的效果。

临床实验研究表明，“治未病”贴膏穴位贴敷可以有效改善过敏性鼻炎患者鼻炎症状及生活质量，整体取穴治疗效果更好，治疗后可有效降低患者血清免疫球蛋白E水平。

四、学术成果

1. 专利

国家发明专利“一种治未病的外用贴膏及其制作方法”，专利号：ZL201010154886.7。

2. 相关课题

（1）“冬病夏治‘治未病’贴膏的研制和应用”，浙江省科学技术厅面上项目。

（2）“冬病夏治穴位贴敷防治呼吸道过敏性疾病关键技术研究与应用”，浙江省重大科技专项计划项目。

3. 获奖情况

冬病夏治“治未病”贴膏的研制和应用，获得2011年浙江省科学技术奖二等奖。

4. 相关论文

（1）穴位贴敷加穴位注射防治支气管哮喘的临床研究（2002年）。

（2）“治未病”贴膏防治哮喘76例疗效观察（2010年）。

（3）“治未病”贴膏的研制及其临床应用（2010年）。

（4）穴位敷贴疗法中有关皮肤刺激反应的研究概况（2010年）。

（5）治未病贴膏对支气管哮喘缓解期患者冬病夏治的临床观察（2010年）。

（6）中医治未病与冬病夏治穴位贴敷防治支气管哮喘（2010年）。

（7）“治未病”贴膏对改善支气管哮喘患者生命质量的作用（2010年）。

（8）不同刺激强度穴位贴敷冬病夏治防治支气管哮喘的临床研究（2012年）。

（9）穴位贴敷治疗过敏性鼻炎作用机制及临床应用（2015年）。

（10）冬病夏治穴位贴敷理论及临床应用（2015年）。

（11）三伏天穴位贴敷疗法治疗变应性鼻炎的理论及临床应用（2015年）。

（12）穴位贴敷治疗过敏性鼻炎的研究进展（2016年）。

（13）穴位贴敷后不同皮肤反应对治疗支气管哮喘疗效的影响（2017年）。

（14）冬病夏治不同穴位贴敷治疗过敏性鼻炎临床疗效观察（2017年）。

（15）穴位敷贴治疗支气管哮喘刺激时间的研究概况（2017年）。

（16）穴位贴敷对过敏性哮喘大鼠血清转化生长因子β1和尾加压素Ⅱ的影响（2017年）。

（17）穴位贴敷对变应性鼻炎大鼠IL-4、LTC4的影响（2017年）。

（18）不同穴位贴敷对变应性鼻炎患者生活质量影响的比较研究（2017年）。

（19）冬病夏治不同穴位贴敷对过敏性鼻炎患者血清IgE的影响（2018年）。

（20）穴位贴敷对过敏性鼻炎模型大鼠鼻黏膜组织TLR-NF-κB信号通路的影响（2018年）。

（21）冬病夏治不同穴位贴敷法治疗支气管哮喘临床研究（2018年）。

（22）In vivo study on site of action of sinapine thiocyanate following acupoint herbal patching（2018年）。

第六章

桃李天下

宣丽华教授自2003年被聘为浙江中医药大学针灸推拿学硕士研究生指导教师以来，她一直担任临床型和学术型硕士研究生的指导工作；2011年她被聘为浙江中医药大学针灸推拿学博士生指导教师，开始了博士研究生的指导工作；2018年她入选第六批全国老中医药专家学术经验继承工作指导老师以后，又开始了浙江省第六批全国名老中医药专家学术经验继承人的指导工作。下面从宣老师众多的学术继承人、博士研究生、硕士研究生中选择一些弟子予以简单介绍。

第一节　名医师承育新秀

一、传承名医再提高

毕颖，浙江省中医院针灸科副主任医师，兼任浙江省针灸学会临床分会委员，浙江省针灸学会刺法灸法分会委员，浙江省针灸学会外治分会委员；2004年毕业于天津中医药大学，获针灸学专业研究生学历，硕士学位；毕业后在浙江省中医院针灸科从事针灸临床、教学及科研工作；2018年入选浙江省第六批全国名老中医药专家学术继承人，师从宣老师，在跟随宣老师学习期间，深入学习了运用脐针、腹针及灸法等针灸疗法治疗临床常见病与多发病。

毕颖在工作期间，经常接受宣老师的教导，在宣老师的建议下积极发展专病特色诊疗，运用针灸或针药结合治疗月经不调、痛经、卵巢储备功能减退、卵巢早衰、不孕等妇科疾病；中风及面瘫等神经系统疾病；肥胖；颈腰椎疾病等退行性骨关节病；运用火针治疗带状疱疹、带状疱疹后遗神经痛等。其中，她尤其擅长运用“分期针刺法”治疗月经不调、痛经、卵巢储备功能减退、卵巢早衰、不孕等妇科疾病；擅长运用“醒脑开窍”针刺法治疗中风、中风后遗症及其并发症。在跟师学习后，毕颖在工作中将跟师所学的脐针疗法、腹针疗法等有效地运用于临床，针对面瘫后遗症期的治疗有了更深入的体会，突破了之前的认识误区，使面瘫恢复期患者能够及早康复，减少后遗症的发生率。在治疗痛证方面，她在中医辨证的基础上将脐针与腹针结合起来治疗，大大提高了临床疗效。同时在宣老师的教导下，她不断学习与总结，开设了针灸助孕专科门诊，充分发挥传统针刺、腹针、脐针及灸法的优势，在不孕症的治疗上取得了很好的疗效。

在宣老师影响下，毕颖积极投身于中医针灸的科学研究，先后主持及参加浙江省厅局级、省部级及国家级课题4项，主持完成浙江省中医药管理局一般项目“穴位埋线治疗原发性痛经的临床研究”。她采用宣老师研制的粗针，运用粗针疗效治疗中风后痉挛性瘫痪；主持完成浙江省中医药管理局青年项目“粗针平刺督脉穴配合体针治疗中风后痉挛性瘫痪的临床研究”，该项目获浙江省中医药管理局颁发的浙江省中医药科学技术奖三等奖；参与完成国家自然基金青年项目“基于血液中CXCL1调节中性粒细胞源性阿片肽介导针刺抗炎性痛的外周机制初步研究”；参与完成“基于p-CREB的中枢神经敏感化的疼痛记忆及电针干预研究”；并于2012年获浙江省中医院“雏鹰”人才培养对象。她发表论文有《分期穴位埋线治疗原发性痛经：随机对照研究》《粗针平刺身柱穴配合体针治疗中风后痉挛性瘫痪的临床研究》《深刺内大迎穴治疗中风后吞咽困难的临床疗效研究》《针刺内大迎穴治疗脑卒中后构音障碍的临床疗效研究》《粗针治疗卒中偏瘫痉挛状态的临床研究》《粗针平刺身柱穴治疗肌张力增高验案举隅》《针灸治疗中风后痉挛性瘫痪的临床研究进展》等。

宣老师通过她在学习、工作上的身体力行对学生产生了潜移默化的影响。她在针灸临床辨证取穴、整体观的运用，以及对人体阳气的顾护等学术思想均很好地体现在她的治疗过程中，值得学生好好学习和研究。

二、谆谆教导师承路

吴翔，浙江省中医院针灸科主治医师，2005年毕业于浙江中医学院，获针灸学专业研究生学历，硕士学位；2018年入选浙江省第六批全国名老中医药专家学术继承人，师从宣老师。

2005年吴翔毕业后于浙江省中医院针灸科从事针灸临床、教学及科研工作。初入临床，他对临床的一些棘手病情处理及疾病诊断较为困惑，每每遇到困难，宣老师都及时组织治疗团队，对患者的疾病诊断及治疗方案进行探讨。她对疾病深入浅出的分析，常能使难治的疾病诊断豁然开朗。在一次又一次的讨论中，年轻医师的诊疗能力也逐步得到了提高。宣老师这种以身作则和对患者认真负责的态度在吴翔心中留下了深刻印象。在门诊及病房的诊疗中，对于疑难的问题，与宣老师讨论，她总是不吝解析，将她自己从业以来的所学所感毫无保留地告诉同事。同时她积极地发展专科，将面瘫的诊疗细化、精准化，制订优势病种诊疗路径，让年轻的医生也能清晰了解治疗的过程，临证能力大大提高。

2018年1月因良好的临床表现，吴翔入选浙江省第六批全国名老中医药专家学术继承人，师从宣丽华老师。在近距离跟随宣老师临证后，他发现宣老师门诊中非常注重辨证选穴，因人施治。在临证中宣老师不但使用传统针灸疗法，同时她积极了解学习当下针灸新技术新方法，并在临床上积极尝试。效果好的方法她就将其推广，使更多医师及患者受益。同样是颈椎病治疗方案可能完全不同，有的以腹针治疗为主，有的以远道穴治疗，有的以脐针治疗，方法各异，但都能收获很好的临床疗效。他常反观自己的治疗方案，对这一类疾病常以局部取穴为主，忽略了辨证取穴的过程，部分患者有非常好的疗效，但很多患者疗效不佳或者症状容易反复。

工作期间，针灸科在宣老师的带头下积极发展学科，重视临床、科研和教学。吴翔也积极参与科研和教学工作，主持及参与浙江省级科研项目4项，主持浙江省"重中之重"学科（针灸推拿学）开放基金资助项目"冬病夏治穴位贴敷防治支气管哮喘临床疗效评价"，浙江省中医药管理局一般项目"粗针命门穴透刺治疗下肢动脉硬化闭塞症的临床疗效评价"；参与浙江省中医药管理局青年项目"粗针平刺督脉穴配合体针治疗中风后痉挛性瘫痪的临床研究""经皮穴位电刺激治疗气滞血瘀型带状疱疹后遗神经痛的临床研究"；发表《雷马贴膏穴位敷贴对佐剂性关节炎大鼠的治疗作用》《雷马贴膏体外透皮吸收的实验研究》《腹针结合药物治疗原发性骨质疏松症腰背痛临床观察》《针灸治疗带状疱疹后遗神经痛选穴规律分析》等学术论文。同时他在宣老师的影响下积极带教本科生和研究生，并参加留学生的教学工作，做到临床、科研、教学齐头并进。

在行医道路上，吴翔始终以宣老师为榜样，积极学习专业知识，提高临床诊疗能力；对待患者耐心、细心，做好与患者的沟通交流工作；同时做好针灸的现代化研究，寻找临床问题，解决临床困难，让科研成果为临床服务，两者相互促进。

第二节 教育有方桃李丰

一、严慈并济师生情

蒋剑文、甘海球都是浙江中医药大学第一届中医学（中西医结合）七年制的学生，一个来自福建、一个来自广东。他们在本科时听了宣丽华老师讲授的针灸学课程后，都被她深入浅出的讲解和丰富有趣的临床病案所吸引，研究生期间不约而同地申请了宣老师作为他们的硕士研究生导师。当时浙江中医药大学设有针灸推拿学专业，而中医学七年制所培养的学生大多以中医内科为方向，所以本科学习期间的课程设置中针灸推拿的基础知识相对薄弱。两人起初都非常忐忑，担心跟不上临床的学习进程。宣老师了解了他们的情况后常安慰他们："针、灸、药是一家，都是中医的内容，学习上不能有所偏倚，你们本科时期打好的中医基础，辨证思维在针灸临床上都可以用得上。而且学习是一辈子的事，落下哪部分内容，马上学习起来就好，书本知识与临床相结合才能学以致用。"

进入师门后，宣老师给他们两人制订了严格的学习计划，从针灸的经典古籍《针灸甲乙经》到针灸的现代化临床及实验研究成果，让他们逐步熟悉针灸领域相关的知识。同时在临床加强针灸基本的手法练习，在跟师随诊期间有问题及时查漏补缺。在临床跟诊后，学生常因临床繁忙的实习工作而忽略知识的巩固与更新，宣老师常要求他们将临床遇到的常见疾病，按照每个疾病系统地进行学习，一个疾病一个疾病地掌握学习内容。在临床跟诊期间，宣老师门诊患者始终众多，每天都是超负荷工作，但她对每一位患者都极度耐心、细心，认真做好四诊，尽量留给患者多的交流时间。这样的交流方式让他们感触颇深，也一直影响着他们日后的临床工作方式。宣老师在学习及工作上对学生要求十分严格，而在生活中她就是慈母般的存在。因为他俩离家较远，她常常关心他们的衣食住行，经常询问他们的身心健康。这让他俩虽身处异乡，但这段求学之路却十分温暖。每每回忆起这段时光，都让他们十分怀念。

2007年他俩从浙江中医药大学中医学七年制毕业，蒋建文回到了自己的家乡福建工作。在求职过程中，院方要求考试的最后一个环节是考察实际的临床工作能力，以临床实际接诊、治疗患者为考察方式。这让还未上独立门诊的他十分紧张，在接诊过程中遇到的是一位腰痛多年的老人家，经之前该院门诊的多次针灸治疗疗效不佳。他想起了宣老师临证时常反复叮嘱的话，对于颈肩腰腿痛的患者不能只以局部治疗，还要多关注患者的全身情况。结合患者的病史及腰痛症状，他发现患者年事已高，腰痛反复已20余年，形体消瘦，肝肾亏虚症状明显。从他跟从宣老师临证经验来看，此类患者如针刺腰痛局部症状常易反复，应从虚证入手。故在治疗时他选用了腹针疗法，针刺结束后患者腰痛立减，这给医院的考察人员留下了深刻的印象。当时腹针疗法还未在全国推广应用，而宣老师已将这个方法在科室开展学习了一段时间，福建的同行对这个新的治疗方法闻所未闻，又对其神奇的疗效产生了极大的好奇。蒋建文以优异的考察成绩，顺利地留在了该院就职，这都得益于宣老师平时的言传身教，在潜移默化中已将系统的诊疗思路教授给了学生。

甘海球从浙江中医药大学毕业后则回到了广东省工作，工作以后一直谨记宣老师的教诲，重视经典、扎根临床、多学新知。目前他已是广东省中山市黄圃人民医院副主任医师，广东省名中医师承项目学术继承人，广东省针灸学会针灸治未病专业委员会委员、广东省针灸学会脑病专业委员会委员，中山市康复医学会理事。自毕业以来，他一直工作在临床的一线，平均每年诊治住院患者约360人次，门诊患者约3000人次，进行会诊约700人次。他潜心钻研针灸、脊柱整复、穴位埋线、小针刀、穴位注射、穴位贴敷等传统治疗方法，通过反复研读中医经典著作、跟名医学习及外出交流，逐步在常见疾病的诊疗中积累了一定的临床经验。

在跟师学习期间，他看到宣老师在繁忙工作的同时，作为科室主任把一切业余时间都奉献给了科室的发展和建设。宣老师常说："只有一个学科提高了，在学科里面的人才能有更好的发展，同时你的舞台才更宽广，你的视野也会更宽阔，这样好的机会才能随之而来。"工作后他一直以宣老师作为榜样，积极参与学科的建设工作，主导建立的中医及康复各项操作规范50余项、中医康复科疾病临床路径12个。2014年协助医院领导组建治未病中心，同年他所在的科室成为中山市中医适宜技术推广基地。任现职以来他分别被聘为中国中医药研究促进会针灸康复分会委员、中山市康复医学会理事等，通过学术团体的交流平台，时时探索如何建设好学科，带出好团队。这些对工作的态度都是宣老师在平时点滴体现的，无形中对学生产生了深远的影响。

对于学生宣老师始终是严慈并济的好老师，通过跟随她学习，掌握的不单是临床的诊疗知识，更多的是她对工作饱满的热情，对患者和蔼的态度及她始终以大局为重的观念。

二、不忘所学扎基层

周金凤，2006年9月至2009年7月就读于浙江中医药大学针灸推拿学专业，硕士研究生师从宣丽华教授。在求学期间，宣老师严谨的治学态度，渊博的中医学知识和精湛的专业技术都使她深受影响。宣老师在面瘫的诊疗上有独特而深入的见解，对一个疾病的诊疗做得非常细致，并且在科室建立了面瘫专科，在浙江省内外都非常有影响力。她所研制的粗针，对顽固性的神经系统疾病及皮肤疾病都有非常显著的疗效。宣老师不但要教授中国学生，同时她也承担着国外留学生的教学工作。周金凤的研究生同门便是丹麦的留学生马丁，宣老师讲着一口流利的英文，能毫无障碍地与留学生沟通，外国学生也很喜欢她，诊间时常洋溢着快乐的氛围。跟师三年，使她在临床、科研及教学方面都有了长足的进步，受益匪浅。

2009年9月毕业后，周金凤工作于海盐县中医院针灸推拿科，工作期间始终运用跟师所学的埋针疗法、粗针疗法等理念，在传统针灸调理消化系统疾病方面小有成效。同时她受导师影响，不间断学习经典，曾在嘉兴市级经典背诵竞赛中获得佳绩。受到宣老师对科室发展规划及人才培养思路的影响，她也不断带领科室从县级医学重点学科向市级医学重点学科迈进。在临床治疗上，她针灸治疗面瘫在县域内小有名气。经过几年的基层工作，她目前已是海盐县中医院针灸推拿科副主任医师，兼针灸科副主任，科教科科长。

虽然在基层工作，但周金凤受到宣老师对临床科研重视的影响，到海盐县中医院工作期间，她积极申请临床科研课题，主持2010年度海盐县科技计划项目“电针治疗肩周炎疗效观察”，该课题获得卫生科研课题奖三等奖；主持2011年度海盐县科技计划项目“针灸分期治疗面瘫疗效观察”，该课题获2011年度卫生科研课题奖二等奖；主持2012年度海盐县卫生系统科技计划项目“针灸治疗膝关节骨性关节炎的临床研究”，该课题获2012年度卫生科研课题奖二等奖；主持2013年度海盐县卫生系统科技计划项目“温阳通络针刺法治疗神经根型颈椎病的临床研究”，并已验收；主持2014年度海盐县科技计划项目“电针联合艾灸治疗周围性面瘫临床观察”，该课题获2015年度海盐县科学技术进步奖三等奖；主持2016年度海盐县科技计划项目“针刺结合康复训练治疗中风后肢体功能障碍的疗效观察”，该课题获卫生科研课题科技进步奖一等奖；主持2018年度海盐县卫生系统科技计划项目“通督调神针刺法治疗颈源性眩晕的临床研究”。她发表学术论文有《温阳通络针刺法治疗下肢动脉硬化闭塞症初探》《电针治疗肩周炎30例临床观察》《针灸分期治疗面瘫疗效观察》《针刺加温针灸治疗神经根型颈椎病30例：随机对照研究》等。

三、跟师学习十余载

虞彬艳，女，浙江省中医院针灸科主治医师，兼任浙江省针灸临床专业委员会、浙江省中医药学会外治分会秘书，中国针灸学会腹针专业委员会委员，浙江省针灸现代研究专业委员会委员；2003年就读于浙江中医学院中医学七年制专业，硕士研究生师从宣丽华教授；2010年毕业后于浙江中医药大学附属第一医院针灸科跟从宣丽华教授从事针灸临床、教学及科研工作；2018年攻读浙江中医药大学针灸推拿学博士学位，博士研究生师从宣丽华教授，从事面神经相关疾病的基础及临床研究。她工作及学习期间深受宣老师严谨、勤奋的治学态度，身体力行的工作态度，坚持不懈的科研精神的影响，一直将宣老师作为自己学习和临床上工作的楷模。

虞彬艳在工作期间，谨记宣老师的教诲，对待患者要如亲人般耐心；对待临床工作要严谨，时刻牢记自己身为医生的使命。她学习和继承了宣老师的学术思想，将其应用于日常诊疗过程中，运用针药结合治疗各种神经系统、免疫系统、皮肤系统及内科常见疾病，同时结合粗针、腹针、脐针、中药外治等特殊疗法治疗难治性及顽固性疾病。她在工作之余，勤于总结临证中遇到的各种问题，每每与宣老师讨论，均能获益匪浅。

虞彬艳受到宣老师对于中医科研工作重视的影响，学习和工作期间，积极投身于中医科研中，为临床很多疑难问题寻找更清晰的科学依据，其间主持及参与浙江省厅局级、省部级及国家级课题8项，主持完成浙江省“重中之重”学科课题“粗针神道穴平刺促进不同节段面神经炎恢复的临床研究”；主持完成浙江省中医药管理局课题“‘冬病夏治’穴位贴敷治疗寒痰阻肺型慢性阻塞性肺疾病稳定期技术研究”；参与完成宣老师的浙江省中医药管理局重点资助项目“粗针神道穴平刺对不同损伤程度不同病程面神经炎的临床研究”；浙江省自然基金课题“粗针督脉平刺对缺血性面瘫大鼠局部血循环的影响及其相关机制”，该课题获2018年浙江省中医药科学技术奖一等奖；参与完成宣老师的省部级课题“冬病夏治‘治未病’贴膏的研制和应用”，并获2012年浙江省科学技术奖二等奖；同时也参与宣老师中医药行业科研专项项目“中医药传统知识与技术挖掘示范研究任务——粗针神道穴平刺治疗面神经炎临床研究”；浙江省科学技术厅重大项目“冬病夏治穴位贴敷防治呼吸道过敏性疾病关键技术研究与应用”。

虞彬艳在宣老师的指导下，发表论文《粗针神道穴平刺与传统针刺治疗不同损伤程度面神经炎的比较研究》《粗针督脉平刺治疗缺血性面瘫大鼠的机制探讨》《粗针神道穴平刺治疗不同损伤节段面神经炎：随机对照研究》《“治未病”贴膏的研制及其临床应用》等；参与宣老师主编的《常见病特色针灸治疗》（副主编），《徐志瑛膏方经验》（编委）。

虞彬艳在跟随宣老师的学习和工作期间，不但在临证上有所收获，更多的是学习到了她的学习和工作态度。宣老师时常以孙思邈的《大医精诚》教育学生，行医之路要以其为准则，第一是“精”，亦即要求医者有精湛的医术，认为医道是“至精至微之事”，习医之人必须“博极医源，精勤不倦”；第二是“诚”，亦即要求医者有高尚的品德修养，以“见彼苦恼，若己有之”感同身受的心，策发“大慈恻隐之心”，进而发愿立誓“普救含灵之苦”，且不得“自逞俊快，邀射名誉”“恃己所长，经略财物”。

四、宣师指点开迷津

陈姗，女，浙江省中医院针灸科主治医师，兼任世界中医药学会联合会盆底专业委员会理事，中国针灸学会会员，浙江针灸学会针灸推拿结合专业委员会青年委员及针灸器械专业委员会委员；2015年攻读浙江中医药大学针灸推拿学博士学位，研究生期间师从浙江省名中医宣丽华教授。读博早期，陈姗对于自己的研究方向比较迷惘，宣老师常利用自己的诊间休息时间对她进行悉心的指导，教导她提出科学问题和设计科学研究方案，通过与宣老师探讨针灸研究中的困惑，她的研究方向也逐渐清晰起来。就读期间，陈姗在临床经常运用“冬病夏治”穴位贴敷治疗过敏性鼻炎等呼吸道过敏性疾病，而她的博士课题就是穴位贴敷治疗过敏性鼻炎的实验研究，从临床疗效到实验验证，这一过程使她更加体会到穴位贴敷的临床作用。其临床疗效也促使她更深入地去研究穴位贴敷的作用机制，以扩大穴位贴敷的临床运用。

陈姗在临证跟随宣老师学习临床常见病与多发病的诊疗时，在针灸治疗上，她非常注重整体观念，关心患者的心理健康，并采用辨证取穴的方法，临床常常效如桴鼓。同时宣老师永不止步的学习精神非常值得年轻人学习，她引入的腹针疗法、脐针疗法、埋线治疗等均有非常好的临床疗效。宣老师严谨的治学态度、豁达的人生境界是大家学习的榜样。宣老师不仅是博士生导师，也是人生导师。

在陈姗的临床实践中，宣老师也时常鼓励她深入开展一些疾病的治疗研究。通过积极的学习和研究，陈姗开展了新技术新项目，运用电针神经刺激疗法治疗压力性尿失禁、急迫性尿失禁、前列腺术后尿失禁、尿频尿急综合征（膀胱过度活动）、盆底疼痛综合征等。陈姗记得曾遇到一例术后小便失禁的患者，来诊时小便失禁已两个半月，手术后小便没感觉，每天晚上多次更换尿不湿，生活质量严重下降，当时患者情绪极其低落，甚至对生活都失去了信心，和她讲述家中卫生间和房间里都是小便的味道，接诊时她努力安抚患者，考虑患者来回不便，故予收住入院。入院后在宣老师的指导下，陈姗通过使用电针神经刺激疗法，4次治疗后患者即诉有排尿感，当时每天漏尿300ml。经过治疗2周左右，患者已经无夜间漏尿症状，经治疗1个月后患者已无明显漏尿。

在宣老师的影响下，陈姗在就读和工作期间也积极参与中医药科研，主持和参与浙江省部级、厅局级课题多项，主持浙江省中医药科技计划“电针阴部神经刺激疗法提高产妇产后盆底肌力临床研究”“电针‘骶四穴’治疗脑卒中后尿失禁的临床疗效观察”；参与浙江省重大科技专项计划“冬病夏治穴位贴敷防治呼吸道过敏性疾病关键技术研究与应用”；发表学术论文*Comparison of efficacy and safety between electroacupuncture at ‘four sacral points’ and conventional electroacupuncture for the treatment of urinary incontinence after stroke*：*study protocol for a randomised controlled trial*、*In vivo study on site of action of sinapine thiocyanatefollowing acupoint herbal patching*、

*TLR-NF-KB Signaling pathway-based investigation on the influence of acupoint application of raw and fried white mustard seed plasters on nasal mucosa in rats with allergic rhinitis*及《电针阴部神经刺激疗法临床应用》，2018年毕业，获得浙江中医药大学针灸推拿学研究生学历，博士学位。

五、勤学苦读从良师

金禹彤，浙江中医药大学博士研究生，2009年就读于浙江中医药大学第三临床医学院针灸推拿学专业，并于同年考取本校第一临床医学院针灸推拿学宣丽华教授的硕士研究生，次年以优异的成绩获得硕博连读资格，2019年即将博士毕业，并将于浙江中医药大学附属第一医院跟随宣丽华教授从事临床、科研和教学工作。

金禹彤在校学习期间，认真学习中医经典，完善自身理论体系。跟随宣老师学习期间，在宣老师的指导下，她积极参与多项临床课题研究，显著提高了临床科研能力和与患者的沟通能力。跟诊期间，努力学习宣老师的接诊、处方、治疗疾病的思路与方法，明白只有打好中医基础，才能正确地做出诊断与辨证，从而给出正确的治疗方法，减轻患者的病痛。同时，她深入学习宣老师的学术思想，结合各种治疗方法，提高了针灸治疗面瘫、面肌痉挛、过敏性鼻炎、哮喘、颈肩腰腿痛等常见疾病的疗效。她听从宣老师教诲，临床中对待患者如春天般温暖，积极与患者沟通，从身与心两个方面共同治病；对待工作一丝不苟，认真负责；并养成了勤于钻研、积极思考和终身学习的习惯。

金禹彤在宣老师的带领下，积极参加多种学术会议，学习最新科研发展动态；参加“博士团”及“浙江省中医院赴建德下乡”等义诊活动，为广大老百姓服务；参与多项会议的会务组工作，如“浙江省针灸学会临床专业委员会学术年会”“世界中医药学会联合会易医脐针专业委员会学术年会”等，为医学的学术交流提供了一个平台；硕博期间曾多次获得国家奖学金。其会议论文在“浙江省针灸学会临床专业委员会2018学术年会优秀论文”中获得二等奖。

科研方面，金禹彤积极参与宣老师多项省部级课题研究，如浙江省科学技术厅重大项目“冬病夏治穴位贴敷防治呼吸道过敏性疾病关键技术研究与应用”、中医药行业科研专项项目“中医药传统知识与技术挖掘示范研究任务-粗针神道穴平刺治疗面神经炎”等，并在宣老师指导下发表《科学引文索引》（SCI）论文2篇：*Effect and safety of stimulating acupoints in children with cough variant asthma*：*A Meta-analysis*，*TLR-NF-KB Signaling pathway-based investigation on the influence of acupoint application of raw and fried white mustard seed plasters on nasal mucosa in rats with allergic rhinitis*；一级期刊论文2篇：《穴位贴敷对过敏性鼻炎模型大鼠鼻黏膜组织TLR-NF-κB信号通路的影响》《穴位贴敷对过敏性哮喘大鼠血清转化因子β1和尾加压素Ⅱ的影响》；二级期刊论文若干：《冬病夏治穴位贴敷理论及临床应用》《穴位贴敷治疗过敏性鼻炎作用机制及临床应用》《不同时间穴位贴敷对过敏性哮喘大鼠疗效影响及其机制研究》等；获得国家发明专利1项：一种具有滋阴补肾功能的龟鹿二仙胶组合物及制作方法。其硕博期间所研究的课题为“穴位贴敷治疗呼吸道过敏性疾病”，包括穴位贴敷治疗过敏性鼻炎和哮喘的实验及临床研究，且在穴位贴敷透皮方面具有一定的创新性。

金禹彤在跟诊宣老师的5年里，不仅学习到了老师对于技术疗法上不断更新、创新的精神，更加学习到了老师对于患者无微不至的关怀、以人为本的态度。将“仁心”与“仁术”糅为一体，才能成就一位好医生。同时，宣老师以弘扬和发展中医针灸为已任，非常注重中医的传承。“路漫漫其修远兮，吾将上下而求索”，中医针灸之路崎岖漫长，时刻保持老师教我们的“仁心仁术”，为中医学的发展添砖加瓦。

参考文献

龚秀杭，严蕊雪.2004.严定梁临证经验[J].中国针灸，24（9）：655-658.

何以蓓，王新华，凌红羽.2016.徐志瑛学术经验集[M].北京：中国中医药出版社.

连建伟，毛军民，李如辉.2008.连建伟中医传薪录[M].北京：科学出版社.

徐勇刚.2013.金文华针灸手法撷萃[J].浙江中医杂志，48（10）：745-746.

宣丽华，张淑华，赵本传.2008.金文华针灸经验撷菁[J].浙江中医杂志，43（7）：408-409.

苑鸿雯，马良宵.2011.“病、穴、刺、时”与针刺疗效关系刍议[J].中华中医药杂志，26（1）：19-22.

张丽萍，裘辉，胡珊珊，等.2014.裘昌林治疗帕金森病经验[J].中医杂志，55（4）：286-288.

附录一

大事概览

1960年5月，生于浙江省杭州市。

1979年9月，就读于浙江中医学院中医学专业。

1984年6月，顺利毕业，获浙江中医学院本科学历、学士学位，同年8月，由国家分配到浙江中医学院附属第一医院针灸科，任住院医师，后晋升主治医师。

1995年12月，任科副主任。

1997年11月，晋升副主任医师。

1998年5月，任科主任。

1998年9月，就读于浙江中医学院针灸推拿学专业，并于2001年6月顺利毕业，获浙江中医学院医学硕士学位。

2003年5月，任浙江中医学院针灸推拿学硕士生导师。

2003年12月，晋升主任医师。

2005年5月，任中国针灸学会第四届理事会理事。

2005年6月，成为浙江省“中青年临床名中医培养”项目首批培养对象。

2005年7月，中国针灸学会针灸临床分会第三届理事会理事。

2006年11月，任浙江中医药大学教授。

2007年，主持项目“粗针神道穴平刺促进面神经炎面肌功能恢复的研究”，获浙江省人民政府颁浙江省科学技术奖二等奖，排名第一。

2008年3月，任浙江省针灸学会副会长。

2008年4月，任浙江省针灸学会针法灸法专业委员会主任委员。

2008年10月，以编委在北京科学技术出版社出版《针灸单穴临床研究》一书。

2008年12月，被国家中医药管理局授予"第二批全国优秀中医临床人才研修项目培养对象"。

2008年，获浙江省人民政府授予的"浙江省名中医"称号；立项课题浙江省科学技术厅项目"冬病夏治'治未病'贴膏的研制和应用"。

2009年12月，申请国家发明专利一项"针灸短柄粗针及其制作方法"，排名第一。

2010年5月，出版《肿瘤科特色治疗技术》一书，任编委。

2011年10月，任浙江中医药大学针灸推拿学博士生导师。

2011年，主持项目"冬病夏治'治未病'贴膏的研制和应用"，获浙江省人民政府颁浙江省科学技术奖二等奖，排名第一；立项课题浙江省中医药科技计划重点项目"粗针神道穴平刺对不同损伤程度不同病程面神经炎的临床研究"。

2012年4月，出版《徐志瑛膏方经验》一书，任第一主编。

2012年5月，任国家中医药管理局中医外治学重点学科带头人。

2012年6月，申请国家发明专利一项"一种治未病的外用贴膏及其制作方法"，排名第一。

2012年8月，任中国针灸学会针灸临床分会第四届委员会委员；任中国针灸学会腹针专业委员会第二届委员会副主任委员；获中国针灸学会临床分会颁第三届理事会2011年度特优理事。

2012年9月，任浙江省中医药学会中医经典与传承分会第一届委员会常务委员。

2012年，获国家中医药管理局授予的"全国优秀中医临床人才"称号；立项课题浙江省自然科学基金面上项目"粗针督脉平刺对缺血性面瘫大鼠局部血循环的影响及其相关机制"。

2013年9月，出版《常见病特色针灸治疗》一书，任主编。

2013年10月，出版《针灸临床技能实训》一书，任编委。

2013年12月，任中国针灸学会腧穴分会第五届委员会委员。

2014年9月，任浙江省针灸学会第六届理事会副会长。

2014年11月，任浙江省针灸学会临床专业委员会第五届委员会主任委员。

2014年，立项课题浙江省重大科技专项计划项目"冬病夏治穴位贴敷防治呼吸道过敏性疾病关键技术研究与应用”。

2015年6月，任世界中医药联合会中医外治操作安全研究专业委员会第一届理事会副会长。

2015年8月，任浙江省中医药学会第六届理事会理事；任中国针灸学会针灸技术评估工作委员会第一届委员会委员。

2015年9月，申请实用新型专利一项“一种针灸手法练习和考试系统”，排名第二；申请实用新型专利一项“一种多媒体经穴学及针刺仿真训练系统”，排名第二。

2015年10月，任浙江省中医药学会外治分会第一届委员会主任委员。

2015年，立项课题国家中医药公益性行业科研专项“中医药传统知识与技术挖掘示范研究（一）——民间特色诊疗技术方法评价与应用示范研究子课题——粗针神道穴平刺治疗面神经炎”。

2016年7月，任中国针灸学会科普工作委员会第二届委员会委员。

2016年10月，任世界中医药联合会易医脐针专业委员会第一届理事会常务理事；任世界中医药联合会外治方法技术专业委员会第一届理事会常务理事。

2016年12月，任中国针灸学会第六届理事会理事。

2017年7月，任中国针灸学会腹针专业委员会第三届委员会副主任委员。

2017年8月，任中国针灸学会针灸临床分会第五届委员会常务委员。

2017年12月，获浙江省中医药管理局颁2017年度最具网络人气的十大省级名中医称号。

2018年1月，获浙江省中医院颁2017年度浙江省中医院年度“先进工作者”荣誉称号。

2018年，任国家中医药管理局“第六批全国老中医药专家学术经验继承工作指导老师”；主持项目“粗针督脉平刺对缺血性面瘫大鼠局部血循环的影响及其相关机制”，获浙江省中医药管理局颁浙江省中医药科学技术奖一等奖，排名第一。

附录二

学术传承脉络

- 金文华
  - 张淑华、赵本传
- 严肃容
  - 严定梁、许文波
- 宣丽华
  - 张万清
  - 王丽莉、蒋剑文、甘海球
  - 刘祝贺
  - 周金凤、郑鑫焱、马丁（丹麦）
  - 虞彬艳、李英豪、徐勇刚
  - 梁冬艳、王秋朝
  - 陈凡、陈君、叶茜茜
  - 吕善广
  - 芦俊薇、周明倩
  - 万意佳、韦英姿、李红玉
  - 王俊、虞旻珍、张欣、欧阳红彬、吴娟
  - 戚凯明、周斯斯、金禹彤、吴凌韬
  - 陈姗、朱正阳、高桂欢、叶诺、卢笑逍、克劳迪娅（奥地利）
  - 郭阳璐、马琼、夏翀、柳惠善（韩国）、任建雷
  - 胡海宇、孙敏燕、方哲科、叶睿洲
  - 吴江霞、沈梦霞、商雯芳
  - 毕颖
  - 吴翔